万广华　史清华　等　著

中国扶贫理论研究

中国农业出版社

北　京

本项研究得到以下基金资助

国家自然科学基金重点项目

新时期扶贫开发理论与政策研究（71833003）

国家自然科学基金面上或青年项目

互联网视角下返乡农民工创业及其对农村多维减贫的传导机制研究（71803032）

基于福利函数的贫困识别、度量和应用研究（71703088）

城镇化背景下劳动力转移与村庄秩序问题研究（71773076）

中国农村贫困成分的识别、分解及其改变的路径研究（71673186）

城镇化路径选择对农村贫困影响的效应与机制研究（71573277）

城镇化背景下的农民福利问题研究（71473165）

土地、户籍制度协同改革与经济增长的模拟分析（71473163）

农村劳动力转移对粮食安全的影响机理及发展模式研究（71373179）

国家社会科学基金重大或一般项目

实施精准扶贫、精准脱贫的机制与政策研究（15ZDC026）

现代农业政府支持体系评价与优化研究（13BJY110）

国家教育部人文社科重大攻关项目

推进农民工市民化的理论与政策研究（15JZD026）

序

在课题组负责人万广华先生的策划下，在国家自然科学基金重点项目"新时期扶贫开发理论与政策研究"（71833003）和面上项目"城镇化背景下劳动力转移与村庄秩序问题研究"（71773076）、"中国农村贫困成分的识别、分解及其改变的路径研究"（71673186）和"互联网视角下返乡农民工创业及其对农村多维减贫的传导机制研究"（71803032）等的支持与资助下，课题组策划出版了这部《中国扶贫理论研究》著作，可喜可贺！喜的是这是一部当今时代最需要的作品，它的面世能够为中国政府实现2020年全面脱贫的目标贡献智慧；贺的是这是一部展示基金委慧眼支持的前期表达，能够反映课题组在贫困研究方面的丰厚积累。在书稿即将付梓时，受负责人万广华先生之委托，由我代写一个小序，实感诚惶诚恐，因在贫困研究方面，自知力道有限，只是出生贫困家庭而已，但欣然受命。故从个人情感角度写之，请读者批评指正。

中华民族之天命

每一个接受过中华文化教育的人都应对中国的历史有所了解，特别是中国的神话与传说。"战天斗地"，当是华夏民族之魂的最佳表达。从"盘古开天"的那一刻起，我们的民族已从黑暗走向光明，由此有了中华民族为了给自身及其后代谋求幸福的历程，以及一个个惊天动地被记录下来的神话故事。从"战天"看，神话中表述的虽然有限，但也有几则，有"女娲补天"，有"夸父追日"，还有"后羿射日"等；从"斗地"看，神话中表述的就比较多了，有持之以恒类的"愚公移山"与"精卫填海"；有不断探索类的"伯鲧息壤"与"大禹治水"；有技艺传播类的"神农尝草""后稷教稼""仓颉造字"；还有与制度抗争类的"刑天舞戚""嫦娥奔月""西门豹治邺"，等等。这一个个神话与传说，尽管表述的视角不同，但有一个共同点，都是为了人类自己及后代的自由与幸福，都是为了摆脱各种各样"贫与困"，在有限条件下，他们能够做到的最大且最好的努力。虽然这些都是神话或传说，但它凝聚着中华五千年文明之精华则是毋庸置疑的。上天虽给我们这个民族的生存条件比较苛刻，但我们的骨子里拥有创造和改变这些生存条件的能力却是巨大的。敢于与天命抗争的民族一定是一个伟大的民族，孕育出五千年的华夏文明。从这个角度看，摆脱上天给予我们的"困境"，不仅是过去中国人一直的努力根本，同时也是今日乃至未来中国人的努力方向。

中华民族之抗争

神话毕竟是神话，传说中的力量落在现实，则感觉有点渺小，似乎人类在大自然面前的努力和表现都是微不足道的。但其实不然，我们的先民就像石缝中的一粒草种，尽管面对的是压在自己头上的根本无法撼动的巨石，但大自然赋予人类的力量是无穷和伟大的，就像石缝中钻出的小草，把生命的延续做得如此完美。是的，人类无需与天比高，与地比厚，只要认真面对自己的现实，从力所能及处做起，脚踏实地，一步一个脚印，将自己的生存条件一点点地改善，我们的美好生活就会到来。

事实也是如此，中华五千年文明体现的就是生活在地球东方的华夏子民的拼搏努力。经历几千年的封建王朝，中华民族始终没有摆脱贫困的威胁，一直处在与自然的抗争中，先民的努力有不少被史书记录下来。其实，我们不用去翻阅史书，只用人类族群规模的演变统计即可说明。这是因为，族群的扩大意味着人类在抗击自然风险时的能力有了明显提高，"马尔萨斯陷阱"① 可以成功渡过。据学者们考证，在中国进入大一统的秦朝前，人口规模一直徘徊在 2 000 万之内；进入汉朝之后，人口规模才有了质的飞跃，在公元元年左右，人口规模首次增至近 6 000 万。之后，受王朝更替、疆域变化、食物供给限制以及天灾人祸之影响，直到千年后的明朝，人口规模多数时间仍维持在这个数。由明朝到清朝，中国人口规模的扩大尽管最初时再一次受挫，但很快得到恢复与增长，人口规模到 17 世纪初就突破亿级大关。从 1 亿、2 亿、3 亿，到 20 世纪初清朝灭亡时，达到 4.3 亿左右，这一过程大约用时近 300 年。而从 1912 年到 1949 年中华人民共和国成立初，不到 40 年的时间，人口再增长 1 亿，达到 5.5 亿左右。之后，到 1979 年，人口总量接近翻番，到 1982 年第三次人口普查时达到 10.3 亿之多。尽管在随后的 40 年，实施了严格的计划生育政策，人口增长速度有所放缓，但人口规模依然有较大增长，到 2016 年年底，全国总人口接近 14 亿。尽管在整个历史的长河中，中国人口规模增长呈现一种大起大落状态，但从总的趋势或变化路径可以感知到，中华民族抗击自然风险的能力确实有了巨大的提高。同样一块土地，能够养活的人口规模呈指数式的增长，人们在应对自然灾害方面的能力有了大的增强。特别是在新中国成立以后，我们抗击贫困的能力有了显著提高。进入 20 世纪 80 年代后，摆脱贫困的步伐显著加速。中国人在毛泽东等老一辈共产党人的领导下得以"站起来"，在以邓小平同志为核心的第二代中央领导集体的指引下实现"富起来"，目前正在以习近平同志为核心的党中央引领下向"强起来"迈进。

----

① 在人口学研究中发现，早期的人口再生产情况是高出生率和高死亡率同时存在，人口的高出生率受到高死亡率抵消之后，呈现低增长率趋势。在工业革命之后，大约经了 100 多年的时间，西方人口生产上的"两高一低（高出生率、高死亡率、低增长率）"就逐步被"三低（低出生率、低死亡率、低增长率）"趋势所取代。许多经济学家认为高死亡率的各种因素，是人口再生产与农业时代生存资料实现匹配的关键过程，马尔萨斯说战争、饥荒和瘟疫都是促使人口下降到与生存资料生产水平相适应的道路，人口数量要在某种方式和程度上与农业发展成比例的观点是一个内含的逻辑。马尔萨斯提出两个级数的理论：人口增长是按照几何级数增长的，而生存资料仅仅是按照算术级数增长的，多增加的人口总是要以某种方式被消灭掉，人口不能超出相应的农业发展水平，被人称为"马尔萨斯陷阱"（参见周志太著的《外国经济学说史》，中国科技大学出版社，2009）。

中华民族之探索

正如《国际歌》所唱："**起来，饥寒交迫的奴隶，起来，全世界受苦的人……不要说我们一无所有，我们要做天下的主人……从来就没有什么救世主，也不靠神仙皇帝。要创造人类的幸福，全靠我们自己……这是最后的斗争，团结起来到明天，英特纳雄耐尔就一定要实现。**"由此可见，改变贫困面貌不只是中国人的事，同时也是世界各国人的事。贫困属于"人类共同命运"抗击之事。在抗击贫困的努力方面，新中国成立以来，由中国共产党领导的中国人民，用了 70 年的努力，从理论到实践，做出了伟大的探索。收入本书的《中国扶贫开发的实践、挑战与政策展望》一文正是对这一问题的探索和总结。

纵观 70 年的历程，我们可以看出，党和政府的治贫决策思路显然与传统模式有别。"治穷先治愚，扶贫先扶志"。从教育入手，把人的思路引领到先"站起来"，然后才能"富起来"，才能"强起来"的正确道路上。"站"是基础，"富"是手段，"强"是核心。

尽管在这 70 年的艰辛探索中，我们付出了不少代价，走过许多弯路，但也收获满满。从本书中的一篇文献综述《贫困问题的研究进展及未来方向》中可以看出，国家的扶贫攻坚，已由区到块，由面到点，进入点对点扶贫阶段。无论是扶贫的瞄准方式，还是扶贫的手段，无论是扶贫的理论指导，还是扶贫的具体实践，都与传统的模式有了较大区别。尽管目前面对 2020 年全面脱贫的目标近在眼前，但学者们从理论到实证对扶贫工作的细致入微的分析总结将有益于这次目标行动。事实上，课题组编辑出版本书的用意也在此。

本次编撰行动，我们共收到贫困领域专家学者 25 篇文章，考虑到研究视角和覆盖面，最后收录到本书中共 11 篇。

这 11 篇文章分四个视角。一是战略趋势篇，由汪三贵等的《中国扶贫开发的实践、挑战与政策展望》、章元等的《精准扶贫之实证基础》和罗楚亮的《农村贫困的动态变化》三篇组成，意在把中国扶贫过程从理论到实践的演变作一总体交代。二是技术分析篇，由程名望等的《农村减贫：应该更关注教育还是健康》和《人力资本积累与农户收入增长》、章元等的《贫困的度量、分解和决定因素分析》、汪为等的《多维贫困动态性及其影响因素》和袁方等的《农民创业与多维减贫》五篇组成，意在对中国扶贫的具体技术细节作一分项交代。三是理论深化篇，由万广华等的《从平等的贫困到不均的繁荣》和袁方等的《不平等之再检验》两篇组成，意在把中国扶贫问题从一个局部视角引向全局，从一个传统思维引向现代，期望告诉世人，贫困的本意是什么，它是如何发展？扶贫的本身应是什么，如何推动更加有效？最后附上我们对贫困问题的文献综述作为本书的结尾，以期方便有志于研究中国贫困问题的学者，对解决这一问题作进一步努力。

受篇幅限制，同时也为了保持作品的原貌，我们没有在每一节上作过多编辑工作。深知我们的努力还存在着这样那样的不足，敬请读者批评指正。

2018 年 10 月 2 日
写于上海交通大学闵行校区

目录

序

战略趋势篇

技术分析篇

理 论 深 化 篇

文献综述篇

战略趋势篇

第 **1** 章

中国扶贫开发的实践、挑战与政策展望*

【摘要】 回顾自新中国成立以来中国扶贫开发的五个阶段特征，概述政府主导的专项扶贫措施，从最初的产业、教育、移民搬迁拓展至包括社会保障、健康、生态等在内的综合扶贫措施，并分析当前精准扶贫面临的实践困境。研究认为，经济新常态为精准扶贫带来了外部挑战，机制不完善、基层治理能力不足以及精准识别与帮扶的实践困境制约了精准扶贫工作的开展。通过强化资金投入机制、基层治理能力和群众受益机制来完善精准扶贫机制，是未来推进扶贫工作的必要选择。

新中国成立以来，农村贫困人口大幅减少，特别是改革开放之后，中国的扶贫开发基于自身的体制和制度优势，以大规模的专项扶贫措施为主要手段，减少农村贫困人口近 7 亿，形成了具有中国发展特色的减贫路径。本文试图系统回顾中国扶贫开发的历程，总结专项扶贫开发的做法和经验，并分析当前精准扶贫阶段所面临的形势和挑战，为到 2020 年实现精准脱贫、全面小康的政策路径选择提供参考依据。

一、扶贫开发的历程

学术界对于中国扶贫开发的起点存在争议：一种是以新中国成立为始

* 本章以同题发表在《华南师范大学学报（社会科学版）》2017 年第 4 期。作者：汪三贵，中国人民大学中国扶贫研究院院长、教授、博士生导师，中央民族大学少数民族事业发展协同创新中心特聘研究员；殷浩栋，中国人民大学中国扶贫研究院博士研究生；王瑜，清华大学中国农村研究院/公共管理学院博士后、助理研究员。本研究得到国家社会科学基金重大项目（15ZDC026）和农业部国际合作司委托课题（2130112）资助与支持。

点，将社会发展进程视为中国扶贫历史进程的一部分（范小建，2009；朱小玲、陈俊，2012）；另一种是以 1979 年为开端，因为体制改革推动了农村快速发展，使贫困人口大幅减少（汪三贵，2008；王朝明，2008；向德平，2011）。扶贫事业属于民生工程，与贫困人群福利相关的各项措施应当被视为扶贫历史进程的一部分。要理解中国的扶贫开发成就和问题，不可能完全撇开体制转型和发展的大背景。因此，本文对于中国农村扶贫进程的归纳论述以新中国成立为起始。

（一）收入分配和社会发展减贫（1949—1978）

1949 年新中国成立后，政府通过行政手段对社会资源进行再分配，以包括土地改革、公社化运动的社会制度改革，切断了产生贫富差距或两极分化的经济根源，通过平均收入分配、改善基本教育和健康，有效地消除了极端贫困现象。其间，中国开展了大规模的基础设施建设，改善了农村交通条件和灌溉设施；开展了小规模的救济扶贫，初步建立了以社区为基础、以"五保"制度和农村特困人口救济为主的社会基本保障体系（范小建，2009）；在全国建立了农村信用合作体系，发展了农村基础教育和农村基本医疗卫生事业，使农村教育水平大幅提升，健康状况明显改善（朱小玲、陈俊，2012）。这一时期，中国减贫行动的逻辑在于：通过综合性的制度变革调整社会生产关系，发展农业生产和农村经济，以平等的收入分配、普惠的基本公共服务和基本的社会保障缓解全社会的极端贫困问题。然而，由于经济体制的不合理导致了严重的激励问题，加上为了工业化牺牲人民的基本生活，使基本消费品生产严重不足，未能形成大规模减贫的物质条件，因而没有从根本上改变农村和农民的贫困状况（黄承伟，2016）。

（二）体制改革主导的农村扶贫（1979—1985）

自 1979 年中国开始对农村经济体制进行重大改革，改革开放与扶贫工作得以同步进行。首先，以家庭联产承包经营制度解放和发展农村生产力；其次，建立起以市场化为取向的农产品交易制度，提高农副产品的收购价格，改革农产品购销和流通体制，激发了农民的生产积极性，提高了土地产出率。除了借助体制改革推动脱贫外，中国还实施了一系列帮助贫困地区和贫困人口的政策措施。如 1980 年设立"支援经济不发达地区发展资金",专门用来支持老少边穷地区的经济发展;1983 年组织实施"三西"(定西、河西、西海固)地区扶贫开发计划;1984 年《关于帮助贫困地区尽快改变面貌的通知》提出帮助山区、少数民族聚居地区和革命老区根据地、边远地区的人民首先摆脱贫困;1984 年专门设立以工代赈资金,帮助贫困地区加快基础设施建设。这一阶段,农村改革和扶贫政策的实施不仅直接促进了部分极端贫困地区的经济发展和生产生活条件的改善,也为后来实施大规模的农村扶贫开发计划积累了经验。农村贫困人口总数从 2.5 亿减少到 1.25 亿,由占农村总人口的 33% 下降到 14.8%(范小建,2009)。

(三)解决温饱的开发式扶贫(1986—2000)

中国从 1986 年开始实施有计划、有组织的农村扶贫开发,扶贫政策由传统的救济式扶贫转变为开发式扶贫,成立了专门的扶贫工作机构——国务院贫困地区经济开发领导小组(1993 年改称国务院扶贫开发领导小组)及其办公室,安排专项资金,实行以贫困县为主的区域瞄准方式(黄承伟,2016)。1987 年,中国发布《关于加强贫困地区经济开发工作的通知》,正式确定了以促进区域增长为主要目标的扶贫开发战略。1994 年,国务院发布《国家八七扶贫攻坚计划》,建立了工作责任机制与东西扶贫协作机制,推行了最低生活救助、劳动力转移、科技扶贫等多元化扶贫措施(朱小玲、陈俊,2012)。到 2000 年年底,农村贫困人口由 1985 年的 1.25 亿人减少到 3200 万人,农村贫困发生率从 14.8% 下降到 3% 左右(黄承伟,2016)。

(四)巩固温饱的全面扶贫(2001—2010)

进入 21 世纪以来,农村贫困问题发生了从区域性贫困到区域与阶层性贫困并重的转变,扶贫方式日趋制度化,农村扶贫工作进入解决绝对贫困与相对贫困并重、城乡统筹发展的"大扶贫"阶段(朱小玲、陈俊,2012)。2001 年,《中国农村扶贫开发纲要(2001—2010)》提出以解决贫困人口温饱问题为阶段目标,归纳了大量扶贫开发措施。其一,实行整村推进开发扶贫,以贫困村为瞄准对象,改变了以贫困县为对象的扶贫模式,使扶贫资源投入能够覆盖到非贫困县中的贫困人口。其二,在全国实施以扶持龙头企业、建设产业化基地为主要抓手，以延长农业产业链和提高农业附加值为原则的产业化扶贫。其三，启动以农业实用技术培训、职业教育、创业培训为主要手段的贫困地区劳动力转移培训，提高贫困农民的综合素质和获得非农就业的能力（王丽华，2011）。其四，推行易地扶贫搬迁，把那些生存条件恶劣地区的贫困人口迁移到其他条件更好的地区发展。在这一系列扶贫措施的作用下，新的贫困线下的中国农村贫困人口从 2000 年年底的 942 万人减少到 2010 年年底的 269 万人，贫困发生率下降到 2.8%（黄承伟，2016）。

（五）全面小康的精准扶贫（2011 年以后）

新时期，贫困人口分布呈现出分散化与碎片化特征，加之经济发展"涓滴效益"递减，以区域发展带动减贫的效果下降，减贫成本逐渐增加。《中国农村扶贫开发纲要（2011—2020）》提出，到 2020 年，稳定实现扶贫对象不愁吃、不愁穿，保障其义务教育、基本医疗和住房安全（简称"两不愁""三保障"），消除绝对贫困。在此背景下，中国通过实行区域精准和个体精准相结合的方式推进扶贫工作。区域瞄准对象是 14 个集中连片特困地区、832 个贫困县和 12.8 万个贫困村；个体精准以 2013 年《关于创新机制扎实推进农村扶贫开发工作的意见》所提出的精准扶贫概念为基础，通过精准识别、精准管理、精准帮扶来达到精准脱贫。2015 年，《中共中央国务院关于打赢脱贫攻坚战的决定》将精准扶贫、精准脱贫定为国家农村扶贫的基本方略。随后，中央提出精准扶贫的主要内容和基本要求，即"扶持对象要精准、项目安排要精准、资金使用要精准、措施到位要精准、因村派人要精准、脱贫成效要精准"；同时提出"五个一批"的实现途径，即"发展生产脱贫一批、易地扶贫搬迁脱贫一批、生态补偿脱贫一批、发展教育脱贫一批、社会保障兜底一批"。至此，精准扶贫成为指导中国农村扶贫的基本方针。这一阶段，新的标准下的农村贫困人口从 2010 年的 1.66 亿人减少到 2016 年年底的 4 335 万人（新华网，2017）。总体而言，中国不同时期的扶贫开发战略的脉络较为清晰，每个阶段的扶贫措施并不是唯一的，减贫是多项措施的综合结果。政府主导的专项扶贫措施是中国特色扶贫开发战略与政策体系的重要组成部分，因此下文将梳理中国扶贫开发历程中主要的专项扶贫政策，以展现扶贫政策体系的措施构成。

二、扶贫开发的主要政策措施

(一) 整村推进

整村推进源自于《国家八七扶贫攻坚计划》实施的后期，其特点是将扶贫项目管理与贫困人口赋权相结合，以村为单位体现"到村到户"的扶贫理念。2001 年，中国在 14.8 万个贫困村开始实施整村推进，各级政府按照各村级扶贫开发规划统筹各类扶贫资源，分期分批集中投放于这些贫困村。整村推进着眼于村级的社会、经济、文化全面发展，能够整合扶贫资源、集中力量解决贫困村最突出的问题。以参与式扶贫方式推动贫困人口参与扶贫项目的选择、组织、实施和监督，从而提升了扶贫项目的针对性、可操作性和益贫效率，也提高了贫困人口的自我发展能力。并且通过项目管理改善贫困村的村级治理，推进贫困村社会、经济和文化等各方面的建设，使贫困村生产生活条件得到明显改善，贫困农民的收入显著提高（杨林华，2014）。

(二) 产业扶贫

产业扶贫是一种建立在区域产业发展基础上的能力建设扶贫模式。通过构建利益联结机制让贫困户进入由经营主体主导的产业链体系中，以解决贫困农户独立发展产业能力弱的问题，从而实现贫困户的持续稳定增收。《中国农村扶贫开发纲要（2001—2010）》正式提出产业化扶贫的概念，随后产业扶贫的方式与内容随着农业产业化发展不断丰富与深化，在扶贫体系中的地位日益加强。精准扶贫战略提出之后，作为"五个一批"的重要部分，产业扶贫更加强调对贫困人口的目标瞄准性和特惠性（殷浩栋，2016），其政策措施主要集中于三个方面：一是发展特色产业，目标是到 2020 年，每个贫困县建设一批贫困人口参与度高的特色产业基地，初步形成特色产业体系，每个贫困乡镇、贫困村形成若干特色拳头产品；二是促进产业融合，通过一二三产业融合发展，将贫困农户引入农业全产业链，以价值链增值收益提高贫困户的收入；三是扶持新型经营主体，通过财税政策鼓励新型经营主体与贫困户建立稳定带动关系，向贫困户提供全产业链服务，提高产业增值能力和吸纳贫困劳动力就业能力（殷浩栋，2016）。

（三）转移就业扶贫

转移就业扶贫主要是通过为贫困人口提供就业岗位，以劳务工资收入来提高贫困人口的收入。《国家八七扶贫攻坚计划》提出了转移就业扶贫的相关举措，组织贫困地区的贫困劳动力外出务工，改善了单一的贫困家庭收入结构，有效地促进了贫困人口收入的增长。现阶段的政策措施主要集中于以下三个方面：一是完善贫困劳动者技能培训制度。通过整合各部门各行业培训资源，以订单培训、定向培训等方式开展差异化技能培训（中央人民政府网，2016）。有针对性地开展贫困家庭子女、未升学初高中毕业生、农民工免费职业培训等专项行动，提高培训的针对性和有效性。二是构建贫困人口转移就业平台。通过建立地区间的劳务输出合作机制，将贫困地区的劳动力有组织地输送至发达地区，如广东和广西之间的东西劳动力转移合作。加强转移就业贫困人口的公共服务，保障转移就业贫困人口平等享受迁入城镇的基本公共服务。三是推进就地就近转移就业。伴随着经济进入新常态，贫困人口的就地就近转移就业得到进一步重视。政府通过财税金融政策培育经营主体，鼓励引导当地企业、合作社等经营主体向贫困人口提供就业岗位，将贫困人口转移就业与工业化、城镇化建设相结合，并鼓励贫困户自主创业。

（四）易地扶贫搬迁

易地扶贫搬迁是指将生活在自然条件恶劣、生态环境脆弱、不具备基本生产和发展条件、"一方水土养活不了一方人"的建档立卡贫困人口，搬迁到基础设施较为完善、生态环境较好的地方，从根本上改变贫困状况的一种扶贫方式。自1982年，中央在"三西"（宁夏西海固、甘肃定西和河西）对不适宜人类生存的地区实施了移民，此后在"八七"扶贫攻坚阶段也实施了大规模的易地扶贫搬迁，两个《中国农村扶贫开发纲要》均把易地扶贫搬迁摆在专项扶贫的突出位置加以强调。到了精准扶贫阶段，易地扶贫搬迁成为中央确定的"五个一批"的重要组成部分，并且是打赢脱贫攻坚战的"头号工程"。现阶段的易地扶贫搬迁方式基本与之前一致，以集中安置为主、分散安置为辅；不同之处在于现阶段着重突出贫困人口，并采取多种方式筹措资金，移民后续发展更具可持续性。具体措施如下：一是"搬迁谁"。通过建档立卡以及搬迁意愿摸底，掌握了981万需要搬迁的贫困人口底数。二是"怎么搬"。因地制宜选择搬迁安置方式，按照集中安置与分散安置相结合、以集中安置为主的原则选择安置方式和安置区，同步开展原宅基地复垦与生态修复工作。三是"搬得起"。据调查，平均每户搬迁需要资金20万元（汪三贵，2016）。为此，中央加大财政支持力度，并以政策性银行融资、地方政府发债等方式筹集资金约6 000亿元。城乡建设用地增减挂钩指标向易地扶贫搬迁省份倾斜，保障易地扶贫搬迁的土地供给。四是"稳得住"。推进搬迁农户的职业多元化，将安置区（点）产业发展纳入当地产业扶贫规划，发展安置区（点）优势产业，结合园区、景区和小城镇建设等，引导搬迁群众从事多种经营服务工作，促进搬迁群众稳定脱贫。

（五）教育扶贫

从中国教育扶贫政策的演变来看，教育扶贫已经从普及初等教育和扫除农村青壮年文盲，逐步扩展到涵盖基础教育、职业教育、高等教育、继续教育等多层次、多类型教育在内的政策体系，已成为国家精准扶贫战略的重要组成部分。现阶段的政策主要集中在以下四个方面：一是帮助贫困地区学校改善基本办学和生活条件，通过财政补助推动贫困地区公办幼儿园的全覆盖，多部门联合实施"全面改薄"工程，重点向贫困地区倾斜投入，以完善贫困地区的村小学和教学点，新建、改扩建一批普通高中学校，提高贫困地区普通高中阶段教育普及率。二是精准实施高等教育帮扶。一方面加大贫困地区高校招生倾斜力度，实施农村贫困地区定向招生专项计划、农村学生单独招生、地方重点高校招收农村学生专项计划，增加贫困地区学生高等教育入学机会；另一方面提高贫困地区高等教育质量，通过资金倾斜加强贫困地区高校开展优势特色学科专业及相关平台建设，促进贫困地区高校引进高层次人才的力度，帮助贫困地区提升人才培养和科技创新水平。三是推进贫困地区学生营养改善计划，提高学生的营养健康水平，免除建档立卡贫困户幼儿入园和普通高中的学杂费，并对家庭经济困难的学生提供生活补助。四是实施劳动力就业培训。对贫困地区中等职业学校符合条件的学生，按国家规定实行免学费和给予国家助学金补助；对从事农业生产、经营和服务的贫困劳动力，开展生产经营型、专业技能型和社会服务型等培训，使其逐渐转变为新型职业农民。

（六）社会保障扶贫

社会保障扶贫是指对因病残、年老体弱、丧失劳动能力以及生存条件恶劣等原因造成常年生活困难的农村居民实施重点救助。现阶段的主要措施如下：一是实现农村低保与精准扶贫在对象和识别标准上的衔接。对缺乏发展能力的贫困户采取社会保障"兜底"，加大省级财政统筹力度，逐年提高农村低保标准，按照量化调整机制科学调整，确保不低于根据物价指数等因素按年度动态调整后的国家扶贫标准。二是提高贫困地区基本养老保障水平，建立适应农村老龄化形势的养老服务模式，统筹推进城乡养老保障体系建设，在贫困地区全面建成城乡居民养老保险制度。三是实施留守和残疾人员关爱政策。具体措施包括重点关注留守儿童心理行为问题和精神疾病，保障留守儿童能够及时获得心理辅导和行为矫正；多部门建立合作机制，针对留守妇女的性骚扰、家庭暴力等加大预防、救助力度，加大对拐卖妇女犯罪行为的打击力度；建立残疾人关爱制度，在人员照顾和资金扶持方面加强对残疾人的帮扶力度。

（七）健康扶贫

健康扶贫的内容包括改善贫困地区医疗卫生条件、保障贫困人口获得优质的医疗资源、防止因病致贫。对2013年全国建档立卡贫困人口数据分析可知，有42%的贫困人口是因病致贫（汪三贵、王瑜，2015），因此健康扶贫在精准扶贫战略中应被摆到更加重要的位置。《关于打赢脱贫攻坚战的决定》和《关于实施健康扶贫工程的指导意见》明确提出，要开展医疗保险和医疗救助脱贫，实施健康扶贫工程，努力防止因病致贫、因病返贫。健康扶贫的主要措施可归纳为以下四点：一是完善医保制度，让贫困人口看得上病。新型农村合作医疗和大病保险制度对农村贫困人口实现全覆盖，适度提高贫困地区的门诊报销比例，加大对贫困人口大病保险的支持力度，推动新农合制度与大病保险及医疗救助制度的衔接，精准扶持因病致贫的家庭（国家卫生计生委财务司网，2016）。二是控制医疗费用，让贫困人口看得起病。分类救治大病和慢性病，实行住院先诊疗后付费制度，以复合型支付方式控制贫困人口的医疗费用（国家卫生计生委财务司网，2016）。三是提高医疗水平，让贫困人口看得好病。实施县乡村三级医疗卫生机构的标准化建设，以提升贫困地区医疗机构的硬件水平。通过三级医院定点帮扶片区县和贫困县的县级医院，以人员技术支持提高贫困地区医院的服务能力。四是加强预防，让贫困人口少看病。加大对贫困地区传染病、地方病、慢性病的防控，加强妇幼健康工作力度，统筹治理贫困地区环境卫生问题，加强农村饮用水和环境卫生监测、调查与评估，改善贫困地区农村人居环境（国家卫生计生委财务司网，2016）。

（八）生态扶贫

生态扶贫是将扶贫工作和生态环境保护有机结合起来，实现两者的良性互动，达到生态文明建设与扶贫开发协调发展。95％的贫困人口和大多数贫困地区分布在生态环境脆弱、敏感和重点保护的地区（刘慧等，2013）。14个集中连片特殊困难区与25个国家重点生态功能区高度重合。中央提出的"五个一批"工程中有生态补偿脱贫一批，其主要措施包括三个方面：一是生态补偿。在贫困地区建立生态补偿机制，提高补偿标准，结合碳汇交易、绿色产品标识等市场化补偿方式，增加贫困人口的生态资产收益。依托退耕还林、公益林补偿等重点生态工程，为当地贫困农民提供生态建设与保护就业岗位，提高农民收入水平（刘慧等，2013）。二是生态保护与修复。在贫困地区实施重点生态修复工程，完善耕地与永久基本农田保护补偿机制，保护与提升贫困地区耕地质量，加强江河源头和水源涵养区保护，推进重点流域水环境综合治理，在重点区域推进山水林田湖综合治理工程等（中央人民政府网，2016）。三是积极支持发展生态优势产业。其一，培育特色农副产业，立足生态资源优势，培育特色农副产品加工业，形成规模化、标准化的农副产业，依托经营主体的带动和辐射，提高贫困人口的收入水平；其二，发展生态旅游业，依托地方独特的人文及自然资源，将民族特色产业和地方手工业等文化产业融入生态旅游业，以多元化发展增加贫困人口收入（刘慧等，2013）。

三、扶贫开发的挑战

中国政府在扶贫方面取得了显著的成就，但也面临不少问题和挑战。当前所面临的问题可归为三类，即外部环境的制约、内部工作机制的缺陷和具体实践的困境。

（一）增长式减贫效应减弱与剩余贫困人口的脱贫难度加剧

外部环境的制约主要是指经济进入新常态以及长期减贫过程中的剩余贫困人口脱贫任务艰巨。中国在过去 30 多年里取得的减贫成就，主要归因于持续快速的经济增长。但近年来全球经济增长出现低迷，中国经济增长速度放缓，同时劳动力成本逐年上升，劳动力密集型产业因逐渐失去优势而开始向其他国家和地区转移，产业结构开始向资本密集型和知识密集型产业转移。从当前中国农民的收入结构来看，外出务工的工资性收入是重要的收入来源，也是农民脱贫致富的重要途径。产业结构调整使贫困人口就业的门槛逐渐提高，贫困人群失业和陷入贫困的风险加大，就业市场上的弱势群体将陷入更大的脆弱程度，失业压力使未来贫困人口的脱贫难度加大（李晓辉等，2015）。经济增长变缓使得财政专项扶贫资金的增量空间有限，加之前期经济刺激政策的消化还需要较长的时间，为贫困人群提供强支持力度的新政策的效用变低（李晓辉等，2015）。另外，经过多个阶段的扶贫开发，当前的剩余贫困人口呈现分散化与连片特殊贫困地区集中化并存的特点，致贫因素更加复杂，脱贫难度更大（汪三贵、刘未，2016）。这些对中国现阶段减贫工作而言将是一个很大的挑战。

（二）扶贫工作机制缺陷与基层治理能力不足

扶贫工作机制在扶贫模式、返贫预防、绩效考核和资金管理方面依然存在缺陷。一是扶贫因同质化浪费大量政府资源。贫困地区和贫困人群内部逐渐显露的分化使得扶贫工作机制需要更加精细化（陈少强、朱晓龙，2015）。一些基层政府将致贫原因同质化处理，推行一概而论的问题解决方式，没有根据贫困户和贫困人口的实际需要进行有针对性的项目帮扶，浪费了有限的扶贫资源。二是贫困干预和返贫预防机制不足。扶贫工作在本质上属于事后补救型扶贫，帮扶时间和效果显化均有滞后性，而后期追踪调查和返贫预防机制的缺失加剧了这种事后补救型扶贫的固有缺陷（李春根、王雯，2016），部分地区在"数字脱贫"的刺激下没有继续帮扶脱贫基础不稳定的贫困农户，因风险冲击导致的暂时性贫困在外部环境恶化的情况下极易转变为长期贫困。三是绩效考核机制不足。现有的扶贫绩效考核机制没有形成强力的制度约束（李延，2016），责任不清晰导致科层组织的横向目标与精准扶贫的设计初衷不一致，基层贫困治理在科层干部的自利性诉求中偏离了精准扶贫的目标，导致扶贫工作不精准、大而化之，使得扶贫资源使用效率和使用质量低下（祝慧等，2017）。四是扶贫资金管理机制不足。扶贫资金分项投入、多头管理，使得资金管理成本增加、效果降低；同时因缺乏有效的协调机制和沟通机制，造成财政扶贫资金管理上的混乱。项目资金分配中，扶贫资金主要投向的行业、产业与贫困人口的实际需求不一致（许汉泽，2015）。使用中存在"低命中率"和"高漏出量"现象，扶贫资金并没有精确地瞄准到贫困人口（邢成举，2009）。

另外，基层治理能力不足不利于扶贫工作的开展。从目前的政策实践来看，乡村两级是很多到户项目实施的关键，承担着扶贫工作的落实责任，加之其他部门工作和应对突发情况，这就要求乡村两级工作人员具备较高的素质。然而现实中，乡镇人才流失与人员不足是常态。贫困村的集体经济基本上是空壳，几乎没有村干部可支配的资源（唐丽霞等，2015），村内年轻精英流失严重。贫困村的村干部老龄化情况突出，虽然现在很多地方落实了"包村干部"，但是包村干部只能提供短期的支持，一些包村干部本身还存在能力和动力不足的问题。乡村治理能力的总体不足给精准扶贫工作带来了严峻的挑战（万江红、苏运勋，2016；任超、袁明宝，2017）。

（三）精准识别不准与精准帮扶效果不显

1. 精准识别不准

贫困人口精准识别的失误率较高，主要由以下三种途径所导致。其一，规模排斥。精准扶贫具有程序规范、多部门共同参与以及公示制度强化等特点，有助于提高贫困识别的准确性。但从各地实践来看，前几轮建档立卡时采用的"逐级分配指标"方式依然决定了县、村贫困人口数量的上限。虽然这一轮贫困识别工作在总量上给予了贫困村和贫困户 10% 的浮动空间（汪三贵、刘未，2016），但是并没有解决贫困指标排挤的问题。由于不能准确估计市县贫困人口规模，各市县乡获得的贫困村和贫困户指标未必和实际贫困规模一致。其二，识别排斥。以民主评议为基础的福利测量旨在解决贫困识别信息不对称问题，由于测量方法和农户参与方法在收入和支出认知上存在差异（黄承伟，2016），出现了不同贫困地区、不同县和不同村贫困标准不一致的问题，产生对部分贫困群体的过失排斥。其三，基层工作人员在识别中优亲厚友，人为控制贫困指标的分配，于是产生了对贫困群体的恶意排斥。据调查，2013 年乌蒙山片区有 40% 的建档立卡贫困户的收入超过了贫困标准，武陵山片区则有 49% 的农户收入高于贫困线（汪三贵、郭子豪，2015）。云贵川 60 个贫困村建档立卡瞄准失误率为 33%，其中精英俘获对瞄准失误的贡献率为 74%（胡联、汪三贵，2017）。

2. 精准帮扶效果不显

精准帮扶基本围绕"五个一批"，实践中面临诸多困境，导致扶贫效果不明显。如产业扶贫方面，如何确保贫困农户增收仍然面临困难，实践中经常出现扶富不扶贫现象，扶贫产业不能直接惠及最贫困的群体，如何通过机制创新满足最贫困群体的发展需求是当前亟须解决的问题（许汉泽、李小云，2017）。贫困人口转移就业进展不顺，农民工公共服务体系有待完善，农民工作为特殊群体依然未与城市居民同等享受公共服务，在购房、就业、户口、福利、社会待遇等方面存在较大差距（吴业苗，2016）。一些地方忽视了易地扶贫搬迁的政策本意，重基础设施与房屋建设，轻后续扶持，把易地扶贫搬迁作为拉投资、保增长、促内需的手段，着力点主要放在安置房屋和配套设施的建设上，没有充分考虑贫困人口搬迁后的发展问题，以至于没有从根本上解决搬迁户的福利状况（邢成举，2016）。易地扶贫搬迁虽然有政府财政资金补助，但是农户需要自筹一部分资金，这在一定程度上排斥了贫困程度较深的农户（何得桂等，2016）。即使农户获得金融贷款，增加的债务负担也降低了其对生计冲击的抵抗能力。农村的社会保障水平远不及城市，在资金投入、保障内容、覆盖范围上与城市有着明显的差距。农村贫困人口享有的社会保障还不足以保证其"衣食无忧"（李泉然，2017）。大病救助的覆盖面有待提高，所包括的病种有待补充，各地方的医疗救助呈现碎片化特征，未形成完整的救助体系。在现有的帮扶力度下，因病致贫的农户尚不能彻底摆脱贫困。生态补偿资金供给不足，只能对生态保护区的扶贫工作起到辅助作用，不能成为脱贫的保障。生态产业的开发与产业扶贫所面临的困境基本一致，难以找准适应市场的特色产品。利益联结机制创新不足使生态产业对贫困人口的带动能力较弱，发展模式不清晰使产业开发失败多于成功。

四、扶贫开发的政策展望

扶贫开发是一项复杂的系统工程，在全面建成小康的目标约束下，未来的扶贫开发需要进一步创新工作机制以推进精准扶贫，而需要解决的核心问题是资金、执行主体和工作方式。

（一）完善并创新资金投入机制

一方面，稳定财政扶贫资金投入力度。加强中央财政对贫困地区的转移支付力度，并引导地方政府调整财政支出结构，保障扶贫资金的投入需求，推动贫困县以涉农资金的大整合试点为契机，以重点扶贫项目为平台，捆绑各类资金集中使用，提高资金使用效率。另一方面，创新扶贫模式与资金投入渠道。以市场机制和政策配套方式鼓励扶贫模式创新，鼓励和引导各类金融机构、有辐射能力和带动作用的产业与企业、其他社会资源进入扶贫开发事业，促进扶贫资金撬动社会资金投入，在产业发展中实现扶贫到户。

（二）增强基层组织治理能力

政府主导扶贫开发是实施精准扶贫的一个重要保障（汪三贵、郭子豪，2015），精准扶贫的对象是贫困人口，这就决定了执行精准扶贫的直接主体是基层组织。扶贫资金项目管理权限下放到县、分配到村，基层政府和村级组织将获得更多的资源，拥有更多的权力，这就需要基层政府改善自身治理能力和水平，合理利用项目资源，以便改善贫困村庄的生产生活条件及贫困户的发展能力（任超、袁明宝，2017），提高减贫效益。另外，在有合作社的村庄，发挥合作社的组织特征，促进合作社在扶贫治理中的作用，也是基层治理的重要组成方面。

（三）完善贫困人口受益机制

第一，在产业发展方面，培育贫困地区的农业经营主体，依托经营主体对贫困人口的组织和带动作用，将贫困户纳入现代产业链中，强化与贫困户的利益联结机制，解决贫困农户经常面临的技术、资金、市场方面的困难。产业结构转型升级是经济新常态的重要内涵与主要指标，也为产业精准扶贫带来了新机遇。贫困地区的产业结构升级更需要依托产业创新（刘解龙，2015），如不断改善的现代交通和互联网改变了各种资源的利用方式，抓住产业结构转型所带来的机遇、实现后发优势，是产业精准扶贫必须重视的内容。

第二，用制度保护生态环境已经成为新时期推进生态文明建设的重要出路。生态环境的恶化压力对保护生态环境形成了"倒逼机制"（刘解龙，2015），精准扶贫应当结合生态产品的多样化、市场化与创新化机制，以自然资源资产化和生态补偿等制度的改革与创新，推进具有生态资源优势的贫困地区的发展（陈绪敖，2016；中央党校经济学部精准扶贫课题组等，2016）。将农民集体所有的土地、山林地等固定资源资本化、股权化，盘活农村存量自然生态资源，为贫困户探索出一条新的增收渠道（戴旭宏，2016）。

第三，易地扶贫搬迁涉及贫困户生产生活环境和条件的变化，涉及土地、住房等行业部门政策的支持，涉及新型城镇化、贫困户转移就业和后续发展等复杂问题的衔接。易地扶贫搬迁工作需要在保证精准识别的基础上实施精准搬迁，从经济、政治和社会空间等多元角度对移民迁入地进行重塑（邢成举，2016），实现搬得出、稳得住、有业可就和稳定脱贫。

第四，教育扶贫是阻断贫困代际传递的根本措施。虽然中国已经形成了较为系统的教育扶贫支持体系，但学前教育和高中教育依然是当前教育扶贫的短板，国家还需要加大相应的支持力度，适当考虑把高中阶段教育纳入义务教育政策支持范围。另外，针对贫困户就业和生产发展所需要的技术技能培训需更加精准，以增强动手能力和切实能见实效为导向，解决当前存在的学走形式、学而无获、学难见效问题。

第五，完善社会保障兜底。因病致贫类型所占比重大，因病返贫现象普遍，这需要更紧密地衔接基本医疗、大病保险和医疗救助政策，扩展补贴范围、加大特惠力度、减轻个人负担。对于农村地区丧失劳动能力和劳动能力较弱、依靠自身难以发展的贫困人口，必须实现低保"兜底"全覆盖。2020年之后的扶贫工作应将以社会保障为主，越早形成精准扶贫与社会保障制度相衔接的工作机制，越有利于实现扶贫工作的转型。

《参考文献

陈少强，朱晓龙，2015. 扶贫要在精准上下功夫 [J]. 中国发展观察（8）.

陈绪敝，2016. 秦巴山区生态环境保护与产业精准扶贫互动发展研究 [J]. 甘肃社会科学（6）.

戴旭宏，2016. 精准扶贫：资产收益扶贫模式路径选择——基于四川实践探索 [J]. 农村经济（11）.

范小建，2009. 60 年：扶贫开发的攻坚战 [J]. 求是（20）.

何得桂，党国英，张正芳，2016 精准扶贫与基层治理：移民搬迁中的非结构性制约 [J]. 西北人口（6）.

黄承伟，2016. 中国扶贫开发道路研究：评述与展望 [J]. 中国农业大学学报（社会科学版）（5）.

胡联，汪三贵，2017. 我国建档立卡面临精英俘获的挑战吗？[J]. 管理世界（1）.

李春根，王雯，2016. 基于五大发展理念的新时期扶贫工作探讨 [J]. 财贸经济（10）.

李泉然，2017. 精准扶贫视阈下社会救助政策的发展 [J]. 中州学刊（1）.

李晓辉，徐晓新，张秀兰，等，2015. 应对经济新常态与发展型社会政策 2.0 版——以社会扶贫机制创新为例 [J]. 江苏社会科学（2）.

李延，2016. 精准扶贫绩效考核机制的现实难点与应对 [J]. 青海社会科学（3）.

刘慧，叶尔肯·吾扎提，2013. 中国西部地区生态扶贫策略研究 [J]. 中国人口·资源与环境（10）.

刘解龙，2015. 经济新常态中的精准扶贫理论与机制创新 [J]. 湖南社会科学（4）.

任超，袁明宝，2017. 分类治理：精准扶贫政策的实践困境与重点方向——以湖北秭归县为例 [J]. 北京社会科学（1）.

唐丽霞，罗江月，李小云，2015. 精准扶贫机制实施的政策和实践困境 [J]. 贵州社会

科学 (5).

万江红, 苏运勋, 2016. 精准扶贫基层实践困境及其解释——村民自治的视角 [J]. 贵州社会科学 (8).

王朝明, 2008. 中国农村 30 年开发式扶贫: 政策实践与理论反思 [J]. 贵州财经学院学报 (6).

王丽华, 2011. 贫困人口分布、构成变化视阈下农村扶贫政策探析——以湘西八个贫困县及其下辖乡村为例 [J]. 公共管理学报 (2).

汪三贵, 2008. 在发展中战胜贫困——对中国 30 年大规模减贫经验的总结与评价 [J]. 管理世界 (11).

汪三贵, 2016. 易地扶贫搬迁监测报告 [R]. 北京: 中国人民大学中国扶贫研究院.

汪三贵, 郭子豪, 2015. 论中国的精准扶贫 [J]. 贵州社会科学 (5).

汪三贵, 刘未, 2016. 以精准扶贫实现精准脱贫: 中国农村反贫困的新思路 [J]. 华南师范大学学报 (社会科学版) (5).

汪三贵, 王瑜, 2015. 全国扶贫开发建档立卡数据分析研究报告 [R]. 北京: 中国人民大学中国扶贫研究院.

吴业苗, 2016. 农业人口转移的新常态与市民化进路 [J]. 农业经济问题 (3).

向德平, 2011. 包容性增长视角下中国扶贫政策的变迁与走向 [J]. 华中师范大学学报 (人文社会科学版) (4).

邢成举, 2015. 村庄视角的扶贫项目目标偏离与 "内卷化" 分析 [J]. 江汉学术 (5).

邢成举, 2016. 搬迁扶贫与移民生计重塑: 陕西省证据 [J]. 改革 (11).

许汉泽, 2015. 扶贫瞄准困境与乡村治理转型 [J]. 农村经济 (9).

许汉泽, 李小云, 2017. 精准扶贫背景下农村产业扶贫的实践困境——对华北李村产业扶贫项目的考察 [J]. 西北农林科技大学学报 (社会科学版) (1).

杨林华, 2014. 农村扶贫模式创新研究——以广东省农村扶贫实践为例 [R]. 武汉: 华中师范大学.

殷浩栋, 2016. 产业扶贫: 从 "输血" 到 "造血" [J]. 农经 (10).

中央党校经济学部精准扶贫课题组, 芦千文, 石霞, 2016. 创新精准扶贫体制机制 [J]. 理论视野 (6).

朱小玲, 陈俊, 2012. 建国以来我国农村扶贫开发的历史回顾与现实启示 [J]. 生产力研究 (6).

祝慧, 莫光辉, 于泽堃, 2017. 农村精准扶贫的实践困境与路径创新探索 [J]. 农业经济 (1).

第❷章

精准扶贫之实证
基础[*]

【摘要】精准扶贫的提出推动中国扶贫政策从瞄准区域的开发式扶贫转变为瞄准农户的精准扶贫。基于具有全国代表性的农户数据，本章阐述了精准扶贫的五个实证基础，认为中国剩余农村贫困的特征已经产生了重大改变，继续沿用以前的扶贫政策很难消灭剩余的贫困，精准地、系统性、多维度的帮扶政策才能有效。本章充分论证了中国扶贫政策的上述转变以及精准扶贫背后的实证基础，这些论证有助于研究者、政策制定者和执行者对精准扶贫的各个环节有深入而透彻的理解，对总结中国战胜农村贫困的一般经验以及其他发展中国家选择区域性开发政策还是选择瞄准家庭的精细扶贫政策具有重要的启示意义。

一、中国扶贫的伟大成就及扶贫政策的重要转变

（一）战胜农村贫困的伟大历史成就

2016 年 7 月《Science》创刊 125 周年之际，杂志社总结并公布了科学界当前面临的 125 个最具挑战性问题，其中一个问题是"为什么改变撒哈拉地区贫困状态的努力几乎全部失败？"与该问题形成鲜明对比的是，作为世界第一人口大国的中国，在过去的三十多年里取得了降低农村贫困的伟大成就。例如，图 2-1 描绘了不同贫困标准下的农村贫困发生率，从中可以看

＊ 本章以《论精准扶贫的实证基础》为题发表在《农业经济问题》2019 年第 4 期。作者：章元，复旦大学经济学院，教授，博士生导师；李全，南开大学金融学院，教授；沈可（通讯作者），复旦大学社会发展与政策学院，副教授；本研究得到了国家自然科学基金（71841008 和 71833003）、教育部人文社科重点研究基地重大项目"结构变迁、城市发展与中国经济增长"（17JJD790005）和复旦大学经济学院"高峰计划"学术前沿项目的支持与资助。感谢中国收入分配研究院提供的 CHIP 数据使用权。

出，无论采用政府制定的哪一条贫困线，中国的农村贫困发生率都持续快速
下降趋势。

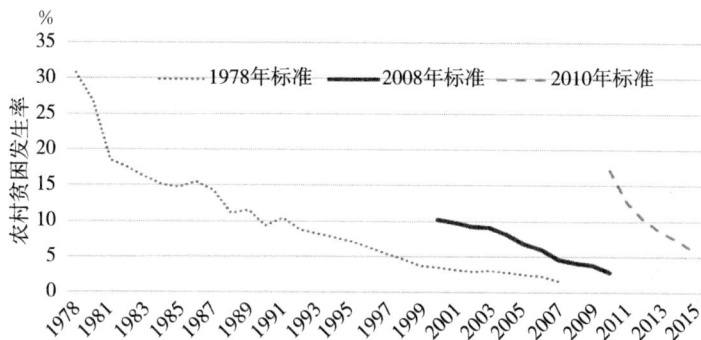

图 1　中国农村贫困发生率及其变化（1978—2015）
数据来源：1993、1996 年数据来自《中国战胜农村贫困：世界银行国
别报告》，其他年份数据来自《中国农村贫困监测报告（2016）》。

　　尽管中国的官方统计数据有可能低估了农村贫困的水平并高估了农村贫
困的下降速度（Park and Wang，2001），但这并不否定在降低农村贫困方面
中国的伟大成就。表 2-1 报告了世界银行采用最新的国际标准贫困线所度量
的中国及全世界的贫困发生率和贫困缺口指标[1]，从中可以看出：即使采用
每天 1.9 和 3.1 美元的国际标准，中国的贫困发生率和贫困缺口也都经历了
显著的下降，且下降速度明显快于世界平均速度。

表 2-1　中国减贫成就的国际比较

贫困线（美元）	贫困发生率（%）			贫困缺口		
	中国		全球	中国		全球
	1.90	3.10	1.90	1.90	3.10	1.90
1981	88.32	99.14	41.91	43.19	63.43	17.79
1987	60.84	89.15	34.65	21.73	43.35	12.09
1990	66.58	89.20	34.82	24.37	45.91	12.06
1996	42.05	71.50	28.73	13.04	30.64	9.33

――――――――――

　　[1] 世界银行公布的贫困发生率的基数为总人口，因此贫困发生率的度量中包含了城市贫困，但是由
于中国的贫困人口主要集中在农村，所以表 2-1 中的数据表明的依然主要是中国农村贫困人口的急剧减
少。

（续）

贫困线（美元）	贫困发生率（%）			贫困缺口		
	中国		全球	中国		全球
	1.90	3.10	1.90	1.90	3.10	1.90
1999	40.54	67.18	28.02	13.23	29.55	9.16
2005	18.75	41.76	20.45	4.94	14.73	6.20
2008	14.65	32.96	17.82	3.87	11.58	5.29
2010	11.18	27.24	15.55	2.66	9.05	4.59
2011	7.90	22.22	13.50	1.76	6.88	3.99
2012	6.47	19.05	12.41	1.37	5.73	3.67
2013	1.85	11.09	10.67	0.35	2.52	3.23

注：国际标准贫困线用 2011 年 PPP 进行折算。

数据来源：世界银行 WDI-2017，数据更新于 2017 年 3 月 29 日。

（二）精准扶贫的提出与扶贫政策的转变

习近平总书记于 2013 年 11 月在湖南湘西考察时，对农村扶贫做出了"实事求是、因地制宜、分类指导、精准扶贫"的重要指示，该指示可以视为精准扶贫的发端。随后，总书记分别在"2015 减贫与发展高层论坛"、2015 年中央扶贫开发工作会议、中央政治局第三十九次集体学习等重要场合多次阐述了精准扶贫理念。精准扶贫可以概括为"六个精准和五个一批"——扶贫对象精准、项目安排精准、资金使用精准、措施到户精准、因村派人精准、脱贫成效精准；发展生产脱贫一批、易地扶贫搬迁脱贫一批、生态补偿脱贫一批、发展教育脱贫一批、社会保障兜底一批。精准扶贫提出之后，中央办公厅、国务院办公厅 2013 年 12 月 18 日发布了《关于创新机制扎实推进农村扶贫开发工作的意见》（中办发〔2013〕25 号）的通知，此通知可以说是对精准扶贫的顶层设计，也是中国推行精准扶贫的首个重要文件。

尽管在此之前中国的扶贫政策也在逐步缩小瞄准目标。2000 年前，几乎所有扶贫资金或项目都以贫困县为瞄准单位，进入 21 世纪后，尽管在《中国农村扶贫开发纲要（2001—2010 年）》中，将扶贫瞄准单位从贫困县变为贫困村，大大提升瞄准精度（汪三贵等，2007），但瞄准的对象依然是区域，并没有普遍落实到贫困户。因此，精准扶贫的提出和实践，意味着中国瞄准区域的开发式扶贫的根本转变，意味着贫困瞄准目标直接缩小到贫困户，以及扶贫政策的多元化和系统化。

尽管此前已经取得了战胜农村贫困的伟大成就，但中国并未继续沿用以前的扶贫政策，而是在精准扶贫理念的指导下对扶贫政策做出了重大调整。一个自然产生的重大问题是：中国为何不继续沿用以前的扶贫政策？难道以前的扶贫政策不能有效地解决剩余的农村贫困问题？换言之，中国扶贫政策从开发式扶贫向精准扶贫的重要转变是否具有合理性或者科学性？它相对于其他扶贫模式能否更有效地消除剩余的农村贫困？精准扶贫是否具有扎实的实证基础？现有文献对上述问题关注的不多，本文的核心目的就是回答上述问题。对这些问题的回答具有如下几个重大意义：第一，作为曾经拥有庞大贫困人口的中国，在战胜农村贫困人口方面做出了举世瞩目的成就，其扶贫政策的重大转变对于全世界的反贫困都具有重要的导向意义；第二，精准扶贫的提出和实践直接决定了中国能否有效战胜剩余的农村贫困，关系到中国能否到 2020 年消灭现行标准下的农村贫困，关系到第一个"一百年"奋斗目标能否顺利实现，关系到党的十九大报告提出的乡村振兴战略能否顺利实现；第三，对上述重大问题的回答，有助于研究者、政策制定者和执行者对精准扶贫的各个环节有深入而透彻的理解，对总结中国战胜农村贫困的一般经验以及其他发展中国家制定和完善其扶贫政策具有重要的启示意义。

二、精准扶贫的实证基础

基于中国农村贫困的基本特征和演变趋势，本文认为精准扶贫具有如下五个实证基础，这些基础体现了精准扶贫的科学性和先进性。

实证基础一：瞄准区域并为其提供基础设施的开发式政策只能改善贫困户的生活生产条件，但它对于"老弱病残"户和低人力资本户的脱贫作用有限，因此，必须通过社会保险政策兜底才能更有效地解决他们的贫困。

国内外的大量研究表明，基础设施投资有利于促进经济集聚和增长（Fujita and Thiss，1996；刘生龙和胡鞍钢，2010；张学良，2012）。针对中国农村贫困地区的研究也发现，对农村基础设施的投资有助于促进经济增长和降低农村贫困（Fan et al.，2000，2002，2004）。然而，基础设施投资降低农村贫困的主要机制在于改善生产和生活条件，提高劳动生产率和促进农业增长，而这些机制对于那些"老弱病残"以及人力资本低下的农户并不适用，因为他们没有基本的劳动力和人力资本等投入要素，从而无法利用基础设施去捕捉各种机会或扩大生产以脱离贫困。

为了检验上述实证基础是否成立，我们利用CHIP2002农户数据展开实证研究，该数据包含了农户所在村通公路、电力、电话的年数，以及所在村到县城和最近的车站的距离①，我们用这些年数度量基础设施改善的早晚程度。从理论上讲，如果它们能够有助于降低贫困，则前三个变量在贫困决定方程中的回归系数应该显著为负，而后两个变量的回归系数应该显著为正。首先，我们在表2-2中报告了农户收入贫困的方程回归结果。从表2-2的回归结果可以看出：使用全样本回归时，五个基础设施变量的回归系数都显著，这意味着基础设施的改善确实有助于降低农户的贫困，但是它们的绝对值都非常小②，说明基础设施降低贫困的经济效应非常小。然后，我们在全样本中提取4个子样本：农户中至少有1个60岁以上的老人，户主年龄在60岁以上，农户中至少有1个重病的成员，户主的教育年限低于8年，用他们代表"老弱病残"和人力资本低下的农户，然后用这4个子样本展开回归。从表2-2中可以看出：除了通电话年数外，其他四个度量基础设施的变量的显著性基本上都下降了，特别是通公路年数不再显著为负，到车站的距离都不再显著，这表明为农村地区提供交通基础设施对于降低这些农户陷入收入贫困的作用并不十分明显。

表 2-2　基础设施对收入贫困的影响（Probit 模型）

	全样本	老年家庭	户主高龄	病人家庭	户主低教育
通公路年数	−0.002 0*	0.001 9	0.006 2*	−0.002 6	0.001 0
	(0.001 1)	(0.002 2)	(0.003 5)	(0.002 6)	(0.001 5)
通电年数	−0.007 9***	−0.013 2***	−0.005 3	−0.013 3***	−0.006 4***
	(0.001 6)	(0.003 3)	(0.005 2)	(0.003 8)	(0.002 3)

① 一般而言，到县城或者车站的距离越近，则意味着当地的基础设施更好，因此我们用它们作为当地基础设施的代理变量。

② 比如在全样本回归方程中，通公路年数的边际效应为 0.000 77，到县城的距离的边际效应为 0.000 52。

（续）

	全样本	老年家庭	户主高龄	病人家庭	户主低教育
通电话年数	−0.006 8***	−0.008 2***	−0.014 1***	−0.007 6***	−0.009 4***
	(0.001 2)	(0.002 3)	(0.003 8)	(0.002 7)	(0.001 6)
县城距离	0.001 4*	0.002 6*	0.003 3	0.000 3	0.002 7***
	(0.000 8)	(0.001 5)	(0.002 7)	(0.001 9)	(0.001 0)
车站距离	0.004 1**	0.001 6	0.001 9	0.004 6	0.001 2
	(0.001 8)	(0.003 5)	(0.006 8)	(0.003 8)	(0.002 5)
Constant	−0.182 0	0.425 0*	−1.252 0*	0.381 0	−0.164 0
	(0.120 0)	(0.252 0)	(0.751 0)	(0.295 0)	(0.169 0)
N	8 821	2 009	784	1 471	4 357
Pseudo R^2	0.115 9	0.109 4	0.110 3	0.122 0	0.126 8

注：①括号中为标准误差，*、**、***分别表示 10%、5%、1%的水平上显著。以下同。

②被解释变量为农户是否属于消费贫困，贫困线为国家统计局制定 2010 年 2 300 元的标准，并用农村 CPI 进行调整。为了节省篇幅，所有模型中，平原和丘陵虚拟变量、家庭和户主特征等控制变量的回归系数没有报告，对此有兴趣的读者请向作者索取。

数据来源：CHIP2002 农户样本。

　　另外，我们基于上述同样的方法考察基础设施对于农户消费贫困的影响，并将结果报告在附表 1 中，结果和表 2-2 基本一致。实际上，移动基站的建设成本大大低于固定线路电话的铺设成本，随着移动电话在农村地区的普及，固定线路电话已经意义不大。到目前为止，中国农村没有通电、通电话的地区已经非常少，例如《中国农村贫困监测报告（2016）》提供的数据表明，全国农村通电、通路、通电话在 2015 年已经接近全覆盖。这意味着进一步大幅度改善贫困地区的基础设施以降低农村贫困的政策空间已经非常小。另外，国家发改委制定的《全国"十二五"易地搬迁扶贫规划》，计划易地搬迁 1 000 万贫困人口，而这 1 000 万贫困人口主要分布在石山、深山、高寒、地方病高发等地区，为他们提供基础设施的建设成本巨大，即使提供了基础设施也依然无法帮助他们脱离地理贫困陷阱。正因为如此，习近平总书记在多个重要场合所阐述关于精准扶贫的重要论述中就有一条"通过易地搬迁安置一批"，这是帮助这部分贫困户脱离贫困陷阱的科学路径。

　　实证基础二：改善贫困地区的基础设施条件的扶贫政策对于降低"老弱病残"农户面临的深度贫困效果甚微。

　　不同于浅表性贫困，深度贫困具有很高的复杂性和顽固性，因此习近平总书记指出,深度贫困是精准扶贫中最难啃的"硬骨头"。由于陷入深度贫困的农户大多同时缺乏人力资本、就业技能、物质资本、健康和安全的住所,因此仅仅给他们提供各种基础设施,并没有创造让他们脱离贫困的内生动力,并不足以帮助他们脱离贫困陷阱。

现有文献对如何定义"深度贫困"尚无统一的标准,这里则采取如下标准:如果某个贫困户的贫困缺口高于所有贫困户的贫困缺口均值,就将他定义为深度贫困户。下面,我们基于 CHIP2002 农户样本检验基础设施是否有助于降低深度贫困,特别是基础设施是否有助于降低"老弱病残"和低人力资本户的深度贫困。表 2-3 报告了以深度收入贫困为被解释变量的 OLS 模型回归结果,从中可以看出:第一,只有通公路、通电和通电话的年数在全样本回归中显著为负,但到县城和车站的距离都不显著,这表明基础设施的改善总体而言不都能够降低农村深度贫困;第二,当采用 4 个子样本回归时,三个变量都不显著,这表明道路基础设施的改善总体而言并不都能显著降低"老弱病残"和低人力资本农户的深度收入贫困。

表 2-3　基础设施对深度收入贫困的影响（OLS 模型）

	全样本	老年家庭	户主高龄	病人家庭	户主低教育
通公路年数	−0.662**	0.123	1.287	−1.009	0.194
	(0.273)	(0.618)	(0.953)	(0.744)	(0.413)
通电年数	−1.541***	−2.440***	−2.880**	−2.718**	−1.668***
	(0.409)	(0.919)	(1.438)	(1.081)	(0.622)
通电话年数	−1.926***	−2.664***	−3.441***	−2.434***	−2.584***
	(0.296)	(0.650)	(1.023)	(0.758)	(0.445)
县城距离	0.104	0.611	0.198	0.522	0.096 2
	(0.198)	(0.420)	(0.754)	(0.527)	(0.284)
车站距离	0.152	−0.444	−0.644	−0.680	−0.554
	(0.475)	(1.014)	(1.900)	(1.089)	(0.681)
Constant	320.0***	497.3***	279.5	360.8***	358.9***
	(31.21)	(70.69)	(206.3)	(83.50)	(46.03)
N	8 821	2 009	784	1 471	4 357
Pseudo R^2	0.155 0	0.159 4	0.152 7	0.164 5	0.173 1

注:被解释变量为农户是否属于收入贫困,贫困线为国家统计局制定 2010 年 2 300 元的标准,并用农村 CPI 进行调整。

数据来源:CHIP2002 农户样本。

另外，我们还以农户的深度消费贫困为被解释变量（回归结果报告在附表 2 中），结果发现上述结论依然保持不变；将被解释变量由贫困深度缺口改为虚拟变量（如果某个农户的贫困深度超过贫困人口的贫困缺口的均值，则取值为 1，否则为 0）。Probit 模型回归结果报告在附表 3、附表 4 中，从中所得出的结论依然保持不变。因此，精准扶贫的第二个实证基础得到了检验①。

实证基础三：在精准扶贫指导下制定的"两不愁、三保障"原则在识别和瞄准贫困方面具有很高的科学性和针对性。

在习近平关于精准扶贫重要论述指导下，中国政府制定了到 2020 年实现农村贫困人口"两不愁、三保障"的减贫目标。"两不愁、三保障"原则与世界银行和其他国际组织向发展中国家提出的准家计调查法（Proxy Means Test）的思想完全一致，特别是其中的"三保障"，对应的是子女教育、重大疾病和住房，这些信息都是可以直接观察到，因此有助于克服农户的收入和消费信息不对称或者统计数据不可得而导致的扶贫资源配置低效率问题，大大降低了基层官员或者农户寻租的可能性，有助于将政府扶持政策更加精准地分配给真正的贫困户。

由于"两不愁"本身属于农户福利水平的直接度量，而不属于贫困的影响因素，因此我们重点考察"三保障"对于农户福利水平的影响以及该标准是否有助于识别出真正的贫困户。我们分别用收入、消费、衣着和食物消费②、净债务度量农户的福利水平，然后用如下三个变量反映"三保障"：在校生的数量、有重病的家庭成员数量、房屋建材是否为泥土，然后基于 CHIP2002 农户样本展开实证检验。

---

① 需要强调的是，虽然前两个实证基础论证了部分基础设施对于降低贫困和深度贫困无效，因此需要采用分类办法解决老弱病残和低人力资本农户的贫困，但是这并不意味着我们认为不需要对贫困地区进行基础设施投资，这是因为：第一，道路基础设施对于促进区域经济增长依然具有重要意义；第二，除了道路和电力以外，通信、灌溉、饮水、医疗卫生等基础设施对于降低贫困，特别是降低多维贫困依然重要。

② 包括主食和副食、衣着消费支出，这部分对应于"两不愁"。

表 2-4　健康、子女教育、住房条件与农户福利水平之间的关系

	收入贫困	消费贫困	衣食消费水平	净债务水平
	Probit	Probit	OLS	OLS
学生数量	0.012 5*	−0.032 2***	−158.200 0***	395.200 0**
	(0.006 8)	(0.006 9)	(25.230 0)	(191.500 0)
重病数量	0.029 5***	−0.026 5**	−114.1***	1,348***
	(0.010 3)	(0.010 5)	(38.620 0)	(293.200 0)
土坯房	0.077 3***	0.074 6***	−218.900 0***	−172.500 0
	(0.013 6)	(0.013 9)	(50.840 0)	(386.000 0)
constant	0.456***	0.761***	1 112***	6 231***
	(0.040 6)	(0.041 3)	(151.5)	(1 150)
N	8 818	8 819	8 819	8 819
R^2	0.139 9	0.096 0	0.055 9	0.077 1

注：收入贫困和总消费贫困的贫困线都是国家统计局 2010 年制定的 2 300 元标准，并根据农村 CPI 进行调整。

数据来源：CHIP2002 农户样本。

从表 2-4 中可以得出如下结论：第一，在收入贫困决定方程中，我们关心的三个变量都显著为正，这说明教育负担、家庭成员患重病、住房条件差都和收入贫困高度相关。第二，在消费贫困决定方程中，前两个变量都显著为负，我们显然不能将其理解为它们能显著降低消费贫困，而应该理解为"被动消费"——当家庭中有在校学生和重病患者时，就不得不有更多的教育和医疗消费支出，从而提高了农户的总消费水平。第三，在衣食消费决定方程中，所有三个变量都显著为负，这表明缺乏"三保障"会显著降低农户的"两不愁"消费水平；这一结果对于精准扶贫瞄准机制的确定具有重要含义，因为衣食消费是所有农户每天必需的支出，是生存的基本需要，如果这部分支出非常低，则说明该家庭的基本生存需求都无法满足；而"三保障"在回归方程中显著为负，说明提高贫困户的"三保障"水平有助于实现"两不愁"。第四，仅仅看农户的消费水平决定因素并不够全面，如果一个农户不得不进行负债消费，而且未来预期收入并不会上升的话，那么这个农户就可能陷入贫困陷阱难以自拔；因此，我们用第四个方程去考察农户净债务的决定因素，结果发现前两个变量都显著为正，这表明农户在进行子女教育投

资和为家庭成员治疗重大疾病时更多地进行负债，这一结果与第二和第三个方程的对比表明：子女教育和医疗消费支出虽然会提高家庭的消费水平，但却是以降低食物和衣着消费、提高家庭债务水平为代价。

总之，上述回归结果表明：精准扶贫中，即使一个农户的收入达到贫困线以上，而如果他们依然面临着"三保障"问题，那么将他们纳入到精准扶贫的范围内是完全有必要的。这种做法是对多维贫困思想及习近平总书记精准扶贫重要论述的体现和实践，也表明"两不愁、三保障"标准和目标具有极高的科学性和先进性，深刻地体现了多维贫困的思想。

实证基础四：原有的扶贫政策对于贫困户的识别和投放精准度不高，因而降低了扶贫资金的减贫效率。

扶贫政策要产生效果，前提条件就是扶贫资源要能够瞄准并到达真正的贫困户。然而，之前的农村扶贫政策的瞄准精度基本上都不容乐观。2000年世界银行关于中国的国别报告揭示出了贫困县财政状况的困难导致扶贫资金被挪用的激励机制：财政收入短缺的贫困县政府有着尽快改变财政收入短缺的强烈冲动，从而会挪用财政扶贫资金进行投资，结果造成大量的财政扶贫资金被投入到农村工业和乡镇企业，或者挪用扶贫资金于创办县办企业和乡镇企业，或者将扶贫资金用于非贫困人口甚至非贫困乡镇，因为这样利润来得更高更快，也更容易获得税收（世界银行，2001）。也有很多研究给出了早期扶贫投入精度不高的证据。例如 Park and Wang（2010）利用 1981—1995 年的县级面板数据研究了 1986 年开始的国定贫困县制度的效果，并利用瞄准缺口（Targeting Gap）和瞄准误差（Targeting Error）来评价该政策的精确性后发现，政治因素（是否为革命老区以及是否为少数民族地区）对于一个县能否被列为贫困工作重点县具有非常重要的影响；在此时间段内，虽然贫困政策的覆盖面上升了，但是漏出率也上升了。微观层面的研究证据则相对更多，例如 Fan et al.（2002）的研究发现，在众多的政府投资中，扶贫贷款对缓解贫困的作用最小，产生这一结果的主要原因是其目标瞄准机制的低效率以及对信贷资金的错误使用。Golan et al.（2017）利用 CHIP2007—2009 数据的研究发现，农村低保政策存在较大的瞄准误差。韩为华和高琴（2017）利用 2012 年中国家庭追踪调查（CFPS）数据考察了农村低保的瞄准效果后发现，如果以收入贫困为标准，漏保率在 70% 以上；

朱梦冰和李实（2017）进一步利用 CHIP2013 的农户调查数据研究了低保对多维贫困的瞄准率后发现，相对于单维的收入贫困，多维指标下低保的瞄准率有了较大幅度的提升，但即使在多维标准下，仍有 80% 以上的农村贫困户没有获得低保。

正因为以前扶贫政策的瞄准效率低下，因此很多研究都发现，这些政策对于低收入农户或者贫困户的减贫作用微弱。例如，基于 2001—2004 年的贫困村及农户面板数据，Park et al.（2002）研究了自 2001 年开始实施的以区域开发为基础的扶贫重点村政策的效果后发现，被列为重点村之后，来自政府以及村的投入都显著增加了，但是这些投入并没有显著提高贫困农户的收入或者消费。另外，Park and Wang（2010）、Meng（2013）、贾俊雪等（2017）的研究都发现，中国的扶贫政策有助于提高贫困地区农户的人均收入水平，但是由于难以获得贫困数据或者贫困户的信息，这些研究大部分没有提供扶贫政策（项目）是否具有直接显著提高贫困户的收入水平的证据。

由于扶贫贷款是国内外比较常见的一种扶贫政策，因此我们下面利用 CHIP2002 的农户数据来检验中国的扶贫贷款的瞄准效率，考察农户的收入或消费贫困是否能显著增加其获得扶贫贷款的概率，以及村干部能否更多地获得扶贫贷款。表 2-5 报告了 Probit 模型回归结果，从中可以看出：在控制了其他变量的情况下，是否为收入贫困在方程 1~2 中都不显著，是否为消费贫困在方程 3~4 中都不显著，这表明农户的收入贫困和消费贫困都不会显著增加其获得扶贫贷款的概率；但是，农户中为村镇干部的家庭成员数量在方程 1 和方程 3 中都显著为正，这表明扶贫贷款并没有能够真正地发放给贫困户，而部分地被地方干部所寻租。

表 2-5　农户获得扶贫贷款的影响因素（Probit 模型）

	方程 1	方程 2	方程 3	方程 4
收入贫困	−0.052 3	−0.058 3		
	(0.091 7)	(0.091 3)		
消费贫困			−0.088 1	−0.095 4
			(0.090 8)	(0.090 5)
干部数量	0.085 8**		0.085 2**	

（续）

	方程 1	方程 2	方程 3	方程 4
	(0.036 4)		(0.036 5)	
Constant	−2.465***	−2.456***	−2.418***	−2.405***
	(0.323)	(0.321)	(0.328)	(0.327)
N	8 825	8 825	8 826	8 826
Pseudo R^2	0.038 4	0.033 1	0.039 1	0.033 9

注：贫困线为国家统计局制定 2010 年 2 300 元的标准，并用农村 CPI 进行调整。
数据来源：CHIP2002 农户样本。

因此，我们可以基于上述文献综述和实证研究结果做出判断，精准扶贫前的扶贫政策的瞄准精度不高，导致部分扶贫资金的利用效率低下，而精准扶贫政策被应用于实践后，从机制设计上有助于提高扶贫资金的瞄准精度和使用效率。同时，精准扶贫政策强调将信贷扶贫资金直接发放给建档立卡的贫困户，经过科学程序确认的建档立卡贫困户可以被跟踪，可以被事后复核，这有利于提高扶贫资金的使用效率。建档立卡户的确认，也需要在村级集体内进行民主考评，精准扶贫政策的实施和贫困户的退出，也要经过第三方的监督和考评，从而有助于在实施环节中提高扶贫对象认定和退出的公正性和民主性[①]。

实证基础五：贫困的代际传递在中国农村依然十分显著，因此习近平总书记关于"扶贫先扶智""保证贫困家庭孩子受到教育，不要让孩子输在起跑线上"的论断切中了中国扶贫政策要阻止贫困代际传递的要害。

Ravallion and Chen（1997）和 Dollar and Kraay（2002）提供来自跨国的证据表明，持续的经济增长特别有助于降低贫困；但是 Morduch（2000）认为广泛基础的经济增长对于降低贫困并非总是灵丹妙药，Ravallion and

---

[①] 虽然有部分关于基于局部地区调研数据的研究发现，精准扶贫的执行中也存在不精准的问题，但是我们在多个贫困山区的调查发现，相对于精准扶贫实施之前，很多贫困户确确实实从精准扶贫中得到了更多的实惠，例如得到了危房改造资金、义务教育阶段子女获得补贴、重大疾病患者得到医疗保险或补贴等。也就是说，即使我们观察到精准扶贫的实践中依然存在各种问题，但是并不妨碍我们作出精准扶贫的精度相比以前有了很大提高的结论。例如，朱梦冰和李实（2017）利用 CHIP2013 的农户调查数据研究了低保对多维贫困的瞄准率，结果发现，相对于单一收入维度的贫困，多维指标下低保的瞄准率有了较大幅度的提升。

Jallan（1999）认为这是因为那些居住在某些地区的贫困户难以充分地分享到经济增长的好处，其中一个原因就在于他们缺乏人力资本。例如，Thorbecke and Jung（1996）基于印度尼西亚数据的研究认为，如果希望穷人能够参与工业化进程，就必须提高他们的人力资本。Khan（1999）基于南非数据的研究发现，农业、服务业和部分制造业的增长可以降低非洲黑人的贫困，只有那些能够促进经济增长的，同时也能够提高穷人人力资本的长期经济增长，才能够带来贫困的显著降低。这些研究表明，尽管部门经济增长有助于减贫，但是如果同时没有穷人人力资本的提高，经济增长未必能有效地降低贫困。从微观的角度看，人力资本的重要性不仅在于它直接决定一个人当前的福利水平，而且还会通过代际传递影响其后代的福利水平。有大量的研究发现了教育的代际传递证据。例如，杨娟和何婷婷（2015）基于CHIP2002 城镇住户调查数据的研究发现，父亲遭受教育冲击的子女平均教育年限要比父亲没有遭受教育冲击的子女平均教育年限低 2.49 年，父亲的教育年限每增加 1 年，子女上大学的可能性增加 6%～8%。Sato and Li（2007）基于中国农户调查数据研究了农村三代人之间的教育相关性后发现，即使控制了父辈的教育年限，祖辈为地主和富农也依然有助于提高孙辈的教育水平，导致这一结果的原因在于重视教育的家庭文化传统重振了那些曾经遭受歧视的成分家庭。

为了进一步论证贫困的代际传递对于农村贫困的重要性，我们利用CHIP2002 农户样本进行回归检验。由于贫困代际传递的一个重要机制是人力资本积累，因此我们用户主及其配偶父辈的教育年限对该农户目前的收入贫困和消费贫困进行回归，结果如表 2-6 所示。

表 2-6 上一代教育年限对下一代贫困的影响（Probit 模型）

	收入贫困		消费贫困	
	方程 1	方程 2	方程 1	方程 2
户主父亲教育年限	−0.016 1**	−0.022 2***	−0.013 8*	−0.020 6***
	(0.007 54)	(0.007 46)	(0.007 34)	(0.007 26)
户主母亲教育年限	0.000 376	0.002 58	0.009 14	0.011 2
	(0.011 7)	(0.011 7)	(0.011 4)	(0.011 3)

（续）

	收入贫困		消费贫困	
	方程 1	方程 2	方程 1	方程 2
配偶父亲教育年限	−0.019 9**	−0.023 0***	−0.021 1***	−0.023 7***
	(0.008 17)	(0.008 11)	(0.007 95)	(0.007 88)
配偶母亲教育年限	−0.018 0	−0.017 6	−0.013 5	−0.014 2
	(0.011 8)	(0.011 7)	(0.011 3)	(0.011 2)
户主教育年限	−0.060 4***		−0.073 0***	
	(0.007 25)		(0.007 18)	
户主年龄	0.000 681	0.004 77**	−0.002 92	0.002 18
	(0.002 10)	(0.002 03)	(0.002 13)	(0.002 06)
Constant	−0.028 8	−0.641***	0.745***	−0.018 4
	(0.142)	(0.121)	(0.144)	(0.123)
N	6 082	6 117	6 083	6 114
Pseudo R^2	0.069 5	0.060 6	0.054 8	0.041 9

注：贫困线为国家统计局制定 2010 年 2 300 元的标准，并用农村 CPI 进行调整。平原和丘陵虚拟变量、家庭规模、户主是否少数民族、未成年人的数量、老人数量、在校生数量、重病家庭成员的数量、党员和干部的数量、外出打工的数量等控制变量的回归系数没有报告，对此有兴趣的读者请向作者索取。

数据来源：CHIP2002 农户样本。

从表 2-6 可以看出：在方程 1 中，控制了其他家庭特征以及地理信息后，户主及其配偶父亲的教育年限对于他们当前的收入贫困和消费贫困都有显著的降低作用，这意味着如果上一代的教育水平低，就会直接显著加大下一代陷入贫困的概率；在方程 2 中，即使不控制户主的教育水平，户主父亲的教育年限也都对其收入贫困和消费贫困有显著影响。上述结果意味着上一代的教育水平除了能够通过影响下一代的教育水平来间接影响其陷入贫困的概率，而且还可以直接影响下一代陷入贫困的概率。另外，前面表 2-2 的回归也表明，提供基础设施对于低人力资本的农户脱贫几乎没有效果。这些证据表明了贫困的代际传递对治理贫困的挑战，以及阻断贫困代际传递在中国扶贫政策中的重要性，也同时证明了习近平总书记关于切断贫困代际传递的论断切中要害。

三、总结与启示

上文的实证研究表明，习近平总书记提出的精准扶贫具有深厚的实证基础，这些基础决定了该思想具有极高的科学性和先进性。图 2-1 和表 2-1 提供的数据不可争辩地表明了中国在消除农村贫困方面的伟大成就，精准扶贫提出后平均每年减贫超过 1 000 万人，也表明了精准扶贫的强大生命力和战斗力。中国的成功减贫有什么经验可供其他发展中国家借鉴？接合前文的分析和论证，我们围绕上述问题总结全文。

本文认为中国的减贫经验可以归结为如下几点：第一，努力促进经济增长，把蛋糕做大。中国减贫巨大成就的背后是被世界银行誉为"中国奇迹"的持续快速经济增长；中国正是通过工业化、城市化、全球化、市场化和对外开放提高资源配置效率和实现快速经济增长；快速增长不仅能够通过渗透效应福泽大量的穷人或者中低收入者，为他们提供非农就业机会（章元等，2013；罗楚亮，2012；章元、许庆，2011；章元、万广华，2010；岳希明、罗楚亮，2010；章元等，2009），而且还能够为政府提供针对穷人的再分配资源，例如中央财政向贫困地区的转移支付和各种直接、间接投入，以及对农业农村农民的各种补贴。第二，政府提供良好的基础设施联结要素与市场，打破了低水平均衡陷阱。经济增长和渗透效应传递到穷人，都离不开良好的基础设施体系，而中国的地方政府在分权体制和 Tiebout 竞争体制下，恰恰有激励提供良好的基础设施（张军等，2007）。基础设施是进行生产生活的前提条件，不仅可以降低交易成本并深化社会分工，还可以将穷人拥有的生产要素与外部市场联结起来（Yao，2003），例如便捷的交通基础设施为农村贫困户的剩余劳动力外出打工提供了便利和可能；基础设施的改善不仅可以将他们的产品运输到更远更大的市场中去销售，而且还有利于他们从外部引进新技术、新产品和信息等。如果我们将针对贫困地区的基础设施投资以及各种大型投资建设项目视为广义扶贫政策的话，那么中国早期的扶贫政策无疑可以算是成功的。第三，中央政府的强力推动与扶贫政策的适时调整和逐步趋向精细化，也是中国反贫困巨大成就的重要原因。党和政府的众多重要文件里都将消除贫困作为社会经济发展的重要目标之一，继党的十五大报告首次提出"两个一百年"奋斗目标之后，十八大报告再次重申了该奋斗目标，并且更进一步明确提出了中低收入居民的"收入倍增计划"，十九大报告进一步明确了到 2020 年必须消除现行标准下的全部农村贫困的目标。党确立的上述发展目标，体现了共同富裕是社会主义的本质要求。也因此，中国的各级地方政府成为中国扶贫攻坚战的最强有力推动者和实践者①，尽管在实践中存在不少问题，例如有研究发现，乌蒙山区的经济精英和政治精英更有可能被列为建档立卡贫困户（胡联和汪三贵，2017），但地方政府的强有力推动也是打赢扶贫攻坚战不可或缺的关键要素。同时，中央政府在实践中经验和教训适时地推动了扶贫政策的转化，使得扶贫政策更加科学化和精细化，并最终走向精准扶贫。正如新加坡的中国问题专家郑永年所评价的："中国的扶贫由中国共产党主导，这种'中国特色'的扶贫经验在全世界来说都是绝无仅有的，研究中国的扶贫经验有着深刻的理论和政策价值""从世界范围内来看，只有中国共产党才能做这样的事情，其他国家没有一个政府可以这么做。尽管世界上大多数政府也认识到扶贫的重要性，但它们没有能力像中国那样做。从这点来看，精准扶贫体现出了中国的制度优势。"

当然，不可否认的是当前的精准扶贫在实施过程中还存在各种各样的问题，有些项目或者资金的使用效率也存在很大问题，例如地方干部的寻租和资金的错误或者低效使用，但是这些问题并不是新出现的，有些问题的产生和政策本身无关，而与政策的执行者有关，这些问题在以前的扶贫政策中甚至可能更严重，因此，我们并不能因为这些问题的存在而否认精准扶贫所具有的坚实基础。

≪参考文献

韩为华，高琴，2017. 中国农村低保制度的保护效果研究——来自中国家庭追踪调查（CFPS）的经验证据［J］. 公共管理学报（2）：81-96.

胡联，汪三贵，2017. 我国建档立卡面临精英俘获的挑战吗？［J］. 管理世界（1）：89-98.

贾俊雪，秦聪，刘勇政，2017. "自上而下"与"自下而上"融合的政策设计——基于农村

---

① 例如贾俊雪等（2017）阐述了以中央政府推动为特征的"自上而下"扶贫模式与基层政府和群众推动为特征的"自下而上"扶贫模式的有机结合，能够大大提升扶贫政策的效率。

发展扶贫项目的经验分析 [J]. 中国社会科学 (9)：68-89.

刘生龙，胡鞍钢，2010. 交通基础设施与经济增长：中国区域差距的视角 [J]. 中国工业经济 (4)：14-23.

罗楚亮，2012. 经济增长、收入差距与农村贫困 [J]. 经济研究 (2)：15-27.

世界银行，2001. 中国战胜农村贫困：世界银行国别报告 [M]. 北京：中国财政出版社.

汪三贵，Albert Park，Shubham Chaudhuri，Gaurav Datt，2007. 中国新时期农村扶贫与村级贫困瞄准 [J]. 管理世界 (1)：56-64.

杨娟，何婷婷，2015. 教育的代际流动性 [J]. 世界经济文汇 (3)：32-42.

岳希明，罗楚亮，2010. 农村劳动力外出打工与缓解贫困 [J]. 世界经济 (1)：84-98.

张学良，2012. 中国交通基础设施促进了区域经济增长吗？——兼论交通基础设施的空间溢出效应 [J]. 中国社会科学 (3)：60-77.

朱梦冰，李实，2017. 精准扶贫重在精准识别贫困人口——农村低保政策的瞄准效果分析 [J]. 中国社会科学 (9)：90-112.

张军，高远，傅勇，张弘，2007. 中国为什么拥有了良好的基础设施？[J]. 经济研究 (3)：4-19.

章元，许庆，邬璟璟，2013. 一个农业人口大国的工业化之路：中国降低农村贫困的经验 [J]. 经济研究 (11)：76-87.

章元，许庆，2011. 农业增长对于降低农村贫困真的更重要吗？反思世界银行的观点 [J]. 金融研究 (6)：109-122.

章元，万广华，2010. 农村贫困、市场化与经济增长成果的分享：来自中国和印度尼西亚的微观证据 [J]. 农业技术经济 (1)：18-26.

章元，万广华，刘修岩，许庆，2009. 市场化、参与市场与农村贫困：来自中国农村的微观证据 [J]. 世界经济 (9)：3-14.

Dollar D and Kraay A, 2002. Growth Is Good for the Poor. Journal of Economic Growth [J]. 7 (3)：195-225.

Fujita M and J F Thiss，1996. The Role of Ports in the Making of Major Cities：Self Agglomeration and Hub-effect [J]. Journal of development Economics (49)：93-120.

Fan Shenggen，Zhang Linxiu，Zhang Xiaobo，2000. Growth and Poverty in Rural China：The Role of Public Investments [R]. EPTD Discussion Paper，No. 66，International Food Policy Research Institute，Environment and Production Technology Division.

Fan Shenggen，Linxiu Zhang，Xiaobo Zhang，2002. Growth，Inequality and Poverty in Rural China：The Role of Public Investments [R]. Research Report 125，International Food Policy Research Institute，Washington D. C.

Fan Shenggen，Zhang Linxiu，Zhang Xiaobo，2004. Infrastructure and Regional Economic

Development in Rural China [J] . China Economic Review, 15 (2): 203-214.

Golan J T Sicular, N Umapathi, 2017. Unconditional Cash Transfers in China: Who Benefits from the Rural Minimum Living Standard Guarantee (Dibao) Program? [J] . World Development, 93 (5): 316-336.

Khan Haider A, 1999. Sectoral Growth and Poverty Alleviation: A Multiplier Decomposition Technique Applied to South Africa [J] . World Development, 27 (3): 521-530.

Meng Lingsheng, 2013. Evaluating China's Poverty Alleviation Program: A Regression Discontinuity Approach [J] . Journal of Public Economics, 101 (1): 1-11.

Morduch J, 2000. Reforming Poverty Alleviation Policies [R] . in Krueger A. (Ed.), Economic Policy Reform: The Second Stage, University of Chicago Press, Chicago.

Park Albert and Sangui Wang, 2001. China's Poverty Statistics [J] . China Economic Review, 12 (4): 384-398.

Park Albert, Sangui Wang, Guobao Wu, 2002. Regional Poverty Targeting in China [J] . Journal of Public Economics, 86 (1): 123-153.

Park Albert and Sangui Wang, 2010. Community Development and Poverty Alleviation: An Evaluation of China's Poor Village Investment Program [J] . Journal of Public Economics, 94 (9-10): 790-799.

Ravallion M and Shaohua Chen, 1997. What Can New Survey Data Tell Us about Recent Changes in Distribution and Poverty? [J] . World Bank Economic Review, 11 (2), 357-382.

Ravallion M, Jallan J, 1999. China's Lagging Poor Areas [J] . American Economic Review, 89 (2): 301-305.

Sato Hiroshi and Li Shi, 2007. Class Origin, Family Culture, and Intergenerational Correlation of Education in Rural China [R] . IZA Discussion Paper, No. 2642.

Thorbecke Erik and Hong-Sang Jung, 1996. A Multiplier Decomposition Method to Analyze Poverty Alleviation [J] . Journal of Development Economics, 48 (2): 279-300.

Yao Xianbin, 2003. Infrastructure and Poverty Reduction—Making Markets Working for the Poor [EB/OL] . ERD Policy Brief, No. 14. http: //www. adb. org/Documents/EDRC/Policy _ Briefs/PB014. pdf.

附表 1　基础设施对消费贫困的影响

	全样本	老年家庭	户主高龄	病人家庭	户主低教育
通公路年数	−0.002 0*	−0.003 0	−0.002 7	−0.003 3	−0.001 4
	(0.001 1)	(0.002 3)	(0.003 6)	(0.002 7)	(0.001 6)

（续）

	全样本	老年家庭	户主高龄	病人家庭	户主低教育
通电年数	−0.007 0***	−0.009 6***	−0.009 8*	−0.008 0**	−0.009 2***
	(0.001 6)	(0.003 4)	(0.005 5)	(0.003 9)	(0.002 4)
通电话年数	−0.007 7***	−0.009 2***	−0.010 3***	−0.011 3***	−0.007 3***
	(0.001 1)	(0.002 3)	(0.003 8)	(0.002 7)	(0.001 6)
县城距离	−0.000 4	0.000 2	−0.000 4	0.000 2	−0.000 2
	(0.000 8)	(0.001 6)	(0.002 9)	(0.001 9)	(0.001 1)
车站距离	0.006 6***	0.001 0	0.006 3	0.004 5	0.003 7
	(0.001 9)	(0.003 8)	(0.007 0)	(0.004 1)	(0.002 7)
Constant	0.561 0***	0.799 0***	1.314 0*	0.537 0*	0.445 0**
	(0.124 0)	(0.266 0)	(0.767 0)	(0.308 0)	(0.179 0)
N	8 822	2 009	784	1 471	4 357
Pseudo R^2	0.093 3	0.094 9	0.097 2	0.115 4	0.086 9

注：被解释变量为农户是否属于消费贫困，贫困线为国家统计局制定 2010 年 2 300 元的标准，并用农村 CPI 进行调整。

数据来源：CHIP2002 农户样本。

附表 2　基础设施对深度消费贫困的影响（OLS 模型）

	全样本	老年家庭	户主高龄	病人家庭	户主低教育
通公路年数	−0.459	−0.131	−0.069 2	−0.034 5	0.081 6
	(0.306)	(0.679)	(1.068)	(0.802)	(0.449)
通电年数	−0.860*	−2.424**	−2.590	−1.026	−1.584**
	(0.459)	(1.009)	(1.612)	(1.164)	(0.676)
通电话年数	−2.776***	−3.933***	−4.766***	−4.366***	−3.303***
	(0.332)	(0.714)	(1.146)	(0.816)	(0.483)
县城距离	−0.376*	−0.482	−0.510	−0.189	−0.437
	(0.222)	(0.461)	(0.845)	(0.568)	(0.309)
车站距离	2.402***	−0.241	−0.498	0.482	1.920***
	(0.533)	(1.114)	(2.129)	(1.173)	(0.740)

（续）

	全样本	老年家庭	户主高龄	病人家庭	户主低教育
Constant	391.8***	654.0***	602.1***	391.9***	381.8***
	(35.00)	(77.63)	(231.2)	(89.96)	(50.00)
N	8 822	2 009	784	1 471	4 357
R^2	0.167 9	0.169 8	0.178 8	0.160 1	0.173 3

注：被解释变量为农户是否属于消费贫困，贫困线为国家统计局制定 2010 年 2 300 元的标准，并用农村 CPI 进行调整。

数据来源：CHIP2002 农户样本。

附表 3　基础设施对深度收入贫困的影响（Probit 模型）

	全样本	老年家庭	户主高龄	病人家庭	户主低教育
通公路年数	−0.002 61**	0.000 146	0.004 88	−0.003 84	0.000 0
	(0.001 10)	(0.002 24)	(0.003 60)	(0.002 68)	(0.001 54)
通电年数	−0.006 60***	−0.006 73**	−0.003 93	−0.009 28**	−0.005 88**
	(0.001 63)	(0.003 29)	(0.005 32)	(0.003 86)	(0.002 30)
通电话年数	−0.007 50***	−0.009 05***	−0.013 8***	−0.010 6***	−0.009 62***
	(0.001 20)	(0.002 36)	(0.003 91)	(0.002 78)	(0.001 68)
县城距离	0.000 784	0.002 31	0.003 28	−1.92e−05	0.000 462
	(0.000 771)	(0.001 49)	(0.002 77)	(0.001 90)	(0.001 03)
车站距离	0.003 16*	0.000 902	0.000 179	0.001 94	0.001 32
	(0.001 82)	(0.003 54)	(0.006 89)	(0.003 80)	(0.002 46)
Constant	−0.247**	0.298	−1.194	0.0310	−0.140
	(0.123)	(0.253)	(0.760)	(0.298)	(0.170)
N	8 821	2 009	784	1 471	4 357
Pseudo R^2	0.121 6	0.107 2	0.100 0	0.130 5	0.125 2

注：被解释变量为农户是否属于收入贫困，贫困线为国家统计局制定 2010 年 2 300 元的标准，并用农村 CPI 进行调整。

数据来源：CHIP2002 农户样本。

附表 4　基础设施对深度消费贫困的影响（Probit 模型）

	全样本	老年家庭	户主高龄	病人家庭	户主低教育
通公路年数	−0.002 25**	−0.001 33	0.001 86	−0.000 446	−0.000 718
	(0.001 03)	(0.002 18)	(0.003 48)	(0.002 60)	(0.001 48)
通电年数	−0.004 04***	−0.007 93**	−0.005 19	−0.003 83	−0.005 61**
	(0.001 55)	(0.003 24)	(0.005 21)	(0.003 76)	(0.002 24)
通电话年数	−0.008 20***	−0.010 4***	−0.015 3***	−0.012 5***	−0.009 96***
	(0.001 12)	(0.002 29)	(0.003 75)	(0.002 67)	(0.001 60)
县城距离	8.79e−05	0.000 452	0.003 27	−0.000 383	−0.000 269
	(0.000 753)	(0.001 49)	(0.002 75)	(0.001 86)	(0.001 02)
车站距离	0.005 39***	−0.001 29	−0.007 45	0.002 83	0.002 70
	(0.001 79)	(0.003 53)	(0.006 81)	(0.003 76)	(0.002 46)
Constant	−0.113	0.562**	−0.114	−0.017 0	−0.220
	(0.119)	(0.252)	(0.743)	(0.292)	(0.167)
N	8 822	2 009	784	1 471	4 357
Pseudo R^2	0.096 9	0.103 2	0.104 2	0.102 5	0.101 4

　　注：被解释变量为农户是否属于消费贫困，贫困线为国家统计局制定 2010 年 2 300 元的标准，并用农村 CPI 进行调整。

　　数据来源：CHIP2002 农户样本。

第 **3** 章

农村贫困的动态变化*

【摘要】 根据 2007 年和 2008 年住户追踪调查数据，本章描述了两个年份的农村贫困状况及其变动特征。从两个年份的贫困发生率来看，两年一直陷入贫困状态的家庭的比重较低，但贫困类型结构也会受到贫困标准的影响。贫困标准越高，则两年贫困在总体贫困中的比重将有较大幅度的上升。从收入结构的描述中可以发现，包括外出务工收入在内的工资性收入增长对于农户脱离贫困状态具有重要的贡献，经营收入的波动是农户陷入贫困状态的重要因素。通过对外出行为的内生性处理，本章发现外出务工显著降低了农户陷入贫困的可能性，同时是贫困状态转换的重要因素。外出与贫困可能性之间的关系受到贫困标准的影响。贫困标准越低，外出的贫困减缓效应越明显。此外，本章还发现家庭健康状况也具有十分显著的影响。家庭不健康成员人数及其变化对贫困发生率及其转换具有显著的影响。

一、引　　言

在中国经济的快速发展过程中，农村贫困有了大幅度的下降。根据官方的统计数据，1978 年农村贫困发生率为 30%，而 2008 年则降至 4.2%[①]。一些研究批评官方贫困线过低，不过采用更高的贫困标准，尽管会导致不同年份贫困指标的上升，但贫困减缓的总体趋势依然存在。Chen and

---

* 本章以同题发表在《经济研究》2010 年第 5 期。作者：罗楚亮，博士，教授，青年长江学者，北京师范大学经济与工商管理学院收入分配与贫困研究中心。

① 2008 年中国政府上调了贫困线，使得贫困发生率有所上升。依照原有的贫困标准，2007 年的贫困线为 785 元，贫困发生率已经降至 1.6%，贫困人口为 479 万人。按照农村消费价格指数折算，相当于 2008 年的 836 元。2008 年贫困线提高至 1 196 元，当年的贫困发生率上升至 4.2%，贫困人口为 4 007 万人。

Ravallion（2004）以 2002 年家庭人均年收入 850 元作为贫困标准，发现农村贫困率从 1980 年的 52.84% 下降至 2001 年的 7.97%，历年贫困率都会高于官方结果，但贫困减缓的趋势更为明显。2005 年，世界银行国际比较项目（ICP）调整了中国的货币购买力平价，新估计的货币购买力平价为 3.46①，此前为 1993 年估计的 1.42。以一天一美元为贫困标准，依照新的购买力平价，Chen and Ravallion（2008）的估计结果显示，农村消费贫困率从 1981 年的 83.8% 下降至 2005 年的 15.6%，收入贫困率从 1981 年的 81.6% 下降至 2005 年的 10.4%；而根据原有的购买力平价，同一时期中的消费贫困率从 63.8% 下降至 5.5%，收入贫困率从 62.3% 下降至 5.4%。因此，贫困标准的选择与调整都没有改变中国农村贫困发生率急剧下降的基本特征。

对于贫困大幅减缓的原因，多数研究都遵照了 Bourguignon（2004）所概括的"经济增长—收入差距—贫困变动"三角的分析框架，即将不同时点上的贫困状况变动分解为经济增长和收入差距两个影响因素，讨论经济增长和收入差距变动对于贫困变动所具有的不同效应。这也符合改革过程中中国农村经济发展的基本特征：经济增长和收入差距扩张同时并存。Datt and Ravallion（1992）和 Kakwani and Pernia（2000）分别给出了将贫困变动分解为增长效应和差距效应的不同方法。在针对中国农村贫困变动的研究中，尽管不同学者对这两种分解方式有不同的偏好，但所得到的结论都是一致的，即经济增长大幅度减少了贫困，但收入差距扩大抵消了部分经济增长的减贫效应。基于住户调查数据的研究包括：魏众和别雍·古斯塔夫森（1999）、陈绍华和王燕（2001）、万广华和张茵（2006）、杜凤莲和孙婧芳（2009）等。

不同时期贫困率的变化并不能细致地刻画贫困的动态特征。在贫困动态研究中，更值得关注的问题是，对于特定的家庭或个人来说，贫困是短期的还是长期的？贫困家庭是否持续地处于贫困状态？哪些因素可能有利于贫困家庭脱贫？哪些非贫困户又易于陷入贫困状态？等等。在讨论中国贫困的众多研究文献中，类似的主题仍较少被关注。Jalan and Ravallion（1998，2000）利用广东、广西、贵州和云南四省区的面板数据，讨论了农村贫困中的暂时性贫困与持久性贫困构成以及影响因素差异，发现四省区暂时性贫困

---

① 如果不包括政府消费则为 4.09。

占总体贫困的 49.39%；但省份之间具有较大的差异性，如广东的农村贫困中 84.21%是暂时性贫困，而贵州则只有 42.80%。岳希明等（2007）发现国定贫困县中，暂时性收入贫困占总体贫困的比重达 91.34%（贫困线为 2000 年人均年收入 625 元）或 76.86%（贫困线为 2000 年人均年收入 874 元），并讨论了各因素对这两类贫困的不同影响。Duclose et al.（2010）对总体贫困分解为暂时性贫困与持久性贫困提供了一种新的分解方法，发现中国农村暂时性贫困占总体贫困的比例达 75%。总体上说，在关于贫困动态的研究中，大多认为农村贫困中暂时性贫困占主导，大部分家庭陷入贫困是由于暂时性的外生冲击造成的。

在贫困的动态转换中，值得注意的还有，哪些因素可能有利于贫困家庭脱贫、哪些非贫困户又易于陷入贫困状态等问题。这类问题在暂时性贫困与持久性贫困的研究文献中通常也没有直接回答。本章试图根据最新搜集得到的相邻年份（2007 年和 2008 年）的面板数据，考察中国农村贫困的变动特征，即在相邻年份贫困状态的转换及其影响因素。相对于已有的研究，本章的关注重点不在于经济增长和收入分配对于不同时点贫困状况的影响，也不是家庭是否陷入持久贫困或暂时贫困状态，而是前一年度中处于贫困状态的家庭，有多大的可能脱离贫困，有利于脱贫的因素是什么；前一年度中处于非贫困状态的家庭，又有多大的可能陷入贫困，哪些家庭更容易陷入贫困，等等。

本章其余部分的结构为，第二部分介绍所使用的调查数据，并对收入分布状况以及贫困指标进行描述；第三部分是对不同住户特征与贫困状态转换之间关系的描述性分析；第四部分利用双变量 Probit 模型，对两个年份贫困状态的影响因素进行计量分析，并讨论在给定前一年（2007 年）的贫困状态下，相关因素是如何影响下一年（2008 年）的贫困状态的；第五部分是全文的总结。

二、数据与描述

本章所使用数据来自于中国城乡劳动力流动调查（RUMIC）在 2007 年和 2008 年针对 9 个农村省份所做的农村住户调查，这 9 个省份包括河北、江苏、上海、安徽、河南、湖北、广东、重庆和四川①。每年计划调查的农村住户数量在8 000户左右。两年都调查过的住户数量为7 948户，2007 年有53 户漏出，2008 年新补充进入的有 49 户②。从个人来看，一共有31 526名个人是两年调查中的跟踪观测样本，2007 年有 292 人漏出，2008 年新增670 人。从住户来看，样本保有率③为99.37%；从个人来看，样本保有率为98.50%。因此，样本流失并不是一个严重的问题，具有较好的追踪效果。

调查的住户样本来自于国家统计局的常规住户调查，但本次调查的个人与国家统计局的常规调查有所差异。在 RUMIC 调查中，家庭成员对象不仅包括户籍人口，还包括非户籍常住人口。样本抽取以及入户访谈都由国家统计局系统协助完成，调查问卷由中外有关学者共同设计。2007 年的调查是在 2008 年的 3 月进行的，2008 年的调查是在 2009 年的 7 月左右完成的。该项目的直接目的在于探讨中国农村劳动力转移及其对城乡社会经济状况的影响，调查中详尽地包括了家庭特征、个人社会经济活动以及社会联系等方面的信息。其中，家庭的收入与支出信息直接过录自国家统计局的住户调查信息。按照农村住户调查的方案设计，住户收入和支出信息是由家庭日记账生成的；对于外出务工经商成员，也要求将一定时期内的收支情况概要记入家庭收入和支出。

根据两年调查中都包括的住户数据，表 3-1 给出了收入水平及其分布特征的基本描述，两年人均收入对数的核密度估计可见图 3-1。2007 年收入水平已经按农村消费价格指数调整至 2008 年价格水平。这里的收入指的是农村居民人均纯收入，根据过录得到的家庭纯收入除以家庭常住人口数得到，然后以此均值赋予家庭中的每一位成员。根据农村住户调查方案，该收入包括实物收入和自我消费折算，但不包括自有住房估算租金。在所调查的两个年份间，人均收入从 2007 年的5 339.31元上升到 2008 年的5 691.91元，年实际增长率为 6.6%。两年的收入水平具有较强的相关性，相关系数与斯皮

---

① 选择这些调查省份的原因在于他们是劳动力流入和流出数量最大的省份。
② 漏出和新增的住户指的是这一家庭中所有成员都只出现在一个调查年份中。如果某住户中有家庭成员在两个年份中都接受过调查，则认为该户是两年都调查的。不同年份的数据合并不完全依赖于住户编码，同时还对照了调查者的姓名和出生日期等信息。
③ 计算方式为：两年都包括的样本/［两年都包括的样本＋（漏出＋新增）/2］。

尔曼等级相关系数分别为0. 649 7和0. 680 8，都在 1% 的水平下显著。从图 3-1中可以看出，两个年份的收入分布具有非常强的重合性，2008 年的分布曲线略为向右平移，表明收入水平有所增长，但分布的不均等性并没有明显的改变。

表 3-1　收入及其分布特征

		2007 年	2008 年
均值		5 339. 31	5 691. 91
相关系数		0. 6 497	
斯皮尔曼等级相关系数		0. 680 8	
百分位点：	1%	742. 04	760. 85
	5%	1 512. 75	1 600. 59
	10%	1 969. 78	2 098. 76
	25%	2 854. 10	3 084. 79
	50%	4 266. 16	4 586. 51
	75%	6 425. 21	6 992. 34
	90%	9 603. 28	10 412. 88
	95%	12 443. 88	13 230. 00
	99%	21 768. 02	21 870. 19
不均等指数			
相对平均离差		0. 255 3	0. 254 0
变异系数		0. 837 3	0. 785 7
对数标准差		0. 648 0	0. 657 5
Gini 系数		**0. 359 3**	**0. 356 8**
Mehran 指数		0. 477 6	0. 478 6
Piesch 指数		0. 300 2	0. 296 0
Kakwani 指数		0. 115 6	0. 115 5
Theil 指数 [GE (a)，a=1]		0. 230 0	0. 2 18 1
平均对数离差 [GE (a)，a=0]		0. 215 8	0. 213 0
Entropy 指数 [GE (a)，a=−1]		0. 249 9	0. 228 5

注：所使用的样本为两年调查中都包括的住户。

两年收入数据分布特征的变动特征也可以从表 3-1 中各百分位点的收入水平变动以及两个年份的不均等指数中反映。根据表 3-1 中两年不同百分位点的收入水平，图 3-2 给出了不同百分位点上的收入增长率。非常有意思的现象是，两年收入分布两端的增长率都非常低，如最低的 1％分位点上，收入增长率略高于 2％；而在最高的 99％分位点上，收入增长率不到 1％，几乎没有增长。增长率比较高的是 75％分位点。这一增长特征意味着两年间的收入差距不会有明显的变动。从不均等指数中可以看出，两年的各不均等指数并没有明显的差异。如广为熟知的基尼系数，在 2007 年和 2008 年分别为 0.359 3、0.356 8。

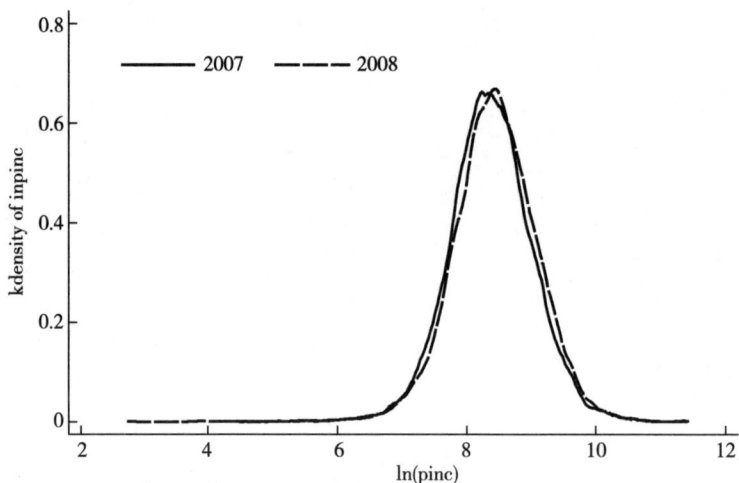

图 3-1　2007 年和 2008 年人均收入对数的核密度估计

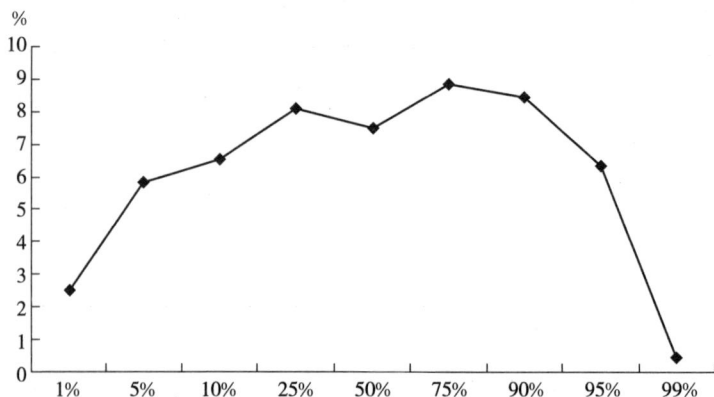

图 3-2　不同百分位点的收入增长率

贫困度量采用了 FGT 指数（Foster，Greer and Thorbecke，1984）：

$$FGT(\alpha) = \frac{1}{N} \sum_{i=1}^{q} \left(\frac{z - Y_i}{z} \right)^{\alpha}$$

其中，N 为总人口，q 为贫困人口，z、Y_i 分别表示贫困线和第 i 个人的收入，$g_i = z - Y_i$ 为第 i 个人的贫困距。这里的加总范围只限于收入低于贫困线以下的人口。α 为参数，其值越大则对低收入人口的权重越大。当 $\alpha = 0$ 时，FGT 指数为贫困发生率；当 $\alpha = 1$ 时，FGT 指数为比例贫困距；当 $\alpha = 2$ 时，FGT 指数为加权贫困距。

表 3-2　不同贫困线的贫困指标

贫困标准（元）	2007 年			2008 年		
	$FGT(0)$	$FGT(1)$	$FGT(2)$	$FGT(0)$	$FGT(1)$	$FGT(2)$
2002 年贫困线：777	1.08	1.38	6.05	1.02	2.19	23.60
2007 年贫困线：836	1.17	1.36	5.41	1.18	2.11	20.68
2002 年低收入线：1 077	2.04	1.41	3.80	1.88	1.97	13.26
2008 年调整的贫困线：1 196	**2.61**	**1.50**	**3.36**	**2.42**	**1.99**	**11.13**
1 美元贫困线（原 PPP）：1 084	2.04	1.42	3.77	1.91	1.97	13.11
1 美元贫困线（新 PPP）：1 799	**7.64**	**2.65**	**2.61**	**6.72**	**2.79**	**6.22**
1.5 美元贫困线（原 PPP）：1 626	6.03	2.20	2.65	5.22	2.45	7.02
1.5 美元贫困线（新 PPP）：2 699	21.39	6.52	3.67	18.94	5.96	5.14
2 美元贫困线（原 PPP）：2 168	12.55	3.94	2.82	10.87	3.79	5.30
2 美元贫困线（新 PPP）：3 598	38.17	12.46	6.23	34.01	11.04	6.61

注：贫困标准都以 2008 年价格衡量，按照农村消费者价格指数折算。

表 3-2 给出了不同贫困线下的贫困指标。前四行是中国政府在不同时期中所采用的贫困标准。2002 年贫困标准为人均收入 625 元，按照价格指数调整后相当于 2008 年的 777 元，这一标准也被认为是绝对贫困标准。与此同时，还确定了一条所谓的低收入线，2002 年为 869 元，大体上相当于原有 PPP 折算下的 1 美元的国际贫困线标准，收入水平处在低收入线与绝对贫困线之间的住户被认为是相对贫困。2005 年国家统计局稍微上调了贫困标准，为 635 元。这一贫困线在 2008 年被更高的贫困线（1 196

元）所替代。接下来的几行贫困指标是根据常用的国际贫困标准计算的，采用了 1 美元、1.5 美元和 2 美元三种情形，并且比较了 PPP 调整前后①的结果。

在相邻的两个年份中，贫困指标的变动通常并没有明显的变化，在较低的贫困标准下尤其如此。如果采用最低的 2002 年贫困线，两年的贫困率②都在 1%左右。采用更高的贫困线，则两年的贫困指标差异通常会更大一些。如根据新 PPP 得到的 2 美元贫困线，2008 年的贫困率下降了 4 个百分点。总体上看，2008 年的 FGT（0）即贫困发生率，比 2007 年要低一些，但对于 FGT（1）和 FGT（2），情形则有所不同。在许多情形中，2008 年的 FGT（1）和 FGT（2）指标都要高于 2007 年。因此，尽管贫困发生率有所下降，但贫困的深度或严重程度在多数情形下要更高一些。此外，比较 2008 年调整贫困线和新 PPP 下 1 美元贫困线的贫困发生率不难发现，贫困线仅仅增加 500 元，但贫困发生率也由此而上升了 5 个百分点。这意味着大量的人群集中于这两条贫困线之间。

根据以上贫困标准，表 3-3 将住户在两个年份的贫困状况划分为四种类型，即两个年份中都是非贫困的、都是贫困的或只在其中某一年中是贫困的。如果住户只在 2007 年是贫困的，则意味着 2008 年该住户至少暂时地脱贫；而如果住户只在 2008 年是贫困的，则意味着该住户从非贫困状态转入了贫困状态。除了贫困线非常高的情形（按新调整的 PPP 的 1.5 美元标准或 2 美元标准）以外，绝大多数情形下，两年都陷入贫困状态的人口数量是比较低的。按照各种官方的贫困标准，两年都贫困的占总体贫困的比率不到10%。按照新 PPP 的 1 美元标准，两年贫困的比重为 21.47%。因此大多数的贫困都是只发生在一年内的，这也与现有的关于暂时性贫困与持久性贫困的结构具有一致性，即通常认为暂时性贫困在总体贫困中占有较大的比重。

---

① 文中，调整后的 PPP 采用的是 3.64 而非 4.09。
② 表 3-3 所给出的贫困指标低于官方所公布的贫困率（国家统计局，2009）。这与本次调查的样本选择有关系。因为本次调查选择的都是劳动力流入和流出规模最大的省份。

表 3-3　两个年份的贫困发生率

贫困标准	从未贫困	仅 2007 年贫困	仅 2008 年贫困	两年贫困
2002 年贫困线：777	98.03	0.95	0.89	0.13
		(48.22)	(45.18)	(6.60)
2007 年贫困线：836	97.8	1.03	1.03	0.14
		(46.82)	(46.82)	(6.36)
2002 年低收入线：1 077	96.38	1.74	1.59	0.3
		(47.93)	(43.80)	(8.26)
2008 年调整的贫困线：1 196	**95.38**	**2.2**	**2.01**	**0.41**
		(47.62)	**(43.51)**	**(8.87)**
1 美元贫困线（原 PPP）：1 084	96.34	1.75	1.61	0.3
		(47.81)	(43.99)	(8.20)
1 美元贫困线（新 PPP）：1 799	**88.18**	**5.11**	**4.18**	**2.54**
		(43.20)	**(35.33)**	**(21.47)**
1.5 美元贫困线（原 PPP）：1 626	90.41	4.36	3.55	1.67
		(45.51)	(37.06)	(17.43)
1.5 美元贫困线（新 PPP）：2 699	70.31	10.75	8.3	10.65
		(36.20)	(27.95)	(35.86)
2 美元贫困线（原 PPP）：2 168	81.35	7.78	6.1	4.76
		(41.74)	(32.73)	(25.54)
2 美元贫困线（新 PPP）：3 598	52.02	13.97	9.81	24.2
		(29.12)	(20.45)	(50.44)

注：（　）内为该类贫困状态在总体贫困中所占百分比。

三、贫困状态与住户特征

　　本部分将以描述性的方式讨论贫困状态与住户特征之间的联系。贫困标准采用的是 2008 年调整的贫困线以及根据新 PPP 计算的 1 美元贫困线。

（一）收入结构

　　表 3-4 给出了不同贫困状态下的人均收入构成及其变化特征。从两年从

未贫困的住户中，人均收入增长率为 6.95% 或 6.47%。这一增长率与全部样本的人均收入增长率基本上是一致的。从分项收入来看，从未贫困住户中，转移性收入增长率是最高的，这与近年来对政府对农业和农村转移支付的不断增加的政策取向是一致的，但从绝对数量上看，转移收入的增量仍低于工资性收入与农业经营收入；其他收入项，如外出收入、其他工资性收入以及农业经营收入的增长率也都比较高，绝对数量上也有比较大的增长。外出收入与工资收入分别增长了 17%、16%。与贫困户比较，从未贫困户的各项收入水平一般都要高些，即便是转移性收入也是如此。

不难理解，从贫困状态脱离的住户（仅 2007 年贫困）的收入水平在 2008 年的增长率是最高的，收入水平上升了将近 5 倍（根据 2008 年调整的贫困线）或 2 倍以上（根据新 PPP 计算的 1 美元贫困线）。从非贫困状态转入贫困状态的住户收入水平则有加大幅度的下降，收入水平分别下降了 95%（根据 2008 年调整的贫困线）或 75%（根据新 PPP 计算的 1 美元贫困线）。

表 3-4　不同贫困状态的收入构成及其变化

| | 贫困标准＝1 196 元 | | | | 贫困标准＝1 799 元 | | | |
	从未贫困	仅 2007 年贫困	仅 2008 年贫困	两年贫困	从未贫困	仅 2007 年贫困	仅 2008 年贫困	两年贫困
2007 年收入（元）								
外出务工收入	1 069.75	161.98	513.55	138.10	1 126.79	235.57	607.26	174.40
其他工资收入	1 277.91	272.71	526.01	294.16	1 360.06	240.10	467.13	249.44
农业经营收入	1 759.70	250.50	1 979.43	−1 149.87	1 813.45	618.13	1 908.27	371.35
非农经营收入	640.47	−252.11	566.51	71.84	683.09	−74.99	409.88	70.08
财产收入	169.32	57.91	177.22	642.98	181.14	34.24	111.20	115.82
转移收入	245.06	79.32	141.24	44.49	254.68	90.29	183.86	69.66
收入合计	5 497.74	607.37	4 157.72	44.42	5 771.47	1217.65	3 927.29	1 119.04
2008 年收入（元）								
外出务工收入	1 259.94	804.65	168.68	73.47	1 319.37	871.02	243.46	205.53
其他工资收入	1 487.57	846.20	339.83	267.87	1 577.11	723.02	288.82	231.18
农业经营收入	1 942.42	1 506.81	−189.53	−936.39	1 988.07	1 930.97	384.09	424.47
非农经营收入	680.25	50.04	−395.73	115.70	726.81	130.52	−172.63	85.80
财产收入	171.09	108.79	188.73	332.46	182.36	82.57	95.79	67.86

（续）

	贫困标准＝1 196 元				贫困标准＝1 799 元			
	从未贫困	仅 2007 年贫困	仅 2008 年贫困	两年贫困	从未贫困	仅 2007 年贫困	仅 2008 年贫困	两年贫困
转移收入	338.40	264.42	99.35	370.75	351.35	241.80	139.25	163.50
收入合计	5 879.68	3 580.90	211.32	223.85	6 145.07	3 979.90	978.78	1 178.34
收入增长（元）								
外出务工收入	190.19	642.67	−344.87	−64.63	192.58	635.45	−363.8	31.13
其他工资收入	209.66	573.49	−186.18	−26.29	217.05	482.92	−178.31	−18.26
农业经营收入	182.72	1 256.31	−2 168.96	213.48	174.62	1 312.84	−1 524.18	53.12
非农经营收入	39.78	302.15	−962.24	43.86	43.72	205.51	−582.51	15.72
财产收入	1.77	50.88	11.51	−310.52	1.22	48.33	−15.41	−47.96
转移收入	93.34	185.1	−41.89	326.26	96.67	151.51	−44.61	93.84
收入合计	381.94	2 973.53	−3 946.4	179.43	373.6	2 762.25	−2 948.51	59.3
收入增长率（%）								
外出务工收入	17.78	396.75	−67.15	−46.80	17.09	269.75	−59.91	17.85
其他工资收入	16.41	210.30	−35.39	−8.94	15.96	201.13	−38.17	−7.32
农业经营收入	10.38	501.53	−109.58	18.57	9.63	212.39	−79.87	14.31
非农经营收入	6.21	119.85	−169.85	61.05	6.40	274.05	−142.12	22.43
财产收入	1.05	87.88	6.49	−48.29	0.67	141.16	−13.86	−41.41
转移收入	38.09	233.36	−29.66	733.42	37.96	167.79	−24.26	134.73
收入合计	6.95	489.58	−94.92	404.00	6.47	226.85	−75.08	5.30

注：如果 2007 年的收入项为负数，增长率＝$(y_t - y_{t-1})/|y_{t-1}|$。

从分项收入看，导致贫困状态改变的主要来自于工资性收入和经营性收入。仅 2007 年贫困的住户中，外出务工收入增加了 640 元左右，上升了将近 4 倍或 2.7 倍；其他工资性收入也上升了 2 倍。根据 1 196 元贫困线，仅 2007 年贫困的住户中，农业经营收入上升了 5 倍；采用较高的贫困线，也上升了 2 倍以上。非农经营收入也有大幅度的增长。与此相反，在仅 2008 年贫困户中，这四项收入都是下降的。从绝对数量上看，下降最大的是经营性收入，农业经营收入和非农经营收入都有相当大数量的下降，前者下降的绝对幅度分别为 2 169 元或 1 524 元，后者下降的绝对幅度分别为 962 元或 582 元。外出打工收入与其他工资收入也是下降的，但幅度要低于经营性收入。比较仅 2007 年贫困和仅 2008 年贫困的住户可以发现：工资性收入的增长，包括外出务工收入和其他工资收入，对于住户脱离贫困状态具有重要的贡献；经营收入的波动，包括农业与非农业经营收入，是住户陷入贫困状态的重要因素。贫困状态发生转换的住户，经营性收入通常具有非常大的波动性。

如果采用较低的贫困标准，在两年都贫困的住户中，不仅外出务工收入与其他工资性收入都是下降的，其中外出务工收入下降了 46.8%，其他工资收入下降了 8.94%，更为明显的是，两年中的农业经营纯收入都为负，也就是亏损，2007 年为 1 150 元，2008 年为 936 元，不利的农业经营条件成为住户持续地陷入贫困状态的重要因素。如果采用较高的贫困线，两年贫困的住户中，外出务工收入有所增长，其他工资收入仍在下降，而农业经营收入也不再处于亏损状态。不同贫困标准下两年都贫困的住户的收入构成比较表明，持续的农业经营收入亏损对于持续性贫困，特别是对于那些收入极低的人群具有更为不利的影响。

（二）省份

表 3-5 给出了不同省份的贫困分布。不难理解，江苏、浙江和广东这些经济发展程度比较高的省份的贫困发生率通常比较低，无论是采用较低还是较高的贫困标准。众所周知，这些省份也是劳动力流入较多的地方。贫困发生率比较高的是河北、安徽、河南和重庆，大多是劳动力流出较多的省份，如果采用较高的贫困线，这些省份的贫困发生率会更为急剧的上升。

表 3-5　不同省份的贫困状况

单位：%

省份	贫困标准＝1 196 元				贫困标准＝1 799 元			
	从未贫困	仅 2007 年贫困	仅 2008 年贫困	两年贫困	从未贫困	仅 2007 年贫困	仅 2008 年贫困	两年贫困
河北	92.46	2.95	4.04	0.55	80.88	6.94	8.96	3.22
		(39.12)	(53.58)	(7.29)		(36.30)	(46.86)	(16.84)
江苏	97.99	1.34	0.51	0.16	94.19	2.89	2.41	0.51
		(66.67)	(25.37)	(7.96)		(49.74)	(41.48)	(8.78)

（续）

省份	贫困标准＝1 196 元				贫困标准＝1 799 元			
	从未贫困	仅 2007 年贫困	仅 2008 年贫困	两年贫困	从未贫困	仅 2007 年贫困	仅 2008 年贫困	两年贫困
浙江	93.62	2.4	2.74	1.24	90.01	3.61	3.03	3.35
		(37.62)	(42.95)	(19.44)		(36.14)	(30.33)	(33.53)
安徽	94.13	3.67	1.79	0.41	82.21	8.89	4.65	4.24
		(62.52)	(30.49)	(6.98)		(50.00)	(26.15)	(23.85)
河南	93.72	3.35	2.14	0.79	82.81	7.34	5.73	4.12
		(53.34)	(34.08)	(12.58)		(42.70)	(33.33)	(23.97)
湖北	95.49	1.91	2.38	0.22	88.98	4.8	4.65	1.57
		(42.35)	(52.77)	(4.88)		(43.56)	(42.20)	(14.25)
广东	99.04	0.31	0.61	0.04	95.34	2.35	1.35	0.96
		(32.29)	(63.54)	(4.17)		(50.43)	(28.97)	(20.60)
重庆	91.54	2.69	5.49	0.28	83.87	5.77	7.62	2.75
		(31.80)	(64.89)	(3.31)		(35.75)	(47.21)	(17.04)
四川	95.62	2.43	1.77	0.19	87.37	5.35	4.19	3.09
		(55.35)	(40.32)	(4.33)		(42.36)	(33.17)	(24.47)

注：（ ）内为该类贫困状态在总体贫困中所占百分比。

比较仅 2007 年贫困和仅 2008 年贫困的发生率可以发现，河北和重庆在 2008 年的贫困发生率有所上升。如果采用较低的贫困标准，河北和重庆的贫困发生率分别上升了 1、2.8 个百分点，如果采用较高的贫困标准，河北和重庆的贫困发生率分别上升了 2、1.9 个百分点。而下降幅度比较大的省份则为安徽和河南。如果采用较低的贫困标准，这两个省份的贫困发生率分别下降了 0.9 和 1.2 个百分点；如果采用较高的贫困标准，这两个省份的贫困发生率分别下降了 4.2 和 1.6 个百分点。

从贫困类型来看，浙江与河南的两年贫困在总体贫困中所占份额通常较高。按照较低的贫困线，浙江与河南两年贫困在总体贫困中所占份额分别为 19.44％和 12.58％；按照较高的贫困线，这两个省份的两年贫困在总体贫困中所占份额分别为 33.53％和 23.97％，都要高于全部样本的总体份额。在较高的贫困标准中，四川的两年贫困在总体贫困中所占份额也高达

24.47%，而在较低贫困标准中，这一份额仅为 4.33%。

（三）户主特征

从户主年龄与贫困状况的关系中（表 3-6）可以看出，户主年龄在 40～59 岁的住户中贫困发生率是最低的；户主年龄在 70 岁以上的住户中，贫困发生率要明显地高一些。如果采用较低的贫困标准，户主年龄在 40～59 岁的有过贫困经历的不到 4%；在较高的贫困标准下，这一比例也不到 10%。而在户主年龄 80 岁以上的住户中，两年中有过贫困经历的高达 16%（较低贫困线）或 22%（较高贫困线）。在户主年龄较大的住户中，两年贫困的比率也越高，这在较高的贫困线下更为明显。如户主年龄 80 岁以上的住户中，两年贫困占总体贫困的比率高达 52%。

表 3-6　户主年龄与贫困状况

单位:%

户主年龄	贫困标准＝1 196 元				贫困标准＝1 799 元			
	从未贫困	仅 2007 年贫困	仅 2008 年贫困	两年贫困	从未贫困	仅 2007 年贫困	仅 2008 年贫困	两年贫困
30 岁以下	95.65	2.61	1.74	0	83.48	9.13	7.39	0
		(60.00)	(40.00)	(0.00)		(55.27)	(44.73)	(0.00)
30～39 岁	93.94	2.96	2.74	0.36	85.63	6.13	5.14	3.1
		(48.84)	(45.21)	(5.94)		(42.66)	(35.77)	(21.57)
40～49 岁	96.29	1.55	1.76	0.4	89.34	4.52	4.04	2.11
		(41.78)	(47.44)	(10.78)		(42.36)	(37.86)	(19.78)
50～59 岁	96.15	1.71	1.81	0.33	90.27	4.2	3.47	2.06
		(44.42)	(47.01)	(8.57)		(43.17)	(35.66)	(21.17)
60～69 岁	94.11	3.4	1.79	0.69	85.27	6.84	4.38	3.5
		(57.82)	(30.44)	(11.73)		(46.47)	(29.76)	(23.78)
70～79 岁	90.29	4.73	4.98	0	78.33	8.47	7.97	5.23
		(48.71)	(51.29)	(0.00)		(39.09)	(36.78)	(24.13)
80 岁以上	84.48	9.48	4.31	1.72	78.45	1.72	8.62	11.21
		(61.12)	(27.79)	(11.09)		(7.98)	(40.00)	(52.02)

注：（）内为该类贫困状态在总体贫困中所占百分比。

从表 3-7 中可以看出，户主受教育程度越高，则陷入贫困的可能性相对会更低一些。户主受教育年限在 3 年以下，按照低贫困标准，从未贫困的比率为 83.8%；按照高贫困标准，从未贫困的比率为 86.51%。比户主受教育程度在 9 年以上的住户分别低 3 个、5 个百分点。两年都陷入贫困状态的可能性也随着户主受教育年限的上升而降低。按照低贫困标准，户主受教育程度小于 3 年的住户中两年贫困的比率为 1.09%，9 年以上的则为 0.14%；按照高贫困标准，户主受教育程度小于 3 年的住户中两年贫困的比率为 3.14%，而 9 年以上的则为 2%。并且贫困状态随着户主受教育年限而递减的趋势具有一致性。

表 3-7　户主教育程度与贫困状况

单位:%

户主受教育年限	贫困标准＝1 196 元				贫困标准＝1 799 元			
	从未贫困	仅 2007 年贫困	仅 2008 年贫困	两年贫困	从未贫困	仅 2007 年贫困	仅 2008 年贫困	两年贫困
小于 3 年	93.80	2.78	2.32	1.09	86.51	4.60	5.74	3.14
		(44.91)	(37.48)	(17.61)		(34.12)	(42.58)	(23.29)
3～6 年	94.46	2.66	2.53	0.35	86.26	5.66	4.98	3.10
		(48.01)	(45.67)	(6.32)		(41.19)	(36.24)	(22.56)
6～9 年	95.83	2.05	1.70	0.41	88.66	5.18	3.90	2.26
		(49.28)	(40.87)	(9.86)		(45.68)	(34.39)	(19.93)
9 年以上	96.67	1.33	1.86	0.14	91.96	3.61	2.44	2.00
		(39.94)	(55.86)	(4.20)		(44.84)	(30.31)	(24.84)

注:（　）内为该类贫困状态在总体贫困中所占百分比。

（四）家庭规模

从家庭规模与贫困状况[①]的关系来看，表 3-8 表明，家庭规模在 2 人、3 人中的贫困发生率最低；单身住户的贫困发生率最高，并且两年贫困的比例也是最高的。除了单身住户外，家庭规模越大的家庭中贫困发生率通常会更

---

① 由于所使用的是人均收入水平，而非按照家庭等价规模调整过的收入水平，因此家庭规模与贫困状态之间的关系可能会有所偏误。总体上可能会在一定程度上高估规模较大的家庭的贫困发生率。

高一些，但在较低贫困标准下，两年贫困的比重也要低一些。规模发生变动的家庭中，无论是家庭成员数量的增加或减少，贫困发生率通常都会更高一些。不过在规模扩大的家庭中，两年贫困的比重相对较低。人口数量增加的家庭中，2008 年的贫困发生率要高一些，相反人口数量减少的家庭中，2008 年的贫困发生率会有所下降。

表 3-8　家庭规模与贫困状况

单位：%

家庭人口数	贫困标准＝1 196 元				贫困标准＝1 799 元			
	从未贫困	仅 2007 年贫困	仅 2008 年贫困	两年贫困	从未贫困	仅 2007 年贫困	仅 2008 年贫困	两年贫困
2007 年家庭规模								
1	83.78	5.41	5.41	5.41	81.08	2.7	2.7	13.51
		(33.33)	(33.33)	(33.33)		(14.28)	(14.28)	(71.44)
2	96.53	1.61	1.48	0.38	91.2	3.17	3.51	2.12
		(46.40)	(42.65)	(10.95)		(36.02)	(39.89)	(24.09)
3	95.82	1.58	2.11	0.49	91.31	3.17	4.35	1.17
		(37.80)	(50.48)	(11.72)		(36.48)	(50.06)	(13.46)
4	95.57	1.94	2.29	0.19	88.2	5.02	4.81	1.97
		(43.89)	(51.81)	(4.30)		(42.54)	(40.76)	(16.69)
5	94.99	2.57	1.89	0.55	86.83	6.28	3.77	3.12
		(51.30)	(37.72)	(10.98)		(47.68)	(28.63)	(23.69)
6 人及以上	94.69	3.08	1.79	0.44	85.03	6.79	3.79	4.39
		(58.00)	(33.71)	(8.29)		(45.36)	(25.32)	(29.33)
家庭规模变动								
不变	95.59	2.11	1.92	0.39	88.48	5.00	3.95	2.57
		(47.74)	(43.44)	(8.82)		(43.40)	(34.29)	(22.31)
减少	93.95	2.97	2.28	0.8	86.85	6.7	3.62	2.83
		(49.09)	(37.69)	(13.22)		(50.95)	(27.53)	(21.52)
增加	94.89	2.29	2.57	0.25	86.67	4.51	6.88	1.94
		(44.81)	(50.29)	(4.89)		(33.83)	(51.61)	(14.55)

注：（ ）内为该类贫困状态在总体贫困中所占百分比。

（五）外出

在描述外出与贫困状况的关系之前，表 3-9 给出了两个年份中外出状况的变化。本章所使用的相同住户样本中，外出的规模有所下降。外出 3 个月以上人数的绝对数量减少了 431 人，平均每户外出人数也有所下降。有外出成员的住户比重从 2007 年的 40.65% 下降至 2008 年的 37.64%，下降了 3 个百分点。外出人员占全部样本人口以及劳动年龄人口的比重分别从 16.94% 下降到 15.34%，从 22.54% 下降至 20.44%，分别下降了 1.6、2.1 个百分点。外出人员的平均外出月份数量略有下降，但差异并不明显。各收入组的外出状况及其变动特征可见图 3-3 和图 3-4，基本的特征表现为，低收入户中的外出比例以及外出人口数量相对较高，这一特征与既有的一些研究有所不同。现有的多数研究认为外出集中于中等收入人群，尽管低收入人群具有较强的外出动机，但外出能力受到制约，因此外出行为受到遏制。图 3-3 和图 3-4 的结果所表明的外出行为向低收入人群集中的趋向或许与近年来的劳动力市场变化相关联，农村劳动力外出的障碍不断地被降低，从而使得外出逐渐惠及农村的低收入人群。

表 3-9　外出的变化

外　　出	2007 年	2008 年
外出 3 个月以上人数（人）	5 353	4 922
平均每户外出人数（人）	0.68	0.62
有外出人员的住户比重（%）	40.65	37.64
外出人员占全部样本人口比重（%）	16.94	15.34
外出人员占全部劳动年龄人口比重（%）	22.54	20.44
平均外出月份数（月）	10.03	9.98

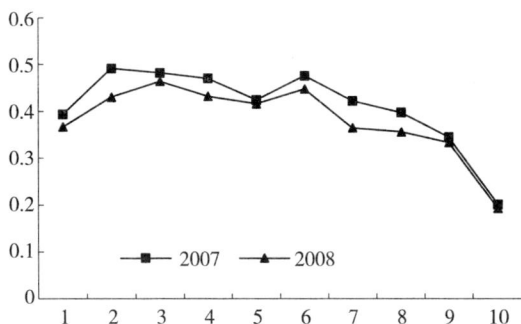

图 3-3　不同收入组的外出户比重

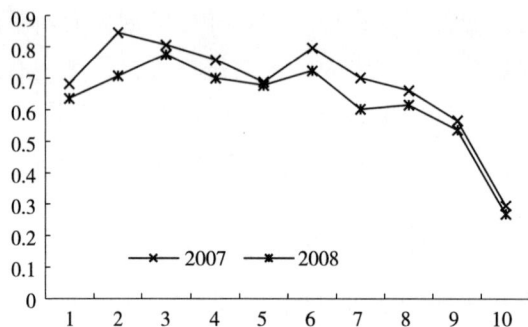

图 3-4 不同收入组的外出人数比重

从表 3-10 来看，外出与贫困的变动之间并没有十分密切的联系，但 Pearson 等二维列联表检验，可发现相关统计量在 1% 的水平下都是显著的，即表明外出行为与贫困状况之间存在某种显著的关联性。外出行为与贫困状况之间关联性的不明显可能是因为两者之间具有相互因果性影响，一方面外出行为可能有助于缓解贫困，另一方面贫困的家庭更有外出以增加收入的倾向。因此，对于外出与贫困状况及其变动的影响，下一部分将做出更为细致的处理。

表 3-10 外出与贫困状况

	贫困标准＝1 196 元				贫困标准＝1 799 元			
	从未贫困	仅 2007 年贫困	仅 2008 年贫困	两年贫困	从未贫困	仅 2007 年贫困	仅 2008 年贫困	两年贫困
两年均未外出住户	95.53	1.82	2.14	0.51	88.4	4.51	4.57	2.52
		(40.72)	(47.87)	(11.41)		(38.88)	(39.40)	(21.72)
仅 2007 年外出住户	94.69	2.63	2.12	0.57	86.84	6.51	3.67	2.98
		(49.44)	(39.85)	(10.71)		(49.47)	(27.89)	(22.64)
仅 2008 年外出住户	95.35	3.12	1.54	0	86.98	6.66	3.84	2.52
		(66.95)	(33.05)	(0.00)		(51.15)	(29.49)	(19.35)
两年均外出住户	95.41	2.39	1.89	0.31	88.52	5.16	3.88	2.44
		(52.07)	(41.18)	(6.75)		(44.95)	(33.80)	(21.25)
外出人数变化								
外出人数未变：0 人外出	95.53	1.82	2.14	0.51	88.4	4.51	4.57	2.52
		(40.72)	(47.87)	(11.41)		(38.88)	(39.40)	(21.72)

（续）

	贫困标准＝1 196 元				贫困标准＝1 799 元			
	从未贫困	仅 2007 年贫困	仅 2008 年贫困	两年贫困	从未贫困	仅 2007 年贫困	仅 2008 年贫困	两年贫困
外出人数未变：1 人外出	95.5	2.32	2	0.19	89.96	4.79	3.7	1.54
		(51.44)	(44.35)	(4.21)		(47.76)	(36.89)	(15.35)
外出人数未变：2 人外出	94.29	3.05	2.33	0.33	88.01	5.86	3.35	2.78
		(53.42)	(40.81)	(5.78)		(48.87)	(27.94)	(23.19)
外出人数未变：3 人以上外出	95.46	2.63	1.43	0.48	87.42	5.02	3.03	4.54
		(57.93)	(31.50)	(10.57)		(39.87)	(24.07)	(36.06)
外出人数减少	95.44	2.43	1.75	0.38	87.02	6.28	4.23	2.47
		(53.29)	(38.38)	(8.33)		(48.38)	(32.59)	(19.03)
外出人数增加	95.58	2.41	1.71	0.29	87.43	5.6	4.15	2.81
		(54.65)	(38.78)	(6.58)		(44.59)	(33.04)	(22.37)

注：（　）内为该类贫困状态在总体贫困中所占百分比。

四、计量分析

（一）方法

由于两个年份的贫困决定可能是相关的，因此本文采用双变量 Probit 的模型来估计贫困的决定因素及其动态影响。两年贫困的影响因素分别通过以下模型来描述：

$$y_{2007}^* = X_{2007}\beta_{2007} + \varepsilon_{2007}$$

$$y_{2008}^* = X_{2008}\beta_{2008} + \varepsilon_{2008}$$

其中，$y = \begin{cases} 1 & y^* \leqslant pline \\ 0 & others \end{cases}$，误差项满足：

$$\mathrm{E}(\varepsilon_{2007} \mid X_{2007}, X_{2008}) = \mathrm{E}(\varepsilon_{2008} \mid X_{2007}, X_{2008}) = 0;$$

$$\mathrm{Var}(\varepsilon_{2007} \mid X_{2007}, X_{2008}) = \mathrm{Var}(\varepsilon_{2008} \mid X_{2007}, X_{2008}) = 1;$$

$$\mathrm{cov}(\varepsilon_{2007}, \varepsilon_{2008} \mid X_{2007}, X_{2008}) = \rho.$$

两年贫困概率的决定方式为：

$$\mathrm{Pr}[y_{2007} = 1, y_{2008} = 1 \mid X_{2007}, X_{2008}] = \Phi(X_{2007}\beta_{2007}, X_{2008}\beta_{2008}, \rho)$$

$\Phi(\cdot)$ 为累积正态分布函数。Greene（2002）给出了对应的似然函数和估计方式。

给定 2007 年贫困，各因素对 2008 年贫困概率的决定为：

$$\Pr[y_{2008}=1 \mid y_{2007}=1, X_{2007}, X_{2008}]$$
$$=\frac{\Pr[y_{2007}=1, y_{2008}=1 \mid X_{2007}, X_{2008}]}{\Pr[y_{2007}=1 \mid X_{2007}]}$$

根据这一结果，可以得到相关变量的边际效应。这一边际效应度量的是，给定 2007 年贫困，相关因素对 2008 年贫困的边际影响，因此也就度量了 2008 年相关因素对于贫困状态转换的效应大小。本章中主要考虑两种情形，一是 2007 年贫困的住户在 2008 年继续陷入贫困的边际效应；二是 2007 年的非贫困住户在 2008 年进入贫困状态的影响因素。

在贫困的解释变量中，包含了家庭劳动力的外出行为，而这一变量与贫困之间可能具有内生性的影响，因此利用工具变量估计了家庭劳动力的外出行为，所使用的工具变量为所在村的外出状况：本村人口外出比例以及外出人口的分布特征。因为这些变量度量了农村劳动力外出的信息网络，但与单个住户之间的收入水平没有直接的关联。被解释变量是"是否外出户"以及家庭中"外出劳动力数量"，这两个变量的预测值将用于解释两年贫困的决定过程，因此采用的是两阶段估计。在估计"是否外出住户"时，将全部住户按是否有外出务工人员区分为两种类型，然后采用 Probit 模型来模拟；在讨论家庭"外出劳动力数量"时，使用的是 Poisson 模型。工具变量和估计模型的选取与罗楚亮和岳希明（2008）相同。

表 3-11　工具变量对外出行为的估计结果

	是否外出户（是＝1；否＝0）		外出劳动力数量	
	2007 年	2008 年	2007 年	2008 年
本村人口外出比例	0.017 8	0.013 5	0.011 7	0.010 4
	(28.68)***	(23.14)***	(30.07)***	(24.93)***
省内外县外出劳动力比例				
21%～40%	0.118 3	0.099 9	0.090 9	0.107 7
	(6.28)***	(5.30)***	(5.94)***	(6.65)***
41%～60%	0.280 5	0.263 4	0.272 5	0.347 8
	(9.46)***	(8.86)***	(11.62)***	(14.30)***

（续）

	是否外出户（是＝1；否＝0）		外出劳动力数量	
	2007 年	2008 年	2007 年	2008 年
61%～80%	0.562 7	0.481 2	0.390 5	0.404 0
	(16.15)***	(13.92)***	(14.95)***	(14.86)***
80%以上	0.400 7	0.476 8	0.299 2	0.337 2
	(10.44)***	(12.43)***	(11.04)***	(11.85)***
省外外出劳动力比例				
21%～40%	0.234 3	0.214 3	0.246 4	0.262 5
	(9.24)***	(8.39)***	(11.22)***	(11.27)***
41%～60%	0.473	0.485 5	0.392 9	0.418 0
	(17.84)***	(18.31)***	(18.01)***	(18.05)***
61%～80%	0.423 1	0.431 8	0.312 7	0.386 0
	(15.46)***	(15.86)***	(13.98)***	(16.32)***
80%以上	0.468 9	0.513 1	0.389 3	0.455 2
	(13.13)***	(14.41)***	(13.90)***	(15.43)***

注：①是否外出户，采用的是 Probit 模型估计；外出劳动力数量采用的是 Poisson 模型估计。

②其余变量未给出，包括各年贫困决定方程（表 3-13）中的所有其他变量。

③***、**、* 分别表示在水平 1%、5%、10%下显著。

（二）估计结果

表 3-11 给出了第一阶段的估计结果，即工具变量对劳动力外出行为的影响。不难理解，相关变量的估计值都显著为正。这就意味着村庄的外出规模对个人的劳动力流动具有显著的正效应。本村人口外出比例越高，则农户中有外出劳动力的倾向也将会更高一些，也可能会增加家庭中外出劳动力的数量。村庄中在省内外县外出的劳动力比例以及省外外出劳动力比例的提高也将有助于增强家庭劳动力的外出可能性。

表 3-12　贫困影响因素的双变量 Probit 模型估计

	贫困线＝1 196 元				贫困线＝1 799 元			
	2007 年	2008 年	2007 年	2008 年	2007 年	2008 年	2007 年	2008 年
2007 年外出概率估计	−0.666 8	−0.179 4			−0.245 5	0.190 1		
	(4.83)***	(1.11)			(2.60)***	(1. 70)*		

(续)

	贫困线＝1 196 元				贫困线＝1 799 元			
	2007 年	2008 年	2007 年	2008 年	2007 年	2008 年	2007 年	2008 年
外出概率变化	−1.920 8				0.290 3			
	(2.71)***				(0.58)			
2007 年外出劳动力数量估计			−0.225 8	−0.181 7			−0.115 4	−0.065 4
			(4.37)***	(2.86)***			(4.09)***	(1.81)*
外出劳动力数量估计值变化				−0.397 6				−0.225 5
				(2.28)**				(2.28)**
户主年龄	−0.054 2	−0.028 9	−0.054 1	−0.032 8	−0.019	−0.048 9	−0.018 3	−0.047 5
	(4.59)***	(2.12)**	(4.57)***	(2.41)**	(2.01)**	(5.15)***	(1.93)*	(5.02)***
户主年龄平方/100	0.057 8	0.026 8	0.057 6	0.031 6	0.018 5	0.043 4	0.018 2	0.043 2
	(5.11)***	(2.04)**	(5.09)***	(2.41)**	(2.01)**	(4.72)***	(1.98)**	(4.71)***
户主受教育年限 3~6 年	−0.012 9	−0.053 6	−0.014 9	−0.002 9	0.075 9	−0.006 6	0.085	−0.011
	(0.19)	(0.72)	(0.23)	(0.04)	(1.53)	(0.13)	(1.71)*	(0.22)
户主受教育年限 6~9 年	−0.057 7	−0.191 4	−0.064 8	−0.135 3	0.010 2	−0.151 1	0.015 2	−0.156 9
	(0.86)	(2.50)**	(0.97)	(1.82)*	(0.20)	(2.84)***	(0.30)	(3.07)***
户主受教育年限 9 年以上	−0.350 7	−0.194 9	−0.325 9	−0.149 3	−0.181 6	−0.328 5	−0.167 8	−0.341 1
	(4.10)***	(2.23)**	(3.80)***	(1.73)*	(3.05)***	(5.22)***	(2.81)***	(5.53)***
男性成员比重	0.285 3	0.014	0.229 2	−0.035 9	0.154 5	−0.180 9	0.149 4	−0.108 2
	(2.47)**	(0.11)	(2.01)**	(0.32)	(1.95)*	(2.09)**	(1.91)*	(1.34)
2007 年家庭规模	0.127 5	0.043 2	0.133 3	0.050 5	0.140 1	0.063 1	0.155 9	0.095 2
	(7.97)***	(2.23)**	(7.72)***	(2.82)***	(12.96)***	(4.61)***	(13.47)***	(7.64)***
2007 年家庭劳动力比例	−0.078 2	−0.326 3	−0.120 5	−0.195	−0.490 6	−0.468 9	−0.482 2	−0.387 6
	(0.87)	(3.45)***	(1.36)	(2.11)**	(7.62)***	(6.98)***	(8.00)***	(6.07)***
2007 年人均耕地面积	−0.191 5	−0.069 9	−0.192 4	−0.084 8	−0.119 2	−0.082 5	−0.118 5	−0.078 1
	(9.21)***	(3.70)***	(9.21)***	(4.70)***	(9.26)***	(6.30)***	(9.18)***	(6.33)***
2007 年人均固定资产原值对数	0.013 7	0.021 4	0.011 1	0.018 4	−0.012 3	−0.011 5	−0.013	−0.008 5

（续）

	贫困线＝1 196 元				贫困线＝1 799 元			
	2007 年	2008 年	2007 年	2008 年	2007 年	2008 年	2007 年	2008 年
	(2.44)**	(3.42)***	(1.98)**	(3.11)***	(3.13)***	(2.58)***	(3.34)***	(2.02)**
2007 年家庭不健康人数	0.107 4	0.017 8	0.112	0.034 7	0.043 4	0.148 7	0.043 4	0.139 1
	(3.39)***	(0.45)	(3.53)***	(0.90)	(1.84)*	(5.55)***	(1.85)*	(5.36)***
找到一份好工作	0.061 8	0.007 9	0.027 1	0.081 1	−0.268 5	−0.169 3	−0.267 6	−0.144 5
	(0.74)	(0.10)	(0.34)	(1.06)	(4.19)***	(2.74)***	(4.28)***	(2.42)**
家庭有人生病	0.044 5	0.115 9	0.034 6	0.092 5	−0.012 2	−0.004 8	−0.019 9	0.021 7
	(0.74)	(1.79)*	(0.57)	(1.44)	(0.28)	(0.10)	(0.45)	(0.47)
家庭规模变化		0.178 5		0.120 2		0.113 3		0.179 5
		(3.38)***		(3.09)***		(3.09)***		(7.11)***
固定资产变化		0.000 4		−0.017 7		−0.026 6		−0.017 1
		(0.03)		(1.68)*		(2.63)***		(2.27)**
不健康人数变化		0.073 6		0.083 2		0.082 5		0.086
		(2.07)**		(2.33)**		(3.49)***		(3.63)***
劳动力比重变化		0.533 7		0.410 7		0.049 8		0.12
		(2.81)***		(2.28)**		(0.39)		(1.00)
常数项	−0.781 2	−0.710 5	−0.799	−0.743 8	−0.677 6	0.666 9	−0.795 8	0.393 8
	(2.42)**	(1.95)*	(2.44)**	(2.09)**	(2.75)***	(2.61)***	(3.25)***	(1.59)
样本数	31 423		31 423		31 423		31 423	
Rho	0.405 9		0.399 0		0.557 4		0.555 4	
Rho＝0 似然比检验 chi2	191.542		185.64		1 252.78		1 241.55	
对数似然值	−6 591.97		−6 592.36		−14 336.57		−14 329.62	
Wald chi2	831.07		830.84		1 766.26		1 776.80	
预测概率：两年都不贫困（%）	95.48		95.48		88.19		88.19	
仅 2007 年贫困（%）	1.97		1.97		4.18		4.18	
仅 2008 年贫困（%）	2.20		2.20		5.17		5.18	
两年都贫困（%）	0.36		0.35		2.46		2.45	

注：估计中还控制了省份变量和村特征（平原，丘陵）。（ ）内为估计系数的 T 统计量绝对值；***、**、* 分别表示在水平 1%、5%、10%下显著。

表3-13 贫困状态变化影响因素的边际效应（给定2007年的贫困状态）

贫困标准 / 2007年的贫困状态	贫困标准=1 196元				贫困标准=1 799元			
	贫困户	非贫困户	贫困户	非贫困户	贫困户	非贫困户	贫困户	非贫困户
2007年外出概率估计	0.012 5	−0.005 3			0.118 6***	0.021 8**		
外出概率变化	−0.411 6***	−0.078 5***			0.112 8	0.026 4		
2007年外出劳动力数量估计			−0.021 4	−0.006 7***			0.004 5	−0.003 8
外出劳动力数量估计值变化			−0.082 8**	−0.016 1**			−0.087 2**	−0.020 5***
户主年龄	−0.002 0	−0.001 0*	−0.002 9	−0.001 2*	−0.015 5***	−0.004 1***	−0.015 1***	−0.004 0***
户主年龄平方	0.001 3	0.000 9*	0.002 4	0.001 1**	0.013 5***	0.003 6***	0.013 4***	0.003 6***
户主受教育年限3~6年	−0.010 4	−0.002 1	0.000 5	−0.000 1	−0.016 3	−0.002 0	−0.019 4	−0.002 6
户主受教育年限6~9年	−0.036 9*	−0.007 8**	−0.023 6	−0.005 4*	−0.060 7***	−0.014 1***	−0.063 6***	−0.014 7***
户主受教育年限9年以上	−0.014 2	−0.006 1**	−0.007 0	−0.004 7*	−0.087 8***	−0.021 5***	−0.093 8***	−0.022 4***
男性成员比重	−0.018 8	−0.000 3	−0.024 2	−0.002 1	−0.098 5***	−0.019 3*	−0.068 9*	−0.012 6*
2007年家庭人口比重	−0.000 5	0.001 4*	0.000 8	0.001 7**	−0.001 0	0.003 1*	0.008 6*	0.005 8***
2007年耕地面积	−0.000 3	−0.002 3**	−0.003 6	−0.002 9***	−0.010 3*	−0.005 3***	−0.008 8*	−0.004 9***
2007年人均固定资产原值对数	0.003 5***	0.000 8***	0.003 0*	0.000 7***	−0.002 2	−0.000 8**	−0.000 9	−0.000 5
2007年家庭劳动力比重	−0.063 9***	−0.013 1***	−0.031 8	−0.007 5***	−0.092 7***	−0.033 5***	−0.062 8***	−0.026 3***
2007年不健康家庭成员数量	−0.004 4	0.000 4	−0.001 0	0.001 1	0.049 9***	0.012 7***	0.045 9***	0.011 8***
找到一份好工作	−0.003 0	0.000 1	0.015 5	0.003 5	−0.016 1	−0.009 7*	−0.006 9	−0.007 8***
家庭有人生病	0.022 6	0.005 1	0.017 4	0.004 0	−0.000 4	−0.000 2	0.008 5	0.002 4
家庭规模变化	0.038 2***	0.007 3***	0.025 0***	0.004 9***	0.044 0***	0.010 3***	0.069 4***	0.016 3***
固定资产变化	0.000 1	0.000 0	−0.003 7*	−0.000 7*	−0.010 3***	−0.002 4**	−0.006 6**	−0.001 6**
不健康人数变化	0.015 8**	0.003 0**	0.017 3**	0.003 4**	0.032 1***	0.007 5***	0.033 3***	0.007 8***
劳动力比重变化	0.114 4***	0.021 8***	0.085 5**	0.016 6**	0.019 3	0.004 5	0.046 4	0.010 9
预测概率	0.118 5	0.016 1	0.144 3	0.015 9	0.275 8	0.039 2	0.274 1	0.039 2

注：本表只报告了估计系数和显著性水平；***、**、* 分别表示在水平1%、5%、10%下显著。

表 3-14　**贫困标准与外出的减贫效应**（给定 2007 年的贫困状态）

	估计系数		边际效应	
	2007 年 外出概率	外出概率 变化	2007 年 外出概率	外出概率 变化
2002 年贫困线：777	−1.274 8***	−4.225***	−0.150 5	−0.778 5
2007 年贫困线：836	−1.082 9***	−3.327 5***	−0.140 1	−0.682 9
2002 年低收入线：1 077	0.562 1***	−1.390 1*	−0.047 1	−0.254 0
1 美元贫困线（原 PPP）：1 084	−0.576 4***	−1.516 1*	−0.048 9	−0.278 3
2008 年调整的贫困线：1 196	**−0.179 4**	**−1.920 8*****	**0.012 5**	**−0.411 6**
1.5 美元贫困线（原 PPP）：1 626	0.125 1	0.264 8	0.068 0	0.091 6
1 美元贫困线（新 PPP）：1 799	**0.190 1***	**0.290 3**	**0.118 6**	**0.112 8**
2 美元贫困线（原 PPP）：2 168	0.249 2***	0.432 9	0.142 5	0.177 0
1.5 美元贫困线（新 PPP）：2 699	0.483 8***	0.475 1	0.201 0	0.218 0
2 美元贫困线（新 PPP）：3 598	0.799 8***	0.752 9**	0.273 6	0.351 4

注：本表没有给出边际效应的检验统计量及显著性水平；***、**、* 分别表示在水平 1%、5%、10% 下显著。

　　表 3-12 给出了贫困影响因素的双变量 Probit 模型估计结果，讨论的是相关因素对 2007 年和 2008 年贫困发生率的影响。表 3-13 给出的是，在给定 2007 年贫困状况的条件下，2008 年陷入贫困的可能性，描述的是相关变量对 2008 年贫困发生率的边际效应。表 3-13 分别讨论了两种不同情形，如果 2007 年处于贫困状态，则估计相关变量对于 2008 年继续处于贫困状态的边际影响；如果 2007 年处于非贫困状态，则估计相关因素对 2008 年贫困概率的边际效应。

　　首先看外出状况。总体而言，劳动力的外出状况通常会构成农户贫困状态的显著影响因素，2007 年的贫困决定中尤其如此。无论是采用较低的还是较高的贫困线，是否外出户对 2007 年的贫困状态总是具有显著的负效应，也就是说，外出户陷入贫困的可能性将显著地低于非外出户。然而，"2007 年外出概率"对 2008 年对贫困状态的影响并不显著。外出概率对于贫困变动的影响，在讨论影响贫困状态变动各因素的边际效应时会进一步说明。度量外出的另一个变量是外出劳动力数量。对于不同的贫困标准，两个年份的估计结果都显示，家庭中的外出劳动力数量越多，家庭成员陷入贫困的可能性将会越低，这一效应一直都是显著的，对于表 3-13 中所给出的边际效应也是如此。从估计系数的变化中可以进一步地看到，当提高贫困线标准时，这一变量的估计系数将下降，这意味着，劳动力外出的减贫效应可能会随着贫困标准的提高而下降。

在低标准贫困转换中，外出概率对于 2008 年陷入贫困的可能性都具有显著的负效应。一个比较奇怪的现象是，在较高的贫困标准下，外出概率对于 2008 年陷入贫困的概率的边际效应可能是显著为正的。这一结果可能与贫困标准有关。为了验证这一点，表 3-15 给出了不同贫困标准下，外出状况对于贫困减缓的效应变化，结果表明，外出状况的减贫效应与贫困标准之间是相关的。在各贫困标准下，2007 年外出概率和外出概率变化两个变量对贫困概率的边际效应首先为负，也就是说 2007 年外出概率越高、2008 年外出概率上升越高，则贫困可能性会越低，即具有减贫效应；但随着贫困标准的提高，边际效应的绝对值是逐渐下降的，这意味着外出的减贫效应在逐渐下降。当贫困标准高于一定程度后，外出可能不具有显著的减贫效应，甚至可能成为加剧贫困的因素。这是因为外出行为可能对不同收入组人群的收入增长效应是不相同的。在低收入人群，由于当地收入获取的能力较低，因此外出能够显著地增强其收入水平；而对于高收入人群，在当地通常能够具有较高的收入水平，外出行为并不能成为收入增长的有效促进因素。从表 3-14 中也可以看出，外出行为更加有利于低标准下的减贫。

户主年龄的一次项与二次项估计系数都是显著的，并且一次项的系数为负，二次项的系数为正，因此家庭的贫困可能性首先随着户主年龄的上升而下降，经过一定年龄段后，随着户主年龄的上升，贫困的可能性会逐渐上升。户主教育程度越高的家庭，陷入贫困的可能性通常较低。

从表 3-12 的估计结果来看，家庭成员的男性比重并没有成为贫困减缓的必然因素，在较低的贫困标准下，家庭男性成员比重与贫困可能性之间甚至是正向关联的。不过在表 3-13 的边际效应估计中，家庭中男性成员比重对于贫困发生率具有显著的负效应。

表 3-12 的估计系数以及表 3-13 的边际效应都显示，规模越大的家庭，贫困可能会越高。家庭劳动力①比例越高，陷入贫困的可能性越低，并且随

---

① 家庭劳动力根据年龄确定，指的是年龄在 16～59 岁的家庭成员比例。

着贫困标准的提高，家庭劳动力比例的估计系数也越高。人均耕地面积对于陷入贫困的可能性也具有负效应，即耕地越多的家庭的贫困发生率要更低一些。

而人均生产性固定资产与贫困可能性之间的联系与贫困标准相关。在低标准下，人均生产性固定资产对贫困可能性的影响显著为正；而在较高的标准下，人均生产性固定资产原值对贫困可能性的影响显著为负。这可能是因为较低标准下，暂时性贫困人口的份额要高一些，而这些暂时性贫困可能是由于暂时性的生产经营原因造成的，相对持有较高的固定资产。家庭中身体不健康成员数量会显著地增加家庭陷入贫困的可能性，不健康成员的增加意味着家庭获取收入能力的下降。"找到一份好工作"可能会增加家庭收入，因此会有助于降低贫困可能性。估计结果显示，在较低的贫困标准中，这一变量的估计系数是不显著的，在较高的贫困标准下，找到一份好工作能显著地降低贫困发生概率。家庭中有人生病对于贫困的影响则是不显著的。

从家庭特征的变化来看，家庭人口数的增加、不健康人数的增长都会成为导致 2008 年贫困发生率上升的显著因素。而固定资产的增加则可能会降低 2008 年的贫困可能性。劳动力比重变化对于 2008 年贫困的影响在不同贫困线下有所差异。在较低贫困线下，劳动力比重的增加不仅不能减少贫困，反而在估计方程中的系数符号显著为正，即劳动力比重的上升能增加贫困的可能性；而在较高的贫困线下，这一变量的效应是不显著的。

五、总　　结

根据 2007 年和 2008 年住户追踪调查数据，本章描述了两个年份的农村贫困状况及其变动特征。基于两个年份相同的住户，本章发现人均收入不均等程度没有明显的变化，但低收入人群的相对位置也通常难以改变。根据不同的贫困标准，我们发现 2008 年的贫困发生率比 2007 年有了进一步的下降，但多数贫困深度指标有所上升。从两个年份的贫困发生率来看，两年一直陷入贫困状态的家庭比例相对较低，但贫困类型结构也会受到贫困标准的影响。贫困标准越高，则两年贫困在总体贫困中的比重将有较大幅度的上升。

从收入结构的描述中可以发现，包括外出务工收入在内的工资性收入增长对于农户脱离贫困状态具有重要的贡献，经营收入的波动是住户陷入贫困状态的重要因素。此外，贫困类型在不同省份之间也具有较大的差异性，浙江与河南的两年贫困在总体贫困中所占份额通常较高。户主年轻、教育程度较高的家庭中，两年贫困的比重相对较低。从简单的描述性分析中，外出与贫困类型之间没有明显的关联性。

但通过对外出行为的内生性处理，本章发现外出务工对于农村贫困具有显著的影响。外出户陷入贫困的可能性显著地低一些，同时也是贫困状态转换的重要因素。无论是对于 2007 年的贫困户还是非贫困户，外出可能性更高的住户在 2008 年的贫困可能性通常显著更低。外出的贫困减缓效应也更为一致性地体现在外出劳动力数量与家庭贫困可能性的关系上，外出劳动力数量更多的家庭更加不易于陷入贫困状态。外出与贫困可能性之间的关系受到贫困标准的影响。贫困标准越低，外出的贫困减缓效应更为明显。在影响农村贫困及其变化的因素中，本章还发现家庭成员健康状况也具有十分显著的影响。家庭不健康的成员数量及其变化也是贫困及其转换的重要因素。

≪参考文献┏

陈绍华，王燕，2001. 中国经济的增长和贫困的减少：1990—1999 年的趋势研究 ［J］. 财经研究（9）.

杜凤莲，孙婧芳，2009. 经济增长、收入分配与减贫效应：基于 1991—2004 年面板数据的分析 ［J］. 经济科学（3）.

万广华，张茵，2006. 收入增长和不平等对我国贫困的影响 ［J］. 经济研究（6）.

魏众，别雍·古斯塔夫森，1999. 中国转型时期的贫困变动分析 ［M］//赵人伟，李实，卡尔·李思勤. 中国居民收入分配再研究. 北京：中国财政经济出版社.

岳希明，李实，王萍萍，关冰，2008. 透视中国农村贫困 ［M］. 北京：经济科学出版社.

岳希明，罗楚亮，2008. 劳动力流动与农村贫困 ［R］.

Ravallion，Martin and Shaohua Chen，2007. China's（Uneven）ProgressAgainst Poverty ［J］. Journal of Development Economics（82）：1-42.

Chen，Shaohua and Ravallion，Martin，2007. Absolute Poverty Measures for the Developing World，1981—2004 ［J］. Proceedings of the National Academy of Sciences of the United

States of America (104): 16757-16762.

Chen, Shaohua and Martin Ravallion, 2008. China is poorer than we thought, but no less successful in the fight against poverty [R] . Policy Research Working Paper 4621, World Bank.

Jalan, Jyotsna, Martin Ravallion, 1998. Transient poverty in postreform rural China [J] . Journal of Comparative Economics, 26 (2): 338-357.

Jalan, Jyotsna, Martin Ravallion, 2000. Is transient poverty different? Evidence from rural China [J] . Journal of Development Studies, 36 (6): 82-99.

Duclos, Jean-Yves, Abdelkrim Araar, John Giles, 2010. Chronic and transient poverty: measurement and estimation, with evidence from China [J] . Journal of Development Economics (91): 266-277.

Bokosi, Fanwell Kenala, 2006. Household Poverty Dynamics in Malawi [R] . MPRA paper No. 1222. Department of Economics, University of Kent.

Chen, Shaohua, Martin Ravallion. 2004. How have the world's poorest fared since the early 1980s [R] . Discussion Paper WPS3341, World Bank.

Foster J, Greer J, Thorbecke E, 1984. A class of decomposable poverty measures, Econometrica (52): 761-765.

Datt G, M Ravallion, 1992. Growth and redistribution components of changes in poverty measures: A decomposition with applications to Brazil and India in the 1980s [J] . Journal of Development Economics, Vol. 38 (2): 275-295.

Kakwani N, Pernia E, 2000. What is Pro-Poor Growth? [J] . Asian Development Review, 18 (1): 1-16.

技术分析篇

第 **4** 章

农村减贫:应该更关注
教育还是健康[*]

【摘要】 基于 2003—2010 年全国农村固定观察点微观住户数据,运用分位数回归方法,从收入增长与差距缩小的双重视角研究了健康与教育对中国农户贫困的影响。研究发现:2003—2010 年,中国农村贫困发生率呈现逐年降低的趋势,这一趋势主要得益于农户收入增长,而不是收入差距缩小。健康与教育所体现的人力资本是影响农户收入水平的显著因素,对农村减贫具有显著作用。但从收入差距缩小视角看,健康对农村减贫的作用比教育更为显著。坚持提升农村人力资本积累的基本战略取向,特别是提高贫困农户健康水平,对于农村减贫具有较强的政策意义。

一、引　言

贫困是人类社会面临的最严峻挑战之一,一直受到国际社会广泛关注。改革开放以来,随着经济迅猛增长,中国贫困人口大幅下降,贫困发生率持续降低,为世界减贫做出了重要贡献[①]。但若按照国际标准衡量,中国贫困

---

[*] 本章以同题发表在《经济研究》2014 年第 11 期。作者:程名望,博士,教授,同济大学经济与管理学院副院长;Jin Yanhong,Department of Agricultural,Food and Resource Economics,Rutgers,The State University of New Jersey;史清华(通讯作者),博士,教授,上海交通大学安泰经济与管理学院;盖庆恩,博士,副教授,上海财经大学财经研究所。本研究得到国家自然科学基金项目(71173156、71273171、71373179)、教育部人文社科基金项目(10YJC790032)资助,特别感谢全国农村固定观察点办公室的大力支持。

[①] 世界银行 2013 年 4 月 17 日发布的《世界发展指标》显示,1981—2008 年,中国贫困人口由 8.35 亿减少到 1.73 亿,减少了 6.62 亿,贫困率由 84% 下降到 13%;在世界极度贫困人口总数中所占比例也从 1981 年的 43% 下降至 2010 年的 13%。

人口数量仍然巨大，尤其是农村[①]。按照 Sen（1981）基于生存能力的定义，减少贫困可以理解为提高营养、健康状况以及教育水平，而贫困减少的程度依赖于两个基本因素：收入水平提高与收入差距缩小。因此，从收入增长和差距缩小的双重视角，研究健康与教育对农村减贫的作用及其差异，是基于贫困定义和内涵所衍生的一个基本命题。基于这一主题的研究对于制定更有针对性的农村扶贫政策具有重要的现实意义。

国内外学者高度关注中国的农村贫困及减贫问题，已有研究主要集中于贫困的度量和界定、贫困的决定因素、反贫困战略等三个方面。其中，贫困决定因素的研究主要集中在两个方面，一是基于经济增长、区域特征、国家政策等宏观视角，又称为外因视角；二是基于农民素质与行为、农户特征等微观视角，又称为内因视角。就宏观视角看，经济增长、收入不均等与贫困的关系是贯穿该研究的一条主线（叶普万，2005）。众多文献认识到经济增长和收入水平提高对减少贫困的决定性作用（Dollar and Kraay，2002；Yao et al.，2004；林伯强，2003；夏庆杰等，2011）。在实践上，华盛顿共识（Washington Consensus）所坚信的滴漏经济增长（Trickle Down Economic Growth）也成为全球主流的发展理念[②]。但部分研究表明，在滴漏式增长中，经济增长和收入水平提升有助于贫困人口数量下降，而收入差距扩大则对贫困减缓具有阻碍效应。因此，经济增长并不能自动消除贫困问题，甚至有可能由于收入差距扩大引致贫困增加（Son and Nanak，2008；Benjamin et al.，万广华和张茵，2006；罗楚亮，2012）。与宏观视角的研究相比，微观视角的研究相对单薄，已有文献主要是关注了人力资本对农户贫困的影响。部分学者（Van and Muysken，2001；Hemmi et al.，2007；王弟海，2012）认识到营养和健康对降低贫困的重要性，认为健康人力资本（Health Human Capital）可避免农户陷入"贫困陷阱"（Poverty Trap）。更多学者关注了基础教育、工作经验和职业教育等人力资本因素对贫困的影响，认为

---

① 中国农村贫困率从 1978 年的 30.7% 下降到 2010 年的 2.8%，年均下降 8.45 个百分点。2011 年实行 2 300 元的贫困新标准后，与 1 天 1 美元的国际标准基本接轨，农村贫困人口数量由 2010 年的 2 688 万人扩大至 1.28 亿人，占农村总人口的 13.4%，占全国总人口的近 1/10（国家统计局，2012）。

② 20 世纪 80 年代，以华盛顿为基地的国际货币基金组织、世界银行等机构，坚信滴漏经济学，即经济增长所带来的经济利益会自动在社会各阶层扩散开来，从而自动消除贫困。

基础教育是影响农户贫困的核心人力资本要素（Park，1996；Autor et al.，2003；徐舒，2010）。徐月宾等（2007）、章元等（2009）从农户家庭特征视角进行的研究发现：人口负担率高、更多地从事农业生产的农户更容易陷入贫困。也有一些学者从农户行为视角进行了研究，例如：Du et al.（2005）的研究认为农民进城务工对农村减贫的作用有限，因为农村贫困人口外出打工的可能性较低；但程名望等（2006）、章元等（2012）的研究结果并不支持该结论。

就以上基于微观视角的文献看，已有研究认识到了健康与教育对农村减贫的作用，但仍存在如下不足：第一，在研究视角上，要么仅着眼于教育，要么仅着眼于健康，同时关注健康与教育，并比较这两个基础人力资本变量对农村减贫效果及其差异的研究十分鲜见。第二，在数据和方法上，多采用宏观经济数据或小样本微观数据，要么仅基于收入增长，要么仅基于收入差距，且计量分析中运用的多是均值回归模型。基于此，本章采用 2003—2010 年全国农村固定观察点微观住户数据，从收入增长与差距缩小的双重视角研究健康与教育对中国农户贫困的影响及其差异。主要的创新和贡献体现在三个方面：第一，采用中国目前已有最完整的微观农户数据（严斌剑等，2014），更有效的反映中国农村贫困的实际情况。本章的数据，涵盖全国 31 个省市区，共计家庭样本 163 305 个，家庭成员样本 660 286 个，是具有极强代表性的大样本微观数据。第二，应用分位数回归方法（Quantile Regression）[①]，创新性地基于收入增长与差距缩小的双重视角，比较健康与教育对农村减贫的效果及差异。第三，采用不同的贫困标准，检验了健康与教育对农村减贫效果的稳健性问题，对中国贫困线的完善或讨论有借鉴意义。

接下来的结构安排如下：第二部分是数据来源与统计性描述分析；第三部分是计量模型的建立及相应的实证研究，将在估计农户收入决定方程的基础上，比较健康与教育对农村减贫的影响及差异；第四部分是内生性讨论与

---

① Koenker and Passett（1978）提出的分位数回归法，是对基于均值回归的最小二乘估计的一种扩展，它依据被解释变量的条件分位数进行回归，能精确地描述解释变量对被解释变量的变化范围及其条件分布形状的影响。同时，分位数回归不受被解释变量异常值的影响，且对误差项分布并不要求很强的假设条件，使得其系数估计比 OLS 回归更稳健。

稳健性检验；第五部分是基于时间趋势和地区差异的细化分析；最后一部分总结全文并简要评述。

二、数据来源及统计性描述

（一）数据来源及处理方式

农村固定观察点是 1984 年经中央书记处批准建立，由中央政策研究室和农业部具体组织指导，至 2013 年已连续跟踪长达 28 年（1986—2013 年）的一项全国性农村调查工作。该调查于 2003 年后启用农村住户和家庭成员两级问卷，较全面地反映了全国各地农户及其家庭成员的生产、投资、消费、就业及其他各项活动，为本章较全面的选择变量提供了可能及良好的数据基础。2003—2010 年，共获得住户样本163 305个，家庭成员样本660 286个，具体的样本分布见表 4-1。

表 4-1　样本数及分布

单位：个

类　型	2003	2004	2005	2006	2007	2008	2009	2010	合计
农村住户	20 334	19 613	21 042	20 769	19 834	20 561	20 714	20 438	163 305
家庭成员	82 356	88 245	84 171	83 092	79 065	81 654	81 642	80 061	660 286

注：所用软件为 Stata/SE 12.0，下同。

数据来源：全国农村固定观察点（2003—2010），下同。

本章数据的基本处理方式是：首先处理家庭成员数据，计算并生成实证分析中需要的受教育年限均值、健康评价均值等诸多家庭劳动力（成员）信息或变量；然后以户主为标识码（Identification Code），把家庭成员数据与住户数据对接，并把数据处理干净（主要是对缺失值和异常值的处理），共得到本文实证分析所应用的观察值161 752个，该数据为非平衡面板数据（Unbalanced Panel Data）。

（二）贫困发生率与贫困户分布

要测定贫困发生率，首先要选定贫困线。贫困线有国家标准和国际标准之分，且是动态变动的。就国家贫困线看，2003—2007 年，中国政府设立的官方贫困线有绝对贫困线和低收入贫困线（即相对贫困线）两个。2008年起，绝对贫困线和相对贫困线合并，采用统一的扶贫标准。就国际贫困线看，世界银行提出的人均每天1美元和2美元标准被广泛接受[①]。具体的贫困类型及标准如表4-2所示。

表4-2　贫困类型及标准

单位：元

年份	国家贫困标准		国际贫困标准	
	绝对贫困标准	相对贫困标准	1美元标准	2美元标准
2003	637	882	1 192	2 384
2004	668	924	1 242	2 484
2005	683	944	1 258	2 516
2006	693	958	1 265	2 530
2007	785	1 067	1 324	2 648
2008	1 067	1 067	1 395	2 790
2009	1 196	1 196	1 375	2 750
2010	1 274	1 274	1 447	2 894

数据来源：国家贫困标准来源于国家统计局历年《中国农村贫困监测报告》；国际贫困标准是根据国际货币基金组织世界经济概况（World Economic Outlook）2013年4月16日发布的购买力平价数据折算得到。

根据表4-2中的贫困标准计算的贫困发生率见图4-1。从总体趋势看，无论是采用国家贫困标准还是国际贫困标准，2003—2010年，中国农户的贫困发生率均显著下降。例如：与2003年比，2010年相对贫困发生率下降了6.08个百分点；而同期1美元标准和2美元标准贫困发生率分别大幅下降12.17和35.38个百分点。这表明，随着中国整体经济和农村经济持续发展，以及中央政府对"三农"问题的高度重视[②]，农村贫困发生率呈现逐年降低的良好趋势。其次，按照国家贫困标准，2003—2010年，农村绝对贫困和相对贫困的年均贫困发生率均低于5%（分别为2.78%和4.07%），但按照国际贫困标准看，1美元标准和2美元标准的年均贫困发生率均高于5%（分别为6.67%和25.62%）。由此可见，若按照国际贫困标准计算，中

①　1美元贫困线又被称为较低贫困线，是世界上最贫困的10~20个国家的中值贫困线；2美元贫困线又被称为较高贫困线，是世界发展中国家的中值贫困线。

②　2004年始，中央政府更加重视"三农"问题，连续11年的中央1号文件均聚焦于"三农"问题，并陆续出台和实施了农村税费改革、粮食直接补贴、良种补贴、农机购置补贴、家电下乡补贴、汽车下乡补贴、新型农村合作医疗保险、新型农村养老保险等系列惠农、支农政策。

国农村贫困人口数量和比例较高，农村减贫和扶贫任务依旧繁重。

就基于不变价格[①]人均纯收入与贫困发生率的关系看（图 4-1），2003—2010 年，随着农户人均纯收入快速增长，农村贫困发生率呈现明显的下降态势。其中，2 美元标准的贫困发生率下降最为迅速，而国家绝对贫困发生率下降最为滞缓。就收入不均等与贫困发生率的关系看（图 4-2），基尼系数有一定的起伏和波动，但总体并没有出现明显的下降态势，且 8 年中基尼系数多数年份高于 0.4 的国际警戒线（均值为 0.408 8）[②]，表明农村收入差距较大，存在较严重的收入分配不平等。因此，2003—2010 年，中国农村贫困发生率大幅下降，主要得益于农村经济增长带来的农户收入水平提升，而不是收入差距缩小或收入不平等状况的改善。大量研究结果也表明，中国农村贫困发生率的下降主要表现为经济增长的结果，而收入差距的恶化阻碍了

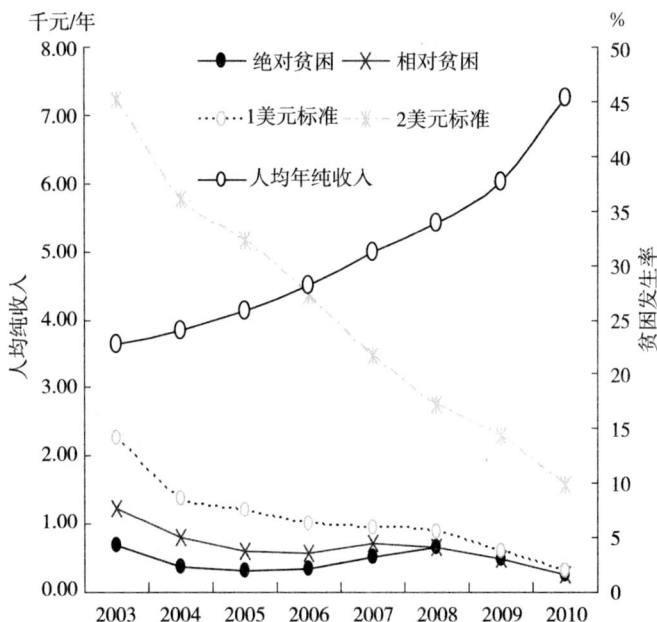

图 4-1　收入增长与贫困发生率

① 以 2003 年为基年，采用历年各省农村居民消费价格指数（CPI）进行调整，数据来自于历年《中国统计年鉴》。同样的，下文中涉及的所有收入和资产变量，均按照同样的方法进行调整。

② 该系数高于国家统计局公布的数据，主要原因是该基尼系数是基于微观家庭数据计算（万广华等，2005）。该结果和一些学者基于农户家庭数据的估计十分接近（万广华等，2005；高梦滔和姚洋，2006；张东生，2010）。

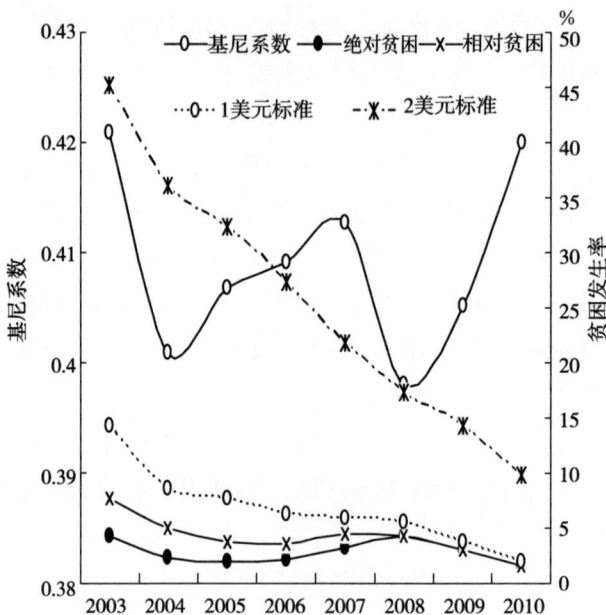

图 4-2 收入不均等与贫困发生率

经济增长减贫效应的发挥（Yao et al.，2004；罗楚亮，2012）。由此可见，若在农村经济快速增长、农户收入持续提高的同时，农户收入分配状况得到有效改善，农村减贫的效果将会更加明显。

（三）贫困户的基本特征

以相对贫困标准为例，将观察户分为贫困户和非贫户，其统计性描述及显著性检验见表 4-3。比较发现贫困户的鲜明特征有：①人力资本积累弱，在健康、基础教育和职业教育①等方面，均存在显著劣势。就劳均健康评价值②看，贫困户为 4.42，非贫户为 4.50；就劳均受教育年限看，贫困户为 6.61 年，非贫户为 7.21 年；就受过职业教育劳动力比例看，贫困户为 8.85％，而非贫户为 15.45％。②对土地的依赖性强，非农经营或就业比例低。贫困户人均耕地面积 2.36 亩③，高于非贫户的 2.03 亩；"经营主业是否

---

① 根据调查问卷，职业教育包括"非农职业教育或培训"和"农业技术教育或培训"两部分。

② 本调查中，健康评价采取自评方式，以 5、4、3、2、1 代表健康状况逐渐有序下降。

③ 15 亩＝1 公顷。

非农""劳均本村非农从业时间比""劳均外出从业时间比"均值或比例分别为 0.06、12.09%、18.85%，远低于非贫户的对应值 0.17、19.97% 和 36.57%；就户籍看，贫困户中非农户籍成员比例为 2.46%，远低于非贫户的对应值 4.19%。③拥有的资产和社会资本较少。贫困户生产性资产、非生产性资产和金融资产分别为 1.15、4.03 和 1.66 千元，低于非贫户的对应值 1.79、8.24 和 4.35 千元；而就社会资本看，贫困户中"干部户""党员户"的均值分别是 0.04 和 0.11，低于非贫户的对应值 0.09 和 0.16。④家庭劳动力比例低，人口抚养比高。贫困户人口抚养比高达 72.45%，而非贫户仅为 56.03%。同时，就户主特征看，贫困户的户主年龄偏大，户主为女性的比例偏高。⑤和区域经济发展水平密切相关。以村和省人均收入为例，贫困户分别为 4.66 和 5.73 千元，远低于非贫户的 7.35 和 7.21 千元，表明在经济欠发达的村落和省份，农户更易于陷入贫困。根据显著性检验结果，以上变量间的差异，均在 5% 或 1% 显著性水平上显著，表明贫困户和非贫户之间的以上诸多差异是显著存在的。由此可见，农户贫困不仅仅是收入贫困，而是一种多维贫困。本章将在实证分析中充分关注以上多维贫困变量，在政策建议中也强调了政府扶贫政策由关注收入贫困转向多维贫困的必要性。

表 4-3　变量设置及统计性描述分析

解释变量设置及类型		全部样本		非贫困户		贫困户		显著性检验
变量及度量方法		均值	标准差	均值	标准差	均值	标准差	差值
核心变量	劳动力健康评价均值	4.50	0.50	4.50	0.50	4.42	0.50	0.08***
	劳均受教育年限（年）	7.19	1.98	7.21	1.97	6.61	2.18	0.60***
	劳动力职业教育比例（%）	15.35	36.46	15.45	36.54	8.85	27.99	6.60***
控制变量	物质资本							
	耕地面积（亩/人）	2.04	4.81	2.03	4.86	2.36	4.55	−0.33***
	生产性资产值（千元/人）	1.77	10.13	1.79	10.35	1.15	3.97	0.64**
	非生产性资产值（千元/人）	8.02	18.56	8.24	18.99	4.03	8.72	4.21***
金融资产	金融资产额（千元/人）	4.20	16.51	4.35	16.21	1.66	6.34	2.69***
	金融负债额（千元/人）	0.45	3.79	0.46	3.86	0.21	1.94	0.25***
职业与行业	家庭经营主业（非农业=1，农业=0）	0.16	0.37	0.17	0.37	0.06	0.23	0.11***
	劳均本村非农从业时间比（%）	19.72	30.29	19.97	30.48	12.09	22.09	7.88***
	劳均外出从业时间比（%）	36.03	35.95	36.57	36.01	18.85	28.96	17.72***

（续）

解释变量设置及类型 变量及度量方法		全部样本		非贫困户		贫困户		显著性检验
		均值	标准差	均值	标准差	均值	标准差	差值
制度与政策	非农户籍成员比例（%）	4.12	14.90	4.19	15.06	2.46	10.50	1.73***
	惠农政策①（是=1，否=0）	0.80	0.40	0.83	0.38	0.74	0.44	0.09***
区域经济	村人均收入（千元）	7.21	6.55	7.35	6.60	4.66	5.17	2.69***
	省人均收入（千元）	7.12	4.20	7.21	4.28	5.73	2.88	1.48***
控制变量 家庭特征	家庭类型②	1.41	0.75	1.40	0.74	1.59	0.98	−0.19***
	家庭规模（个）	3.97	1.56	3.97	1.53	3.77	2.10	0.20***
	人口抚养比（%）	56.58	60.22	56.03	59.81	72.45	69.42	−16.42***
	干部户（是=1，否=0）	0.09	0.28	0.09	0.28	0.04	0.19	0.05***
	党员户（是=1，否=0）	0.15	0.36	0.16	0.36	0.11	0.31	0.05***
	户主性别（男=1，女=0）	0.94	0.25	0.94	0.24	0.91	0.29	0.03***
	户主年龄（岁）	51.88	11.36	51.70	11.19	56.09	14.00	−4.39***
	户主年龄平方	—	—	—	—	—	—	—
时间（年份）与区域（省份）		—	—	—	—	—	—	—
样本数		161 752		155 169		6 583		161 912

注：①包括"农业税减免""农业补贴政策"（包含问卷中的粮食直接补贴、良种补贴、生产资料综合补贴、农机购置补贴、家电下乡补贴、汽车下乡补贴等项）"新农保政策""新农合政策"等，只要享有或参与其中一项，即赋值为"1"，否则赋值为"0"。

②核心家庭=1；直系家庭=2；扩展家庭=3；不完全家庭=4。核心家庭是指在一个家庭中只存在一对姻缘关系；直系家庭是指在一个家庭中存在两对及以上姻缘关系，且这些姻缘关系之间是异代之间的关系，同代之间不存在妯娌或连襟关系；扩展家庭是指在一个家庭中存在两对及以上的姻缘关系，且这些姻缘关系在同代间存在妯娌或连襟关系；不完全家庭是指不存在完整夫妻关系的家庭。

③***、**、*分别表示在1%、5%和10%水平上显著，下同。

④"显著性检验"中的"差值"是非贫困户和贫困户各变量"均值"的差。

三、模型建立与实证分析

（一）模型建立与变量设置

根据经典的明瑟收入决定函数（Mincer，1974），建立半对数分位数计量方程如下：

$$\ln Y_{ijt,\,q} = \beta_0 + \beta_{1,\,q} health_{ij(t-1),\,q} + \beta_{2,\,q} education_{ij(t-1),\,q}$$
$$+ \beta_{3,\,q} training_{ij(t-1),\,q} + \sum_{k=1}^{K} \beta_{k,\,q} CV_{ijtk,\,q} + \varepsilon_{ijt,\,q} \quad (1)$$

在该模型中，被解释变量 $\ln Y_{ijt,q}$ 表示农户人均年纯收入的对数，其中 i 表示第 i 个农户，j 表示区域（省份），t 表示年份，q 表示分位数。核心解释变量 *health*、*education* 和 *training* 分别表示健康、基础教育和职业教育，分别以"劳动力健康评价均值""劳均受教育年限"和"劳动力职业教育比例"测量。以上三个核心解释变量均属于人力资本，而影响农户收入水平的因素多元而复杂（程名望等，2014），需要设置系列控制变量，用 *CV* 表示。为了保证控制变量设置的科学性，我们主要基于经典的经济理论和相关文献进行选取，具体说明如下：①物质资本，主要考虑到农户既是一个消费单位也是一个生产单位，基于小农经济特征的家庭经营依赖于土地和实物资本等生产要素；而随着中国农村市场化进程，房屋和耐用品等财产性收入已经成为农户收入的一部分（程名望等，2014）。其中，"生产性资产"和"非生产性资产"分别用"家庭人均年末生产性固定资产原值"和"家庭人均年末房屋、耐用品资产原值"测量。②金融资产，是基于中国农村金融市场的日益完善和流动性约束理论。实际上，农户金融资产和借贷已经成为影响农户收入或贫困的显著因素（史清华，2002；程名望等，2014）。③职业与行业、制度与政策、区域经济发展水平等对农户收入的影响，已经被众多学者的研究所证实（Yao et al.，2004；Du et al.，2005；夏庆杰等，2011；程名望等，2014）。④为了克服农户异质性的影响，设置系列家庭特征或户主特征变量（万广华等，2005）。⑤为了克服时间和区域异质性带来的经济冲击，设置年份和省份控制变量。其中，年份主要反映技术进步及改革的影响；省份主要反映气候条件、自然资源禀赋、基础设施乃至市场成熟程度等和农户收入密切相关的因素（万广华等，2005）。β 是半弹性系数（Semi-elastic Coefficient），表示解释变量变化一个单位引致的人均收入水平变化百分比。ε 是随机扰动项。具体的变量设置及替代变量的选择、定义及统计性描述见表 4-3。

（二）估计方法及说明

本文的基本估计方法是：以贫困发生率为分位点，采用分位数回归，分别估计不同因素对贫困户和非贫困户人均收入的边际贡献。如果某一因素对贫困户人均收入的边际贡献显著大于非贫困户，则这种因素具有的作用就是缩小收入差距，反之则是扩大收入差距（高梦滔和姚洋，2006）。在具体的计量分析中：①根据本文采用非平衡面板数据的基本特征，需要检验回归分析是用固定效应模型（Fixed Effects Model）还是随机效应模型（Random Effects Model）。采用基于 Bootstrap 的 Hausman 检验（Cameron and Trivedi，2009），结果表明本文所有计量模型均应采用固定效应模型（Hausman 检验的 P 值均为 0）。②由于样本之间（特别是同村样本之间）可能存在一定的相关性或相似性，采用了聚类稳健标准差（Clustering Robust Standard Errors）处理方式，以消除序列相关和异方差等问题的影响①。③在所建立的模型中，我们选取了尽量全面的解释变量，解释变量之间的相关性或共线性可能会影响系数的显著性。而实际上，在模型设立前，我们已经做了变量间的相关性和共线性检验，所有解释变量之间并不存在高度的共线性和相关性。也即，我们忽视部分变量间存在的并不严重的共线性和相关性，没有轻易丢掉其中的任何一个变量。这是因为，若轻易丢掉一些变量，虽然剩下的变量系数显著了，但它的系数却可能存在严重的估计偏误（陆铭，2011）。

（三）回归结果及分析

基于国家贫困标准的分位数回归结果见表 4-4。从系数显著性看（表 4-4），无论是对于绝对贫困户和非绝对贫困户（模型 1），还是相对贫困户和非相对贫困户（模型 2），模型选定的核心解释变量"健康""基础教育"和"职业教育"均在 1% 显著性水平上显著。其中，劳动力健康评价均值每增加 1 个单位，绝对贫困户和相对贫困户人均年纯收入分别增加 13.23% 和 12.11%；劳均受教育年限每增加 1 年，绝对贫困户和相对贫困户人均年纯收入分别增加 2.93% 和 2.94%；劳动力受职业教育比例每增加 1 个百分点，绝对贫困户和相对贫困户人均年纯收入分别增加 6.66% 和 7.31%。由此可见，从收入增长视角看，无论是健康状况的改善，还是教育水平的提升，均有利于贫困户收入水平的提高，从而有利于农村减贫。

---

① 普通标准差假设扰动项是独立分布的，但事实上由于序列相关和异方差等问题的综合效果，会导致其值偏小。

表 4-4　基于国家贫困标准的分位数回归及显著性检验

被解释变量：农户家庭人均年纯收入的对数（不变价格）

解释变量	绝对贫困标准（模型 1）			相对贫困标准（模型 2）		
	分位数回归		系数差检验	分位数回归		系数差检验
	贫困户 （Q0.027 8）	非贫户 （Q0.972 2）	系数差 （T 值）	贫困户 （Q0.040 7）	非贫户 （Q0.959 3）	系数差 （T 值）
健康	0.132 3***	0.047 4***	−0.084 8***	0.121 1***	0.047 3***	−0.073 8***
	(0.011 3)	(0.011 2)	(−4.51)	(0.007 9)	(0.007 0)	(−5.80)
基础教育	0.029 3***	0.028 9***	−0.000 4	0.029 4***	0.023 0***	0.000 5
	(0.003 9)	(0.003 2)	(−0.11)	(0.002 7)	(0.002 3)	(0.11)
职业教育	0.066 6***	0.057 7***	−0.008 9	0.073 1***	0.061 9***	−0.011 2
	(0.016 0)	(0.011 0)	(−0.68)	(0.013 5)	(0.007 8)	(−0.69)
控制变量	Yes		Yes	Yes		Yes
Pseudo R²	0.238 3	0.377 8	—	0.247 8	0.375 1	—
样本数	83 836					

注：①"Q"表示以贫困发生率计算的分位数。
②在分位数回归中，括号上边报告的是系数，括号中报告的是标准误。
③"系数差检验"中的"系数差"是非贫困户和贫困户各变量回归系数的差值。
④"Yes"表示控制变量已经控制，控制变量的具体设置见表 4-3。下同。

（四）系数差异显著性检验

上文的回归分析不能解决如下两个重要问题：第一，由于"健康""基础教育"和"职业教育"的系数显著性相同（均在 1‰水平上显著），难以通过系数显著性判断健康与教育对农户收入水平的影响差异。同时，由于量纲不同，显然也难以通过系数大小的比较来判断该问题。第二，仅仅能从收入增长视角得出健康与教育提升均有利于农村减贫的结论，但不能从收入差距视角解释该问题。基于此，一个可行的判断方法是，检验贫困户和非贫困户系数差异的显著性（高梦滔和姚洋，2006），显著性检验结果见表 4-4。在表 4-4 中，"系数差"表示各变量对贫困户和非贫困户收入水平的边际贡献差异，"系数差"显著即表示该变量对收入差距有显著影响。若系数差为正，表示该变量拉大了贫困户和非贫困户之间的收入差距；若为负，表示该变量缩小了贫困户和非贫困户之间的收入差距。具体分析如下：

（1）就健康评价看，"绝对贫困标准"和"相对贫困标准"的系数差均为负且在 1‰水平上显著，表明健康状况提升对提高贫困户收入水平的边际贡献更大，有利于缩小贫困户和非贫困户之间的收入差距。

（2）就教育看，无论是基础教育还是职业教育，"绝对贫困标准"和"相对贫困标准"的系数差均不显著，表明教育对贫困户和非贫困户收入水平的边际贡献没有显著差异。因此，基础教育和职业教育水平提升并不能缩小贫困户和非贫困户之间的收入差距。

由此可见，2003—2010 年，若从农户收入差距缩小视角看，健康比教育对于农村减贫的作用更显著。其原因可能在于：首先，对于贫困户来说，其家庭经营主业为农业的比例显著高于非贫困户（表 4-3），农业收入是其家庭主要收入来源①，而农业生产依赖于体力劳动以及劳动者强壮的体力条件，由此健康对于贫困户的收入水平提升更为重要。其次，健康水平是决定农户是否外出务工的基本条件（Du et al.，2005），对于贫困户来说，健康水平提升后，其外出务工的可能性增加，由于外出务工的收入远高于务农收入（程名望等，2006），从而导致贫困户的收入水平大幅提高。

四、内生性讨论与稳健性检验

（一）内生性讨论

在大多数已有相关研究中，学者们都视健康与教育为外生变量，很少充分考虑模型的内生性问题。而实际上，一方面，收入可能会对健康和教育产生影响，高收入者往往拥有更好的健康水平和受教育机会（徐舒，2010；王弟海，2012），而职业教育往往也是个体内生选择的结果（王海港等，2009）。另一方面，农户收入可能是源自于诸如能力等某些不可观察的因素（白重恩等，2012）。以上两种情况，均可能导致模型存在内生性问题。前者是解释变量与被解释变量之间的双向交互影响导致的，后者是因为设定偏误（遗漏变量）导致的。在本文的计量模型和实证分析中，我们十分关注内生性问题可能对本文实证结果产生的冲击，在难以找到十分合适的工具变量进

---

① 以相对贫困户为例，2003—2010 年，农业家庭经营收入占其总收入的比例达 61.34%。

行 2SLS 回归的情况下，采取了如下方法以尽量削弱内生性的影响[①]。①代理变量（Proxy）法。如表 4-5 所示，对一些难以观察却可能对农户收入产生影响的因素，均采用了对应的代理变量纳入模型，尽量减少"遗漏变量"问题带来的内生性。②前定变量法。考虑到核心解释变量（健康、基础教育与职业教育）以及部分控制变量（物质资本和金融资产）和收入之间可能存在的双向交互影响，这些解释变量均滞后 1 期[②]。③面板数据法。根据本文采用面板数据的特征，在方程中同时控制年份和农户固定效应实现双差法，该方法有助于消除部分内生性问题（周黎安和陈烨，2005；陈云松和范晓光，2011；白重恩等，2012）。

表 4-5　基于 Control Function Approach 方法的内生性检验

	被解释变量：农户家庭人均年纯收入的对数（不变价格）					
	绝对贫困标准（模型 3）			相对贫困标准（模型 4）		
解释变量	分位数回归		系数差检验	分位数回归		系数差检验
	贫困户 （Q0.027 8）	非贫户 （Q0.972 2）	系数差 （T 值）	贫困户 （Q0.040 7）	非贫户 （Q0.959 3）	系数差 （T 值）
健康	0.149 9*** （0.009 3）	0.046 6*** （0.007 7）	−0.103 4*** （−7.16）	0.134 5*** （0.008 5）	0.043 0*** （0.006 5）	−0.091 5*** （−9.40）
基础教育	0.030 6*** （0.003 0）	0.029 5*** （0.002 2）	−0.001 0 （−0.28）	0.032 1*** （0.002 6）	0.028 5*** （0.001 5）	−0.003 6 （−1.17）
职业教育	0.093 0** （0.045 1）	0.009 5 （0.021 3）	−0.083 5** （−1.98）	0.132 3*** （0.031 1）	0.035 8* （0.018 3）	−0.096 4*** （−2.84）
控制变量	Yes		Yes	Yes		Yes
Pseudo R²	0.250 6	0.262 5	—	0.404 1	0.409 8	—
样本数	110 869					

　　而实际上，对于面板数据分位数回归的内生性问题，除了以上我们采用的传统方法，近年来一些学者也致力于寻找一些其他更有针对性的方法，目

---

① 所采用的三种方法对内生性问题处理的适用性和有效性，既可参见理论计量经济学讲义（如：Cameron and Trivedi，2005），也可参考部分文献（如陈云松和范晓光，2011；Sudarshan and Milbourn，2012；白重恩等，2012）。

② 面板数据滞后一期的方法，采用朱喜等（2011）的做法。由于农村固定观察点数据并没有真正实现"固定跟踪"，即不同年份观察的农户有所变化，则在部分解释变量滞后一期后，没有连续观察的样本数据"丢失"，导致本文参与计量回归的样本总数是83 836个（表4-4）而不是总样本161 752个（表4-2）。

前比较被认可的主要有两种，一是 Ccontrol Function Approach 方法（Wooldridge，2002；Lee and Sokbae，2007）。二是基于工具变量的 2SLS 方法（Chernozhukov and Hansen，2005；Chernozhukov and Hansen，2013）。为了检验上文采用传统方法解决内生性问题的稳健性，我们又采用 Control Function Approach 方法进行了稳健性检验。按照齐书良（2011）的做法，以村健康和教育水平作为工具变量①，回归结果见表 4-5。分析表 4-5 并与表 4-4 比较可见，所有变量的系数有所改变，但其显著性及其系数差检验的显著性基本一致。该结论进一步表明，上文采用三种传统技术解决内生性问题的思路是可行的，具有较好的稳健性。

（二）稳健性检验

上文的计量分析中，采用的是国家贫困线标准。但众多的批评指出中国官方的贫困线过低（Ravallion and Chen，2007；Camelia and Sanjay，2008）。为了检验上文实证模型及回归结果的稳健性，采用国际贫困线进行稳健性检验，检验结果见表 4-6。在表 4-6 中，模型 5 和模型 6 分别以 1 美元标准和 2 美元标准贫困线建立。

表 4-6　基于国际贫困标准的稳健性检验

解释变量	被解释变量：农户家庭人均年纯收入的对数（不变价格）					
	1 美元标准（模型 5）			2 美元标准（模型 6）		
	分位数回归		系数差检验	分位数回归		系数差检验
	贫困户 (Q0.067 6)	非贫户 (Q0.932 4)	系数差 (T 值)	贫困户 (Q0.256 2)	非贫户 (Q0.743 8)	系数差 (T 值)
健康	0.116 0*** (0.005 8)	0.044 6*** (0.005 4)	−0.071 4*** (−6.96)	0.077 7*** (0.005 5)	0.042 5*** (0.005 1)	−0.035 2*** (−8.34)
基础教育	0.034 0*** (0.001 9)	0.030 3*** (0.001 7)	−0.003 7 (−1.41)	0.033 9*** (0.001 0)	0.028 1*** (0.000 9)	−0.005 8*** (−6.14)

① 齐书良（2011）解释了该工具变量选择的合理性。我们不否定该工具变量的选择有一定可行性，但村级变量个数有限，在我们的数据中每个村 100 户左右，如果都用村级来识别，那么识别的程度将大幅降低，即该 IV 是一个弱 IV。在目前的数据条件下，找到一个强 IV 十分困难。正是这个原因，本文全部模型中内生性问题的处理，均采用了传统的代理变量、前定变量等技术，而没有采用 Control Function Approach 方法和 2SLS。这里采用 Control Function Approach 方法，只是对文中用传统技术解决内生性问题的一个稳健性检验。下文中的模型，均采用了同样的方法考虑了内生性问题，不再逐一赘述。

（续）

	被解释变量：农户家庭人均年纯收入的对数（不变价格）					
	1美元标准（模型5）			2美元标准（模型6）		
解释变量	分位数回归		系数差检验	分位数回归		系数差检验
	贫困户 （Q0.067 6）	非贫户 （Q0.932 4）	系数差 （T值）	贫困户 （Q0.256 2）	非贫户 （Q0.743 8）	系数差 （T值）
职业教育	0.097 0*** (0.011 3)	0.076 5*** (0.007 6)	0.020 5 (−1.50)	0.082 9*** (0.003 0)	0.071 8*** (0.000 6)	−0.011 1* (−1.69)
控制变量	Yes		Yes	Yes		Yes
Pseudo R²	0.261 6	0.369 9	—	0.301 9	0.350 6	—
样本数			83 836			

　　与采用国家贫困线的回归结果相比（表4-4），贫困线提高以后（表4-6），从收入增长视角看，核心变量"健康""基础教育"和"职业教育"的显著性均没有变化，即依旧在1%显著性水平上显著。从收入差距缩小视角看，比较系数差的显著性（表4-6和表4-4）可见，贫困线提高至1美元标准，三个核心变量系数差的显著性均没有变化。但当贫困线提高至2美元标准，"健康"系数差的显著性没有变化，"基础教育"和"职业教育"系数差的显著性发生变化，从表4-4中的不显著变为显著为负。由此可见，若贫困线小幅提高，上文计量分析的主要发现和结论是稳健的；随着贫困线大幅提高，基础教育和职业教育对于缩小收入差距和减贫的作用开始显现。也就是说，若大幅提高贫困线，基础教育、职业教育将和健康一样，具有提升农户收入水平和缩小农户收入差距的双重作用。

　　那么，是什么原因致使贫困线大幅提高之后，教育对贫困户收入的边际作用大幅增加，具有了缩小农户收入差距的作用？按照Lucas（1988）和Romer（1986）的人力资本新增长理论，若贫困线较低，贫困户处于极端或绝对贫困状态，人力资本积累十分弱，没有足够的能力接受知识或技术进步，难以"驾驭"物质资本，使得知识、技术进步等无法内生于人力资本，难以和物质资本相互促进或融合，阻碍了生产率提高，从而不利于其收入水平提高。而若采用较高的贫困线，贫困户的平均人力资本积累变强，接受知识或技术进步以及"驾驭"物质资本的能力均随之增强，生产率和收入水平得以提高（张车伟，2006）。该结论说明，由于人力资本十分薄弱等原因，极端贫困户或绝对贫困户的减贫尤为困难。

上文的分析中，即使采用了国际贫困线进行稳健性检验，所有的分位数回归分析仅仅是在部分分位点上的结果，尽管其可以较好地反映既定贫困线下贫困户和非贫困户的收入差距及比较，但并不能全面描述在贫困线不断变化的情境下诸解释变量对农户收入边际贡献的变化情况。基于此，图 4-3[①] 描述了"健康""基础教育"和"职业教育" 3 个核心解释变量在农户全部收入分位点上的边际贡献变化情况。分析图 4-3 可见，3 个图形均表现为非线性波动，但整体均呈现下降趋势[②]。其中，健康对农户收入的边际贡献随着分位数增加不断快速下降，表明随着收入水平不断提高，健康的边际贡献逐步减少，即健康对贫困户或低收入户的边际贡献更大。基础教育和职业教育对农户收入的边际贡献随着分位数增加下降趋势十分缓慢，使得极低分位点和极高分位点对应的边际贡献的差异不显著。由此可见，全分位数回归和上文的主要结论保持一致，进一步证明上文主要发现和结论的稳健性。

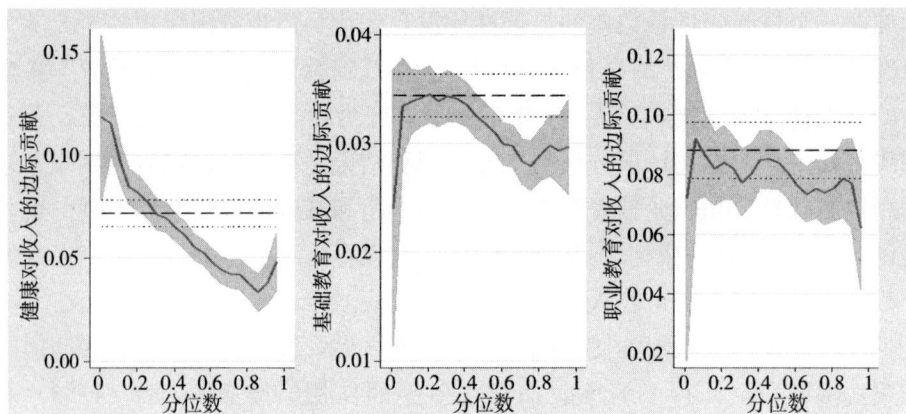

图 4-3　全分位数回归系数及变化

除此之外，我们还做了其他一些稳健性检验。包括把被解释变量改为收

入的绝对值，建立标准收入方程；在区域控制变量中，将省份控制改为按区域（华东、东北、中部和西部四大经济带）控制；在时间控制变量中，将诸年控制改为年份段控制，这些都没有改变本文的结论。限于篇幅，这些稳健性检验的结果不作报告[①]。

五、健康与教育的减贫效应会随时间和区域差异改变吗

对于转型经济来说，随着计划经济逐步退出和市场机制日益完善，人力资本对收入的边际作用和贡献率将越来越大（Nee，1989；Szelenyi，1978）。随着改革开放逐步深化，中国在较短时间内成功实现了经济转型并取得了举世瞩目的经济成就。那么，健康与教育所体现出的人力资本对农户收入和减贫的边际作用，是否随着时间演进和区域差异有所变化？

表 4-7 是基于时间趋势的分位数回归结果及显著性差异检验[②]。分析可见：①就收入增长看，无论是贫困户还是非贫困户，健康和教育对收入的边际贡献均随时间呈现一定的波动或起伏，没有显著增强的趋势。该结论并不符合 Szelenyi（1978）、Nee（1989）等对于转型经济国家的已有判断。Walder（2002）、Zhang et al.（2012）等学者也注意到了该问题，他们把教育和政治关系的经济收益进行比较，实证结果表明，在中国农村，虽然市场体制在逐步建立，但政治资本获得的经济收益并没有弱化，教育等人力资本获得的经济收益并没有显著增强。显然，该趋势可能会降低农户人力资本投资的意愿与积极性，从而对农村人力资源素质持续提升产生制约。②就收入差距看，健康对于缩小收入差距的作用在全部年份均显著，基础教育和职业教育对收入差距的作用则在绝大多数年份均不显著。其中，基础教育仅在2009 年显著拉大了收入差距，职业教育仅在 2005 年显著缩小了收入差距。该结论进一步说明，2003—2010 年，健康具有显著缩小农户收入差距的作用。

---

① 如有需要，可与作者联系索取。
② 以国家相对贫困线标准为例。其余贫困线的分位数回归及检验结果，和该结果呈现一致性规律，限于篇幅，不做报告，可向作者索取。由于健康等核心解释变量滞后一期，所以表 4-6 中没有 2003 年的回归结果。

表 4-7　基于时间趋势的分位数回归及显著性检验

年份与类型		健康		基础教育		职业教育		Pseudo R²	样本数
		分位数回归	系数差检验	分位数回归	系数差检验	分位数回归	系数差检验		
		系数(标准误)	系数差(T值)	系数(标准误)	系数差(T值)	系数(标准误)	系数差(T值)		
2004	贫困户	0.135 4*** (0.018 6)	−0.090 3*** (−4.14)	0.022 7*** (0.006 9)	0.000 1 (0.01)	0.103 4*** (0.026 9)	−0.012 4 (−0.32)	0.251 2	13 653
	非贫户	0.045 1** (0.022 7)		0.022 8*** (0.004 4)		0.091 0** (0.027 1)		0.357 7	
2005	贫困户	0.086 3*** (0.022 2)	−0.055 3** (−2.15)	0.030 7*** (0.005 3)	0.001 0 (0.11)	0.134 7*** (0.026)	−0.058 9** (−2.14)	0.252 7	13 807
	非贫户	0.031 0 (0.020 5)		0.031 7*** (0.005 4)		0.075 8** (0.034 2)		0.375 8	
2006	贫困户	0.091 4*** (0.022 9)	−0.049 3* (−1.83)	0.021 2*** (0.005 8)	0.005 8 (0.64)	0.028 6 (0.028 5)	0.030 2 (0.61)	0.262 2	14 476
	非贫户	0.042 1*** (0.014 0)		0.026 9*** (0.006 5)		0.058 8** (0.029 9)		0.367 2	
2007	贫困户	0.147 4*** (0.025 5)	−0.130 9*** (−4.30)	0.039 4*** (0.007 2)	−0.011 0 (−0.91)	0.106 4*** (0.031 5)	−0.050 6 (−1.09)	0.236 7	12 595
	非贫户	0.016 6 (0.0276)		0.028 5*** (0.006 4)		0.055 8** (0.028 1)		0.342 4	
2008	贫困户	0.117 8*** (0.028 6)	−0.081 7*** (−2.92)	0.038 4*** (0.008 8)	−0.006 5 (−0.61)	0.091 7** (0.037 3)	−0.029 0 (−1.07)	0.206 1	10 465
	非贫户	0.036 1 (0.024 6)		0.031 8*** (0.006 9)		0.062 7** (0.027 3)		0.339 2	
2009	贫困户	0.122 5*** (0.034 1)	−0.099 4*** (−3.02)	0.028 4*** (0.008 5)	0.020 3** (2.24)	0.069 2 (0.044 7)	−0.048 2 (−0.86)	0.228 0	10 104
	非贫户	0.023 0 (0.023 6)		0.048 6*** (0.006 5)		0.021 1 (0.047 7)		0.339 1	
2010	贫困户	0.118 5*** (0.025 3)	−0.048 3* (−1.76)	0.040 4*** (0.006 4)	−0.009 7 (−0.87)	0.056 6 (0.049 7)	−0.025 5 (−0.61)	0.225 3	8 736
	非贫户	0.070 3*** (0.019 9)		0.030 7*** (0.005 0)		0.031 1 (0.035 9)		0.368 4	
控制变量				Yes					

分析区域差异（表 4-8）：①就收入增长看，健康对贫困户收入的边际贡献最大的是东部，其次是东北，再次是中部和西部。基础教育对贫困户

收入的边际贡献最大的是东部，其次是西部和东北，中部不显著。职业教育对贫困户收入的边际贡献最大的是西部，其次是东北，东部和中部地区不显著。总结可见，健康与教育所体现的人力资本，其对贫困户收入的边际贡献在经济较发达的东部和东北地区较强，而在经济欠发达的中部和西部地区较弱。②就收入差距看，健康对缩小收入差距的作用，充分体现在除中部地区之外的其余三个区域，特别是在经济发达的东部地区最为显著。基础教育没有一致性趋势，其在东北显著缩小了收入差距，在中部显著扩大了收入差距，在东部和西部均不显著。职业教育则仅仅在西部有显著缩小收入差距的作用。以上结论表明，在不同区域，健康与教育对农户收入及差距的影响并不一致。若仅考虑减贫效果，从收入增长视角看，经济发达的东部和东北地区，应更重视健康与基础教育，经济欠发达的中部和西部地区，应该更重视健康和职业教育；从收入差距缩小视角看，东部地区应更重视健康，东北地区应同时重视健康和基础教育，西部地区则应同时重视健康和职业教育。

表4-8　基于区域差异的分位数回归及显著性检验

区域与类型		健康		基础教育		职业教育		Pseudo R^2	样本数
		分位数回归	系数差检验	分位数回归	系数差检验	分位数回归	系数差检验		
		系数（标准误）	系数差（T值）	系数（标准误）	系数差（T值）	系数（标准误）	系数差（T值）		
东部	贫困户	0.176 4***（0.010 7）	−0.154 7***（−5.63）	0.041 1***（0.004 0）	−0.006 0（−1.09）	0.031 4（0.021 6）	0.020 8（0.94）	0.244 6	25 542
	非贫户	0.021 8（0.016 2）		0.035 1***（0.002 6）		0.052 2***（0.018 1）		0.385 6	
东北	贫困户	0.109 6***（0.013 4）	−0.048 6**（−2.35）	0.031 9***（0.004 8）	−0.013 0*（−1.78）	0.051 0*（0.026 7）	0.026 9（1.03）	0.236 0	24 703
	非贫户	0.061 0***（0.013 0）		0.018 8***（0.004 5）		0.077 9***（0.022 6）		0.341 0	
中部	贫困户	0.080 2***（0.025 8）	−0.048 6（−1.25）	0.015 1（0.012 2）	0.023 4*（1.81）	0.004 5（0.063 1）	0.025 0（0.33）	0.145 5	15 347
	非贫户	0.031 6（0.020 6）		0.038 4***（0.004 9）		0.029 5（0.029 1）		0.346 7	

（续）

区域与类型		健康		基础教育		职业教育		Pseudo R²	样本数
		分位数回归	系数差检验	分位数回归	系数差检验	分位数回归	系数差检验		
		系数 （标准误）	系数差 （T 值）	系数 （标准误）	系数差 （T 值）	系数 （标准误）	系数差 （T 值）		
西部	贫困户	0.082 2*** (0.024 1)	−0.053 2** (−2.32)	0.032 6*** (0.005 4)	−0.003 5 (−0.71)	0.156 7*** (0.025 5)	−0.119 5*** (−3.56)	0.208 3	18 244
	非贫户	0.029 0** (0.013 5)		0.029 1*** (0.004 6)		0.037 2*** (0.012 2)		0.270 9	
控制变量					Yes				

六、结论与评述

本文采用 2003—2010 年全国农村固定观察点微观住户调查数据，应用统计性描述和分位数回归方法，从农户收入增长与差距缩小的双重视角，比较分析了健康与教育对中国农户贫困状况的影响。研究发现：

（1）2003—2010 年，中国农村贫困发生率呈现逐年降低的趋势。该趋势主要得益于农村经济增长带来的农户收入水平提升，而不是收入不平等状况的改善。因此，在保持农村经济持续增长、农户收入水平持续提高的同时，考虑中国农村收入差距及分配不均等问题，注重益贫式增长（Pro-poor Growth）和包容性增长（Inclusive Growth），将有利于农村减贫。同时，贫困户表现出某些一致性的鲜明特征，特别是人力资本、物质资本、社会资本和金融资产等诸多方面均存在显著劣势，表明中国农户贫困是一种多维贫困，贫困户易于出现"马太效应"而陷入"贫困陷阱"。基于此，中国政府在农村的扶贫政策也应进一步的由收入贫困转向多维贫困，特别是关注贫困户的人力资本提升。

（2）从收入增长视角看，健康与教育所体现的人力资本是影响农户收入水平的关键性因素，对于农户脱贫具有显著作用。从收入差距缩小视角看，贫困户对体力劳动的依赖性更强，健康对于其收入的边际作用更大，导致健康水平提升缩小了农户收入差距；而基础教育和职业教育对于缩小农户收入差距的作用不显著。也就是说，若从收入增长和收入差距缩小的双重视角看，健康既促进了农户收入水平提升，又缩小了农户收入差距；基础教育和职业教育促进了农户收入水平提升，却没有显著缩小农户收入差距。该结论蕴含的政策意义是：一方面，基于农户收入增长视角，中国农村减贫的基本政策取向应该是重视贫困户人力资本积累，包括提高贫困户的健康水平、教育水平和职业技能等。另一方面，基于农户收入差距缩小视角，在健康与教育之间，减贫的政策取向应该是优先选择提升农户健康水平。因此，强化农村医疗卫生服务，完善新型农业合作医疗，增强农村劳动力健康水平，将具有提升农户收入水平和缩小农户收入差距的双重作用，对于农村减贫更具有现实意义。

（3）就时间趋势与区域差异看，一方面，没有充分的证据表明随着时间推进或市场机制完善，健康与教育所体现的人力资本对农户收入的边际贡献越来越大。该趋势可能会抑制农户人力资本投资的意愿与积极性，从而对农村人力资源素质持续提升产生制约。另一方面，仅就收入增长看，健康与教育所体现的人力资本对贫困户收入的边际贡献在经济发达的东部和东北地区较强，在经济欠发达的中部和西部地区较弱。该实证结论能较好地从人力资本收入回报视角解释了中国农村劳动力从经济欠发达地区向经济发达地区转移的事实或现象。但就收入差距缩小看，健康与教育对农户收入差距的影响并不一致。因此，在区域经济发展不平衡的现实条件下，各区域考虑自身特征和禀赋差异，采用因地制宜的针对性减贫、扶贫政策，具有一定的必要性。

需要说明的是，①以上结论是基于目前的国家贫困线，若大幅提高农村贫困线，例如采用国际贫困标准，则随着贫困线不断上升，教育对于农户收入增长和差距缩小的作用越来越明显，即教育将和健康一样，具有提升农户收入水平和缩小农户收入差距的双重作用。该稳健性检验说明，一方面，随着中国大幅提升贫困线，对应的农村扶贫政策应该是同时关注健康与教育。另一方面，极端贫困户或绝对贫困户的减贫尤为困难，需要更强有力的针对性政策。②在农户收入及其贫困的已有研究中，收入变量被广泛采用。但收入有可能被低估，特别是被调查者往往倾向于隐藏自身的真实收入。一些学者认识到该问题，认为采用消费变量的研究更真实和可靠（Binh et al.，2007）。因此，以农户消费为被解释变量，从消费视角的研究，将是一个很有意义的新视角。③由于诸多原因，本文采用的农村固定观察点数据并没有真正实现"固定跟踪"(朱喜等，2011)，使得该数据是非平衡面板数据。若采用 Yang（2004）的处理方法"截取"到平衡面板数据，则可以从农户本身贫困转化的视角建立动态固定效用模型进行研究，即考察农户从贫困户变成非贫困户，或者从非贫困户变成贫困户的经济地位改变中，健康与教育对其收入产生的影响，将有利于对本文的结论进行补充和验证。

≪参考文献

白重恩，李宏彬，吴斌珍，2012. 医疗保险与消费：来自新型农村合作医疗的证据［J］. 经济研究（2）.

陈云松，范晓光，2011. 社会资本的劳动力市场效应估算——关于内生性问题的文献回溯和研究策略［J］. 社会学研究（1）.

程名望，史清华，杨剑侠，2006. 中国农村劳动力转移动因与障碍的一种解释［J］. 经济研究（4）.

程名望，Jin Yanhong，史清华，2014. 农户收入水平，结构及其影响因素［J］. 数量经济技术（5）.

高梦滔，姚洋，2006. 农户收入差距的微观基础：物质资本还是人力资本［J］. 经济研究（12）.

国家统计局，2012. 中国农村贫困监测报告［M］. 北京：中国统计出版社.

林伯强，2003. 中国的经济增长、贫困减少与政策选择［J］. 经济研究（12）.

陆铭，2011. 说审稿［J］. 经济学家茶座（3）.

罗楚亮，2012. 经济增长、收入差距与农村贫困［J］. 经济研究（2）.

齐书良，2011. 新型农村合作医疗的减贫、增收和再分配效果研究［J］. 数量经济技术（8）.

史清华，2002. 农户家庭储蓄与借贷行为及演变趋势研究［J］. 中国经济问题（6）.

万广华，周章跃，陆迁，2005. 中国农村收入不平等：运用农户数据的回归分解［J］. 中国农村经济（5）.

万广华，张茵，2006. 收入增长和不平等对中国贫困的影响［J］. 经济研究（6）.

王弟海，2012. 健康人力资本、经济增长和贫困陷阱［J］. 经济研究（6）.

王海港，黄少安，李琴，罗凤金，2009. 职业技能培训对农村居民非农收入的影响［J］. 经济研究（9）.

夏庆杰，宋丽娜，Simon Appleton，2011. 经济增长与农村反贫困［J］. 经济学（季刊）（3）.

徐舒，2010. 技术进步、教育收益与收入不平等［J］. 经济研究（9）.

徐月宾，刘凤芹，张秀兰，2007. 中国农村反贫困政策的反思——从社会救助向社会保护转变〔J〕. 中国社会科学（3）.

严斌剑，周应恒，于晓华，2014. 中国农村人均家庭收入流动性研究：1986—2010 年〔J〕. 经济学（季刊）（3）.

叶普万，2005. 贫困经济学研究：一个文献综述〔J〕. 世界经济（9）.

张车伟，2006. 人力资本回报率变化与收入差距："马太效应"及其政策含义〔J〕. 经济研究（12）.

张东生，2010. 中国居民收入分配年度报告〔M〕. 北京：经济科学出版社.

章元，万广华，刘修岩，许庆，2009. 参与市场与农村贫困：一个微观分析的视角〔J〕. 世界经济（9）.

章元，许庆，邬璟璟，2012. 一个农业人口大国的工业化之路：中国降低农村贫困的经验〔J〕. 经济研究（12）.

周黎安，陈烨，2005. 中国农村税费改革的政策效果：基于双重差分模型的估计〔J〕. 经济研究（5）.

朱喜，史清华，盖庆恩，2011. 要素配置扭曲与农业全要素生产率〔J〕. 经济研究（5）.

Amartya Sen, 1981. Poverty, Famines：An Essay on Entitlements and Deprivation〔M〕. Oxford, Clarendon Press.

Autor David H, Frank Levy, Richard Murnane, 2003. The Skill Content of Recent Technological Change：An Empirical Exploration〔J〕. Quarterly Journal of Economics（118）：1279-1333.

Benjamin D, L Brandt, J. Giles. 2011. Did Higher Inequality Impede Growth in Rural China?〔J〕. The Economic Journal（121）：1281-1309.

Binh T Nguyen, James W Albrecht, Susan B Vroman and M Daniel Westbrook, 2007. A quantile regression decomposition of urban-rural inequality in Vietnam〔J〕. Journal of Development Economics，83（2）：466-490.

Cameron A C, Trivedi P K, 2005. Microeconometrics〔M〕. New York：Cambridge University Press.

Cameron A C, Trivedi P K, 2009. Microeconometrics Using Stata〔M〕. Stata Press：429-431.

Camelia Minoiu, Sanjay G Reddy, 2008. Chinese Poverty：Assessing the Impact of Alternative Assumption〔J〕. Review of Income and Wealth，54（4）：572-596.

Dollar D, Kraay A, 2002. Growth Is Good for the Poor〔J〕. Journal of Economic Growth，7（3）：195-225.

Du Y, A Park, S Wang, 2005. Migration and Rural Poverty in China〔J〕. Journal of

Comparative Economics (33): 688-709.

Hemmi N, Tabata K and Futagami K, 2007. The Long-term Care Problem, Precautionary Saving, and Economic Growth [J] . Journal of Macroeconomics, 29 (1): 60-74.

Jayaraman Sudarshan, Todd T Milbourn, 2012. The Role of Stock Liquidity in Executive Compensation [J] . The Accounting Review, 87 (2): 537-563.

Koenker R and Bassett G W, 1978. Regression Quantiles [J] . Econometrica (46): 33-50.

Lucas R E, 1988. On the Mechanics of Economic Development [J] . Journal of Monetary Economy, 22 (1): 3-42.

Mincer Jacob, 1974. Schooling, Experience and Earnings [M] . New York: National Bureau of Economic Research.

Nee V, 1989. A Theory of Market Transition: From Redistribution to Markets in State Socialism [J] . American Sociological Review, 54 (5): 663-681.

Park K, 1996. Educational Expansion and Educational Inequality on Income Distribution [J] . Economics of Education Review, 15 (1): 51-58.

Ravallion M, Chen S, 2007. China's (Uneven) Progress against Poverty [J] . Journal of Development Economics, 82 (1) 1-42.

Romer P M, 1986. Increasing Returns and Long-run Growth [J] . Journal of Political Economy, 94 (5): 1002-1037.

Szelenyi I, 1978. Social Inequalities in State Socialist Redistributive Economies [J] . International journal of comparative sociology (19): 63-87.

Son H, Nanak Kakwani, 2008. Global Estimates of Pro-poor Growth [J] . World Development, 36 (6): 1048-1066.

VanZon and J Muysken, 2001. Health and Endogenous Growth [J] . Journal of Health Economics, 20 (2): 169-185.

Andrew G Walder, 2002. Markets and Income Inequality in Rural China: Political Advantage in an Expanding Economy [J] . American Sociological Review, 65 (2): 231-253.

Yang D T, 2004. Education and Allocative Efficiency: Household Income Growth during Rural Reforms in China [J] . Journal of Development Economics, 74 (1): 137-162.

YaoShujie, Zhang Zongyi and Lucia Hanmer, 2004. Growing Inequality and Poverty in China [J] . China Economic Review, 15 (2): 145-163.

Zhang J, J Giles, S Rozelle, 2012. Does it pay to be a cadre? Estimating the returns to being a local official in rural China [J] . Journal of comparative economics, 40 (3): 337-356.

J Wooldridge, 2002. Econometric Analysis of Cross Section and Panel Data [M] . Cambridge, MA: MIT Press.

Lee Sokbae，2007. Endogeneity in quantile regression models：A control function approach ［J］. Journal of Econometrics，141（2）：1131-1158

V Chernozhukov，C Hansen，2005. An IV Model of Quantile Treatment Effects ［J］. Econometrica，73（1）：245-261.

V Chernozhukov，C Hansen，2013. Quantile Models with Endogeneity ［J］. Annual Review of Economics，5（2）：57-81.

第 **5** 章

人力资本积累与农户
收入增长[*]

【摘要】　本章采用 2003—2010 年全国农村固定观察点微观面板数据，运用统计性描述和计量分析方法，基于回报率和贡献率双重视角，研究了人力资本积累对农户收入增长的影响、作用路径及其变化趋势。研究发现：健康、基础教育、技能培训和工作经验所体现出的人力资本对农户收入增长有显著作用，总贡献率为 38.57%。其中，健康和基础教育是影响农户收入的核心人力资本变量；人力资本主要是通过劳动性收入对农户收入产生影响，对以外出务工收入为核心的工资性收入的回报率和贡献率最为显著；随着农村市场化改革推进，人力资本对农户收入的回报率和贡献率却均呈现弱化趋势。坚持提升农户人力资本积累的基本战略，完善市场机制配置资源与财富的作用，对于农户收入水平提高具有重要作用。

一、引　　言

改革开放、特别是 1992 年以来，中国经济逐步从计划经济向市场经济转型。在该转型过程中，随着农村经济持续发展，农户人力资本积累持续提升，收入水平保持较快增长（Morduch and Sicular，2000；高梦滔和姚洋，

---

* 本章以同题发表在《经济研究》2016 年第 1 期。2018 年获上海市哲学社会科学优秀成果一等奖。作者：程名望、盖庆恩、Jin Yanhong、史清华（通讯作者）。本研究得到"上海高校特聘教授（东方学者）岗位计划"（TP2015023）、"浦江人才计划"（15PJC087）、"上海市晨光计划"（13CG36）、国家自然科学基金项目（71073102；71173156；71273171；71373179）、教育部人文社会科学基金（14YJC90034）、中央高校基本业务费课题（0800219322）、同济大学可持续发展与新型城镇化智库研究项目（1200219318）和 2015 年教育部重大课题攻关项目"推进农民工市民化的理论与政策研究"资助。感谢全国农村固定观察点办公室的大力支持。

2006)。但和城镇居民相比（图 5-1），城镇农村收入比持续保持在 3 倍左右，表明农户收入增速依旧滞缓，"农民增收难"问题依旧存在。2004—2015年，中央政府连续出台 12 个针对"三农"问题的 1 号文件，制定和实施了一系列诸如农业税减免、种粮直接补贴、良种补贴、大型农业机械补贴、家电补贴、基础教育"两免一补"、新农合、新农保等惠农、支农政策，开启了新一轮农村改革。这些政策坚持"多予少取放活"的发展方针，对农户收入增长给予了充分关注。

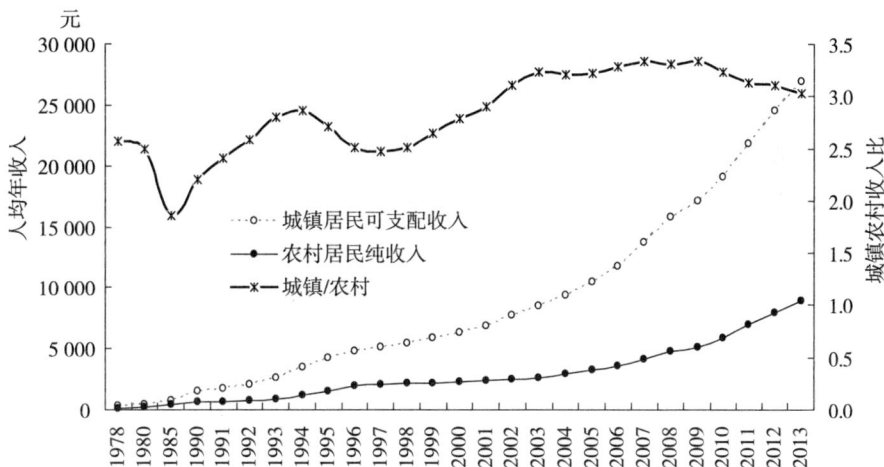

图 5-1　城乡居民收入增长及其差距演变趋势（1978—2013）

数据来源：《中国统计年鉴》（1979—2014）。

影响农户收入水平及增长的因素可以归纳为市场因素和非市场因素两类（张车伟，2006）。在不完善的市场机制下，制度与政策、政治资本等非市场因素对收入分配起决定性作用；在完善的市场机制下，人力资本对收入分配起决定性作用，即劳动力资源的市场配置必然使高人力资本存量的劳动者获得较高的收入（Yang，2004）。众多学者关注到了人力资本对收入水平及增长的决定性作用，积累了十分丰富的文献。首先，学者们从理论角度论证了以基础教育为核心的人力资本对收入增长的作用机理，最具代表性的是内生增长理论（Schultz，1961；Becker，1966；Romer，1986；Lucas，1988），并提出了一些有益的分析视角或方法（Blinder，1973；Oaxaca and Michael，1994）。其次，学者们做了大量的实证分析。Mincer（1974）的研究发现，美国 1959 年收入差异的 33% 可由教育和工作经历给予解释；Psacharopoulos

(1985) 对 60 多个国家教育收益率的估算表明，发展中国家的低层级教育的收益率一般都在 15％以上，远高于物质资本投资的收益率。Robert and Lee (2001)、Schoellman（2012）的研究均支持该结论。徐舒（2010）建立了一个技能偏向型的一般均衡模型，表明教育回报率是引起中国农户收入水平变化的重要原因。高梦滔和姚洋（2006）、王海港等（2009）的研究认为教育和在职培训体现出的人力资本是影响农户收入水平的核心因素，其中以职业教育为核心的技能培训多为一些实用技能教育，其对农户收入的报酬率高于基础教育。Kartini and Weil（2003）、Weil（2007）认识到营养和健康对人力资本的重要性，认为健康人力资本（Health Human Capital）提高了农户收入水平，可避免农户陷入"贫困陷阱"（Poverty Trap）。王弟海（2012）、程名望等（2014a）采用中国微观数据的研究也支持该结论。更多有关农户人力资本回报率及贡献率的研究文献，孙志军（2004）、张车伟（2006）、Brauw and Rozell（2008）、Schoellman（2012）等进行了较详细的总结，本章不再赘述。

基于已有文献，本章采用全国农村固定观察点微观住户数据，研究了人力资本积累对农户收入回报率和贡献率的双重影响、演变趋势及其作用机理和途径。该研究对于认识中国农村市场化改革及其效果，理解中国农户收入变化的核心影响因素有重要意义。本章的创新和贡献包括：第一，采用中国目前已有最完整的微观农户数据（严斌剑等，2014），该数据涵盖 2003—2010 年全国 31 个省区市，共计家庭数据 163 305 份，家庭成员数据 660 286 份，是具有极强代表性的大样本微观调查数据[1]。第二，构建更完备性的计量模型。一方面，本章的核心解释变量不仅考虑基础教育，也考虑健康、工作经验和技能培训等其他重要的人力资本变量[2]。另一方面，更全面的控制影响农户收入水平的其他众多因素，包括物质资本、金融资产、社会资本、职业与行业、制度与政策、家庭特征等对农户

---

① 已有研究多采用宏观经济变量或数据，例如农业产出、地区收入、甚至粮食产量等，较少采用家庭收入这一能充分代表农户收入水平的微观数据，而涵盖中国大部分省区农户微观数据的研究更是十分鲜见（万广华等，2005）。

② 已有研究主要聚焦于基础教育对农户收入的影响。而实际上，人力资本是指存在于人体之中的具有经济价值的知识、技能和体力等因素之和，全面的人力资本应该包含健康、教育和工作经验等对生产活动有影响的系列因素（Schultz，1961；Becker，1966）。

收入有重要影响的变量[①]。第三，从家庭收入结构及来源角度，探析人力资本积累对农户结构性收入的影响，以揭示人力资本积累对农户收入增长的作用机理和影响途径[②]。

本章结构如下：第二部分是农户人力资本积累及收入水平的统计性描述分析；第三部分是关于计量模型和研究方法的说明；第四和第五部分是本章的核心，分别就人力资本积累对农户收入增长的回报率和贡献率进行研究。本章最后一部分总结全文并评述。

二、数据来源与统计性描述

（一）数据来源及分布

农村固定观察点是 1984 年经中央书记处批准建立，目前由中央政策研究室和农业部具体组织指导，在全国各省区市连续跟踪的一项农村调查工作。农村固定观察点数据有 3 个鲜明的特征和优势：一是持续固定跟踪，三十多年来尽管有些调整，但整体的稳定性较好。二是调查范围广、样本量大。该调查覆盖了全国 31 个省区市，每年调查 2 万户左右。三是内容丰富。2003 年起，该调查使用了农村住户（农户）和家庭成员两级问卷。调查问卷由"家庭成员构成情况""土地情况""固定资产情况""农户家庭生产经营情况""出售农产品情况""购买种植业生产资料情况""家庭全年收支情况""全年主要食物消费量""主要耐用物品年末拥有量及居住情况"等 9 部分构成，较为全面地反映了中国各地区农户及其家庭成员的生产、消费、就业、生活及其他各项活动。数据的特征和优势为本文在计量模型中较全面的选择变量提供了可能及良好的数据基础。2003—2010 年，共获得住户数据163 305份，家庭成员数据660 286份，具体的样本分布见表5-1。

---

① 中国农村的问题沉积已久，影响农户收入的因素十分复杂（程名望等，2014b）。由于数据缺乏或模型建立局限，已有研究往往"忽视"或没有较全面的控制这些控制变量，既可能导致模型的解释力不足，也可能导致研究结果存在偏差、甚至错误。

② 已有研究描述或证实了人力资本积累对农户收入增长的回报率或贡献率，但对于市场化改革背景下人力资本积累对农户收入回报和贡献率的双重影响及趋势、作用机理和途径鲜有论述。

表 5-1　样本数及分布

单位：份

类型	2003	2004	2005	2006	2007	2008	2009	2010	合计
农村住户	20 334	19 613	21 042	20 769	19 834	20 561	20 714	20 438	163 305
家庭成员	82 356	88 245	84 171	83 092	79 065	81 654	81 642	80 061	660 286

注：所用软件为 Stata/SE 12.0，下同。

数据来源：国家农村固定观察点（2003—2010），下同。

（二）农户人力资本积累现状及趋势

如表 5-2 所示，2003—2010 年，农户人力资本存量有显著提升。劳动力健康评价均值[1]从 2003 年的 4.43 到 2010 年的 4.56，年均提升 0.02 个单位；劳均受教育年限和工作经验[2]分别从 2003 年的 7.00 年和 21.26 年到 2010 年的 7.64 年和 23.22 年，年均分别提升 0.09 年和 0.28 年；技能培训比例从 2003 年的 13.11%到 2010 年的 15.31%，年均提升 0.31 个百分点。就区域分布看，东部和东北地区的人力资本积累较丰厚，中部和西部的人力资本积累较弱。基础教育和工作经验最高的是东部（7.44 年和 22.95 年），其次是东北（7.36 年和 22.65 年），再次是中部（7.11 年和 22.09 年），最低的是西部（7.03 年和 21.01 年）；健康水平最高的是东北（4.61），其次是东部（4.53）和中部（4.46），最低的是西部（4.45）；技能培训比例最高的是西部（19.42%）[3]，其次是东部（14.46%）和东北（13.83%），最低的是中部（12.54%）。

---

① 健康状况的度量是十分困难的，首先，健康状态是多维度的，在不同的维度上，健康的差别非常大；其次，在很多情况下，度量误差可能同观测者所关心的结果有关（Strauss and Thomas，1998）。基于此，本文采取健康评价做替代变量，其测度方法是：依据调查问卷给出的"优""良""中""差"和"丧失劳动能力"5 个选项，运用李克特（R. A. Likert）五点量表尺度法，分别赋值为"5""4""3""2""1"，表示健康状况有序下降。

② 工作经验是非正规在职培训的结果，是通过"干中学"所获得的，所以工作年限越长，工作经验越多。按照 Mincer（1974）所假设的，基础教育毕业后立即开始工作，而且工作经历是连续的，那么工作经验可以表示为"年龄减去受教育年限，再减去开始上学时的年龄"。根据中国义务教育法及农村实际情况，用 7 岁表示开始入学的年龄，即以"年龄减去受教育年限，再减去 7"计算出"工作年限"，作为工作经验的替代变量。

③ 主要得益于"受过农业技术教育或培训"的比例较高（为 10.20%，远高于其他三个区域）。

表 5-2　农户人力资本积累状况与趋势

单位：年、%

年份与区域		健康评价	教育年限	工作经验	技能培训
年份	2003	4.43	7.00	21.26	13.11
	2004	4.47	7.10	21.52	13.42
	2005	4.50	7.19	21.86	14.05
	2006	4.52	7.26	22.06	14.83
	2007	4.54	7.38	22.37	14.72
	2008	4.57	7.45	22.89	15.76
	2009	4.56	7.55	22.97	14.88
	2010	4.56	7.64	23.22	15.31
区域	东部	4.53	7.44	22.95	14.46
	东北	4.61	7.36	22.65	13.83
	中部	4.46	7.11	22.09	12.54
	西部	4.45	7.03	21.01	19.42
合计		4.51	7.23	22.20	15.04

注：①该数据为农户劳动力数据。

②表中"技能培训"为"有专业技术职称""受过非农职业教育或培训"和"受过农业技术教育或培训"三项的加总。下同。

（三）农户收入水平及结构

按照不变价格①计算的农户人均收入水平及增长趋势如图 5-2 所示。首先，就收入水平看，2003—2010 年，农户人均年收入为 7 302.29 元。其中，东部最高（9 821.12 元），东北次之（7 644.94 元），中部再次之（5 819.73 元），西部最低（5 512.53 元）。其次，就收入增速看，农户人均年收入由 2003 年的 5 744.63 元到 2010 年的 9 705.31 元，年均增速为 7.90%。进一步分析区域差异发现，中部和东北的农户人均收入增速较高（分别为 10.60% 和 8.26%），其次是西部（7.37%），最低是东部（7.13%）。

① 以 2003 年为基年，采用历年各省农村居民消费价格指数（CPI）进行调整，数据来于历年《中国统计年鉴》。同样的，下文中涉及的所有收入和资产变量，均按照同样的方法进行调整。

元

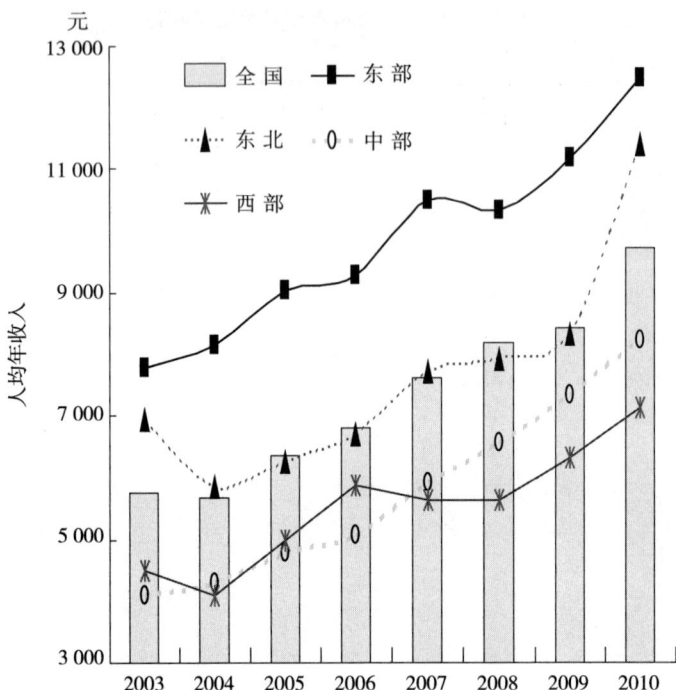

图 5-2　农户收入水平及增长趋势

　　就收入来源与结构看（图 5-3），2003—2010 年，农户最主要的收入来源是"家庭经营收入"和"工资性收入"，其占农户总收入的比例分别为57.78％和27.22％，合计占比达85.00％①。"转移性收入"和"财产性收入"比例较低，分别为8.67％和6.32％②。就演变趋势看，2003—2010 年，资产性收入和工资性收入增速最快（年均增速分别为19.89％和14.75％），占家庭总收入的比例稳步提高；其次是转移性收入，年均增速为7.21％；而家庭经营收入的增速最慢，年均增速为4.46％。由此可见，一方面，"家庭经营收入"和"工资性收入"为核心的劳动性收入是农户的核心收入来

---

　　①"家庭经营收入"包括"农业经营收入"和"非农经营收入"，占比分别为58.73％和41.27％；"工资性收入"包括"外出打工收入""本地从业工资收入"和"国家职工工资收入"三部分，"外出打工收入"是其核心组成部分，占比达91.48％。

　　②"转移性收入"是指从政府得到的收入，主要包括"各种救济和抚恤金"和"各种农业补贴"两部分，后者是其核心组成部分，占比达70.71％。"财产性收入"包括"利息、股息、红利收入（主要是从村集体得到的收入）"和"租赁收入（主要是土地转包收入）"两部分，占比分别为52.66％和47.34％。

源，财产性收入和转移性收入的比例较低。另一方面，农户收入结构正发生一定变化，在传统的家庭经营收入保持基本稳定的情况下，工资性收入和财产性收入已经成为新的农户收入增长点；而随着国家对"三农"问题的高度重视及系列支农、惠农政策的出台，转移性收入也呈现快速增长的趋势。

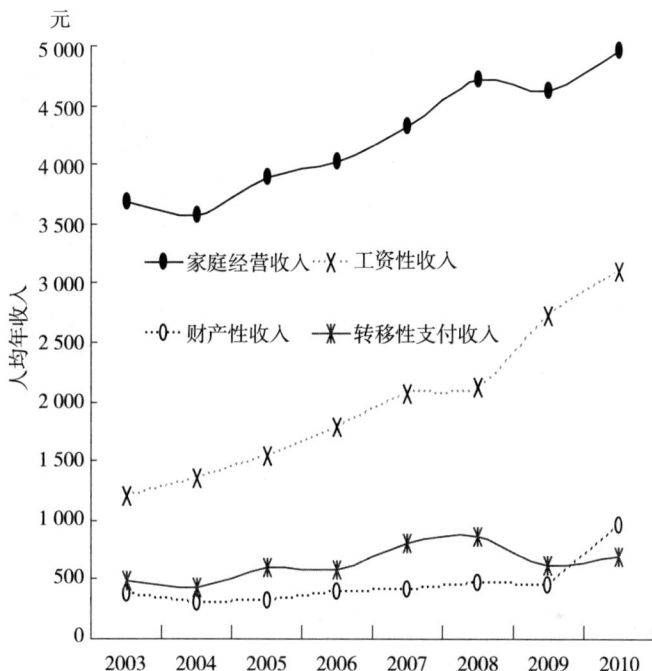

图 5-3　农户收入结构及演变趋势

（四）人力资本积累与收入水平关系的统计性描述

上文的统计性描述分析表明，2003—2010 年，农户的人力资本积累逐步提升，同时农户收入水平也稳步增长。那么，人力资本积累和收入增长之间是否存在一致性的关系？图 5-4 描述了健康评价、基础教育、工作经验和技能培训等四个核心人力资本变量与农户收入水平之间的关系。分析可见，无论是散点图的分布，还是拟合曲线，均清晰的显示随着人力资本存量提升，农户收入水平逐步提高。其中，健康评价和工作经验的拟合曲线较为平缓，基础教育和技能培训的拟合曲线较为陡峭。但图 5-4 仅是统计性描述结果。一方面，由于没有考虑其他控制变量的作用，它所描述的关系并不精确；另一方面，它并不能给出人力资本积累与农户收入之间精确的数量关系。下文将运用计量分析方法解决这两个问题，以进一步剖析人力资本积累对农户收入增长的影响。

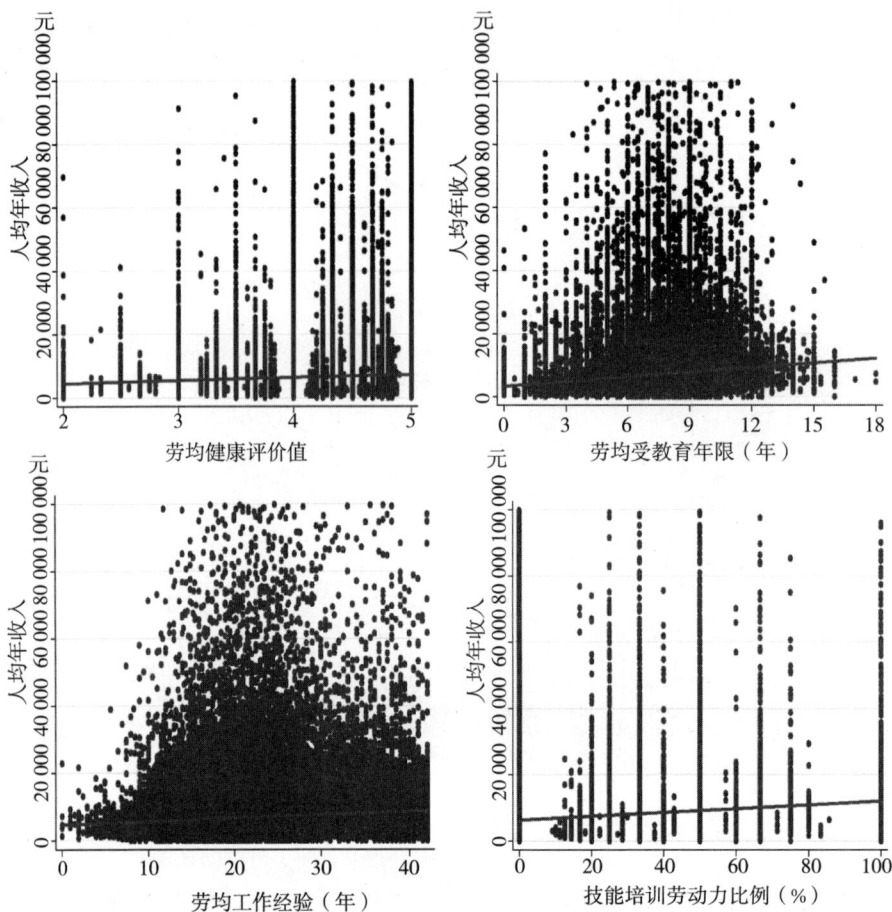

图 5-4　农户人力资本积累与收入水平的关系

三、模型建立与数据处理说明

（一）计量模型的选择与处理方法

基于农户收入函数（Morduch and Sicular，2000），扩展并建立本章的基础计量模型：

$$\ln Y_{ijt} = \beta_0 + \sum_{k=1}^{K} \beta_k hc_{ijt,\,k} + \sum_{m=1}^{M} \beta_m X_{ijt,\,m} + v_j \otimes \tau_t + \varepsilon_{ijt} \quad (5\text{-}1)$$

在方程（5-1）中，被解释变量 $\ln Y_{ijt}$ 表示 j 省 t 年第 i 个农户人均收入的对数。hc 是核心解释变量，代表人力资本，包括"健康状况""基础教育""工作经验"和"技能培训"等细分变量。考虑到家庭生命周期和边际报酬递减规律，教育和工作经验两个变量，均加入平方项。X 代表一系列控制变量，主要包括：人力资本之外的影响农户收入水平的"物质资本""金融资产"和"政治与社会资本"[1] 等其他微观基础，以及职业与行业、制度与政策、区域经济发展水平[2]等对农户收入水平产生影响的宏观因素。同时，为了克服农户异质性带来的影响，我们控制了家庭特征和户主特征。为了克服时间和区域异质性带来的经济冲击，设置年份和省份交叉变量（$v_j \otimes \tau_t$）。其中，时间主要反映技术进步及改革的影响；区域主要反映距离市场远近、自然资源禀赋、基础设施乃至市场成熟程度等和农户收入密切相关的因素。ε_{ijt} 是随机扰动项。具体的变量设置及统计性描述见表 5-3。

对于模型设定，需要进一步说明的是：首先，为了保证解释变量选取的科学性，我们主要基于经典的经济理论和相关文献进行选取，例如：选取金融负债，是基于流动性约束理论；选取工作经验，是基于 Mincer（1974）的经典文献等。一个详细的说明可参见程名望等（2014b）的阐述。其次，模型中选取了尽量全面的解释变量，解释变量之间的相关性或共线性可能会影响系数的显著性。在模型设立前，我们已经做了变量间的相关性和共线性检验，所有解释变量之间并不存在高度的共线性和相关性。也就是说，我们忽视部分变量间存在的并不严重的共线性和相关性，没有轻易丢掉其中的任何一个变量。这是因为，若轻易丢掉一些变量，虽然剩下的变量系数显著了，但它的系数却可能存在严重的估计偏误。最后，内生性问题被充分关注并努力克服，采用的主要方法包括：①代理变量（Proxy）法。如表 5-3 所示，对一些难以观察却可能对农户收入产生影响的因素，均采用对应的代理

---

① 本章政治与社会资本变量的选择，依据 Lin（2001）的界定。

② 数据的不可获得性使得没有直接的地理位置数据，然而，在实物和人力资本投入及其他要素既定的条件下，应用村庄或区域经济发展水平能够很好地反映地理位置和所在地的信息（万广华和张茵，2006）。

变量纳入模型，尽量减少设定偏误或遗漏变量问题带来的内生性。②面板数据法。根据本文采用面板数据的特征，在方程中同时控制年份和农户固定效应实现双差法（白重恩等，2012）。该方法有助于消除一部分内生性问题（周黎安和陈烨，2005）。而实际上，按照齐书良（2011）的做法，以村人力资本积累作为工具变量，进行 2SLS 回归的结果是十分稳健的，表明该模型较好的克服了内生性问题。

在具体的计量分析过程中，根据本章采用非平衡面板数据的特征，又采用了如下一些方法。第一，采用基于 Bootstrap 的 Hausman 检验对固定效应模型（Fixed Effects Model）或随机效应模型（Random Effects Model）的选择进行了检验，结果表明本文所有计量模型均应采用固定效应模型。第二，由于样本之间（特别是同村样本之间）可能存在一定的相关性或相似性，采用了聚类稳健标准差（Clustering Robust Standard Errors）处理方式，以消除序列相关和异方差等问题的影响①。

(二) 数据处理的基本方式

国家农村固定观察点数据包括家庭数据和家庭成员数据两部分，相互独立又紧密联系。本章的基本处理方式是：首先处理家庭成员数据，计算并生成实证分析中需要的平均受教育年限、健康评价均值等诸多家庭劳动力（成员）信息或变量；然后以户主为标识码(ID)，把家庭成员数据与家庭数据对接，并把数据处理干净(主要是对缺失值和异常值的处理)，共得到本章实证分析所应用的核心数据161 752份，该数据为非平衡面板数据(Unbalanced Panel Data)。

表5-3 变量设置及统计性描述

变量设置及度量方法			统计性描述	
类型	细分变量	替代变量或度量方法	均值	标准差
核心变量	人力资本	健康状况　劳均健康评价	4.51	0.57
		劳均受教育年限（年）	7.23	2.00
	基础教育	劳均受教育年限平方	56.31	28.81

---

① 普通标准差假设扰动项是独立分布的，但事实上由于序列相关和异方差等问题的综合效果，会导致其值偏小。

（续）

变量设置及度量方法			统计性描述	
类型	细分变量	替代变量或度量方法	均值	标准差
核心变量	人力资本　工作经验	劳均工作年限（年）	22.20	7.29
		劳均工作年限平方	546.19	370.52
	技能培训	职业教育或技术培训劳动力比例（%）	15.04	36.11
控制变量	物质资本　耕地	人均耕地面积（亩）	2.01	4.67
	生产性资本	年末人均拥有生产性固定资产原值（元）	1 853.94	10 819.48
	非生产性资本	年末人均房屋、耐用品资产原值（元）	8 569.96	22 621.10
	金融资产　金融资产	人均年末金融资产金额（元）	4 463.47	18 417.83
	金融负债	人均年内累计借贷金额（元）	461.04	4 444.25
	政治与社会资本　干部户	是＝1，否＝0	0.09	0.28
	党员户	是＝1，否＝0	0.15	0.36
	军烈属户	是＝1，否＝0	0.02	0.14
	五保户	是＝1，否＝0	0.01	0.07
	少数民族户	是＝1，否＝0	0.12	0.32
	信教户	是＝1，否＝0	0.06	0.23
	职业与行业　家庭经营主业	非农业＝1，农业＝0	0.16	0.37
	农村非农就业	劳均本村非农劳动时间比例（%）	19.72	30.29
	外出从业	劳均外出从业时间比例（%）	36.03	35.94
	制度与政策　户籍制度	非农户口成员比例（%）	3.33	14.30
	惠农政策	享有惠农政策①（是＝1，否＝0）	0.80	0.40
	区域经济水平②　村域经济	村人均收入（元）	7 210.00	6 546.49
	省域经济	省人均收入（元）	7 118.96	4 199.41
	家庭特征　家庭类型	核心＝1；直系＝2；扩展＝3；不完全＝4③	1.41	0.75
	家庭规模	家庭人口（个）	3.97	1.56
	人口抚养比	（非劳动人口÷劳动力）×100%	56.57	60.22

（续）

变量设置及度量方法			统计性描述	
类型	细分变量	替代变量或度量方法	均值	标准差
控制变量	户主特征			
	性别	男＝1，女＝0	0.94	0.25
	年龄	户主年龄（年）	51.88	11.36
	年龄的平方	户主年龄的平方	2 820.41	1 203.05
	基础教育	受教育年限	6.77	2.62
	健康状况	健康评价值	1.77	0.94
	技术培训	技术培训（是＝1，否＝0）	0.15	0.36
	区域与时间	省份与年份交叉	—	—
总样本数		161 752		

注：①包括"农业税减免""农业补贴政策（包含问卷中的粮食直接补贴、良种补贴、生产资料综合补贴、农机购置补贴、家电下乡补贴、汽车下乡补贴等项）""新农保政策"等，只要享有或参与其中一项，即赋值为"1"，否则赋值为"0"。

②就泰尔指数（Theil index）看，2003—2010 年，总泰尔指数为 0.576 0，村域经济之间的"组间"差异可以解释该收入不平等的 34.94%，省域经济之间的"组间"差异可以解释其 16.69%，东、中、东北、西部四大区域之间的"组间"差异仅能解释其 5.42%。由此可见，就区域影响看，区域经济半径越短，对农户收入水平及差距影响越明显。因此，本文模型选择"村人均收入"和"省人均收入"作为区域经济发展水平的替代变量。

③核心家庭是指在一个家庭中只存在一对姻缘关系；直系家庭是指在一个家庭中存在两对及以上姻缘关系，且这些姻缘关系之间是异代之间的关系，同代之间不存在妯娌或连襟关系；扩展家庭是指在一个家庭中存在两对及以上的姻缘关系，且这些姻缘关系在同代间存在妯娌或连襟关系；不完全家庭是指不存在完整夫妻关系的家庭。

四、人力资本的回报率[①]：总量、结构及趋势

（一）回归结果及分析

基于方程（5-1），建立 2 个计量模型（表 5-4）。2 个模型的 R^2 和 F 值均较大，表明所选择的解释变量对被解释变量有良好的解释力，且模型的整体

---

① 人力资本对收入增长的回报率，通常也被称为人力资本的边际贡献率、边际效应、收益率或回报率（张车伟，2006）。

显著性较强。分析 2 个模型的回归结果可见：

1. 就健康状况看

"劳均健康评价"的系数在 1% 水平上显著为正，劳动力健康评价均值每增加 1 个单位，户人均收入增加 3.66%。该结论蕴含的政策意义是，提高农村整体医疗水平和卫生条件，增强农村劳动力健康水平，将有利于农户收入水平的提高。

2. 就基础教育看

"劳均受教育年限"的系数在 1% 水平上显著为正，其平方的系数在 1% 水平上显著为负。该结论与标准的人力资本理论相吻合，验证了基础教育边际报酬递减规律。其中，劳均受教育年限每增加 1 年，户人均收入增加 2.32%。该结论蕴含的政策意义是，提高农户基础教育水平，特别是强化农村九年义务教育，将有利于农户收入水平的提高。

3. 就工作经验看

"劳均工作年限"的系数在 1% 水平上显著为正，其平方的系数在 1% 水平上显著为负，表明工作经验存在边际报酬递减规律。其中，劳均工作年限每增加 1 年，户人均收入增加 1.65%。该结论蕴含的政策意义是，注重农民充分就业，通过"干中学"积累工作经验，将有利于农户收入水平的提高。

4. 就技能培训看

"家庭技能培训劳动力比例"的系数在 1% 水平上显著为正，职业教育或技术培训劳动力比例每增加 1%，户人均收入增加 6.08%。若进一步区分农业技能培训和非农技能培训，比较可以发现（模型 2）：非农技能培训的系数及显著性均高于农业技术培训。其中，非农技能培训劳动力比例每增加 1%，户人均收入增加 9.85%；而农业技能培训劳动力比例每增加 1%，户人均收入增加 2.38%。该结论表明，职业教育或技能培训对于提高农户收入有重要作用，其中非农职业教育或技能培训的作用更为显著。因此，在非农产业进行人力资本投资或积累的回报率高于农业。在此趋势下，理性的农民工以家庭收入最大化为目标，侧重于非农产业、弱化农业的人力资本投资和积累，可能会导致农业"空心化"进一步加剧。

表 5-4　计量回归结果

变量		模型 1	模型 2
人力资本	劳均健康评价	0.036 6*** (0.007 7)	0.033 2*** (0.007 7)
	劳均受教育年限	0.023 2*** (0.006 8)	0.022 6*** (0.006 9)
	劳均受教育年限平方	−0.001 1** (0.000 5)	−0.001 1** (0.000 5)
	劳均工作年限	0.016 5*** (0.002 0)	0.015 5*** (0.002 1)
	劳均工作年限平方	−0.000 4*** (0.000 0)	−0.000 4*** (0.000 0)
	技能培训劳动力比例	0.060 8*** (0.009 1)	—
	非农技能培训劳动力比例	—	0.098 5*** (0.015 8)
	农业技能培训劳动力比例	—	0.023 8* (0.014 4)
控制变量与常数项		Yes	Yes
R^2		0.356 7	0.341 1
F 值		103.56	435.62
Hausman 检验 P 值		0.00***	0.00***
样本数		108 600	108 103

注：①括号上边报告的是系数，括号中报告的是标准误，下同。
②***、**、*分别表示在 1%、5%和 10%水平上显著，下同。
③Yes 表示该类变量已控制，控制变量的具体设置见表 5-3，下同。

（二）人力资本的回报率随时间和区域差异改变吗

对于转型经济来说，随着计划经济逐步退出和市场机制日益完善，人力资本对收入的边际效应或回报率将越来越大（Szelenyi，1978；Nee，1989）。那么，随着中国改革开放逐步深化，人力资本对农户收入的边际效应，是否随着时间演进和区域差异有所变化？在方程（5-1）的基础上，加入人力资本与时间、区域的交叉变量，建立模型 3 来分析该问题，回归结果见表 5-5。

就时间趋势看，和基年 2003 年相比：①"健康状况"的系数在 2004—2010 年均不显著，表明健康的收入回报率没有随时间变化。②至于教育，无论是基础教育，还是技能培训，其系数在绝大多数年份均显著为负（仅技能培训的系数在 2004 年和 2005 年不显著），表明教育的收入回报率呈现弱化的趋势。③"工作经验"的系数在 2004—2010 年均显著为负，表明工作经验的收入回报率也呈现弱化趋势。由此可见，一方面，2003—2010 年，农户收入以劳动性收入为主（图 5-3），对体力劳动以及劳动者强壮的体力条件具有持续的依赖性，使得健康的收入回报率保持稳定。另一方面，基础教育、技能培训和工作经验的边际贡献均显著下降，表明人力资本获得的经济收益呈现弱化趋势。就区域差异看，和东北地区相比：①仅西部"健康状况"的系数显著且为负，表明健康在西部地区的收入回报率最低。②仅中部"基础教育"和"技能培训"的系数显著且为正，表明教育在中部地区的收入回报率最高。③"工作经验"的系数在"东北""中部""西部"均显著且为正，表明工作经验在东北地区的收入回报率最低。

上述实证结果显示，没有证据表明随着市场经济在农村的推进，或者在市场经济较为完善的经济发达区域，人力资本的回报率更高。该结论不符合 Szelenyi（1978）、Nee（1989）等学者对于转型经济国家的已有判断。一些学者注意到了该问题，从投资视角把教育和政治资本[①]的经济收益进行了比较（Morduch and Sicular，2000；Andrew，2002a；Andrew，2002b）。其实证结果也表明，在中国农村，虽然市场体制在逐步建立，但政治资本获得的经济收益并没有弱化，教育等人力资本获得的经济收益并没有显著增强。并解释其原因在于：一是在中国农村，市场经济依旧不够完善，市场机制配置资源和财富的作用有待加强。二是随着改革开放，特别是户籍制度的松动和城乡一体化推进，农户不再仅仅依附于土地和农业，收入呈现多元化态势，其不再仅仅依靠自身的人力资本积累获得经济收入，越来越多享受到了改革开放和经济增长所带来的经济红利。

---

① 政治资本及其经济收益的高低，被学者们作为衡量一个国家或地区市场化程度的重要指标（Andrew，2002）。

表 5-5　基于时间趋势与区域差异的回归结果

年份与区域		解释变量			
		健康状况	基础教育	工作经验	技能培训
年份	2004	0.010 6 (0.007 4)	−0.013 9*** (0.002 3)	−0.001 6** (0.000 6)	−0.005 3 (0.010 7)
	2005	−0.003 6 (0.008 0)	−0.007 4*** (0.002 5)	−0.002 3*** (0.000 7)	−0.001 9 (0.011 8)
	2006	0.006 0 (0.008 5)	−0.008 6*** (0.002 6)	−0.003 6*** (0.000 7)	−0.040 3*** (0.012 3)
	2007	0.000 1 (0.009 4)	−0.011 5*** (0.002 8)	−0.004 9*** (0.000 8)	−0.024 4* (0.013 1)
	2008	0.005 6 (0.013 2)	−0.010 8*** (0.003 4)	−0.006 5*** (0.000 8)	−0.033 2*** (0.014 0)
	2009	0.010 5 (0.010 4)	−0.010 2*** (0.003 1)	−0.008 2*** (0.000 9)	−0.040 6*** (0.015 2)
	2010	−0.004 7 (0.011 1)	−0.017 0*** (0.003 3)	−0.010 3*** (0.001 0)	−0.076 7*** (0.016 6)
区域	东北	0.003 3 (0.016 7)	−0.007 1 (0.005 8)	0.002 6* (0.001 5)	−0.011 0 (0.025 0)
	中部	0.000 7 (0.014 4)	0.011 9*** (0.004 7)	0.004 1*** (0.001 2)	0.039 7* (0.021 2)
	西部	−0.030 7** (0.015 0)	0.005 3 (0.004 8)	0.003 2*** (0.001 4)	−0.011 2 (0.020 2)
控制变量与常数项		Yes			
R^2		0.343 7			
F 值		530.14			
Hausman 检验 P 值		0.00***			
样本数		108 627			

（三）人力资本的经济收益从哪里来

上文的统计性描述和计量分析证明：在中国农村，人力资本积累能给农户带来显著的经济收益，是提高农户收入水平的重要影响因素。那么，人力资本的经济收益从哪里来？其机制和途径是什么？本部分从收入结构和来源的视角，对该问题做出尝试性的阐释。该分析有助于理解人力资本积累对于农户收入水平的影响机理和作用路径，从而对设计更有针对性的农村经济政策有借鉴意义。

采用方程（5-1）的模型结构，分别对农户四种主要收入来源（图 5-3）建立半对数固定效应模型，如表 5-6 所示。被解释变量分别是"家庭经营收入（JY）""工资性收入（GY）""财产性收入（CY）"和"转移性收入（ZY）"的对数（人均可比价格）。分析回归结果：①人力资本诸变量对"家庭经营收入（模型 4）"和"工资性收入（模型 5）"的回报率具有较强的显著性，而对"财产性收入（模型 6）"的影响不显著。"家庭经营收入"和"工资性收入"属于劳动性收入，是农户的核心收入来源（图 5-3），表明人力资本主要是通过劳动性收入对农户收入产生影响。进一步分析发现，在模型 5 中，"健康状况""基础教育""工作经验"的系数及其显著性均强于模型 4，表明人力资本对工资性收入的回报率更为显著和突出，即：同样的人力资本积累或存量，从事工资性收入行业的边际收益高于从事家庭经营，而工资性收入的核心来源是外出务工收入。于是，随着工业化和城镇化的推进，青壮年和教育程度较高的优质劳动力选择进城务工成为农户的理性选择。在此背景下，妇女、孩子和老人成为部分地区农业劳动的主要劳动力（程名望等，2006）。②对"转移性收入（模型 7）"来说，"健康评价"和"技能培训"的系数不显著，"基础教育"和"工作经验"的系数显著。表明转移性支付并没有向健康状况差、教育程度低等人力资本较弱的弱势群体倾斜，即国家实行的转移性支付等收入再分配政策并没有产生收入平等化和调节收入差距的作用。虽然万广华等（2005）已经发现了该状况，但该结果依旧令人吃惊和担忧。就本文采取的数据看，其原因在于：样本覆盖的 2003—2010 年，国家转移性支付占比最高的是鼓励农业生产导向的"农业补贴"（70.71%），而不是救助弱势群体导向的"救济、抚恤金"（29.29%）。因此，人力资本状况好的农户，可以更多的从事农业生产，得到较高的"农业补贴"；而人力资本状况差的农户，无法较好的从事农业生产，其得到"救济、抚恤金"的同时，却难以获得较高的"农业补贴"。

表5-6 结构性收入的计量回归结果

解释变量		模型 4	模型 5	模型 6	模型 7
		log（JY）	log（GY）	log（CY）	log（ZY）
人力资本	劳均健康评价	0.017 4	0.058 1***	−0.001 8	0.021 7
		(0.028 8)	(0.014 4)	(0.036 2)	(0.031 0)
	劳均受教育年限（年）	0.137 4***	−0.010 9	0.013 3	0.064 8**
		(0.028 3)	(0.013 8)	(0.032 1)	(0.029 1)
	劳均受教育年限平方	−0.011 4***	0.002 7***	0.000 1	−0.005 6**
		(0.002 1)	(0.000 9)	(0.002 3)	(0.002 1)
	劳均工作年限（年）	0.014 7*	0.020 2***	0.011 5	−0.055 8***
		(0.008 0)	(0.004 1)	(0.009 4)	(0.008 0)
	劳均工作年限平方	−0.000 7***	−0.000 4***	−0.000 2	0.001 2***
		(0.000 2)	(0.000 1)	(0.000 2)	(0.000 2)
	技能培训劳动力比例（%）	0.075 9**	0.075 0***	−0.050 7	0.043 0
		(0.037 2)	(0.017 0)	(0.044 9)	(0.037 4)
控制变量与常数项		Yes	Yes	Yes	Yes
R^2		0.122 3	0.361 8	0.052 8	0.146 3
F 值		15.16	72.33	9.66	38.56
Hausman 检验 P 值		0.00***	0.00***	0.00***	0.00***
样本数		107 724	75 030	100 857	108 750

五、人力资本的贡献率[①]：总量、结构及趋势

上文分析了人力资本的回报率，回报率反映的是人力资本积累对农户收入增长的边际贡献，它并不能回答人力资本在农户收入中到底有多大贡献，即人力资本所创造的收入在农户总收入增长中的比重有多大？回归分解（Regression Based Approach）的方法可以较好的解决该问题。采用 MS 方法[②]，基于标准收入函数回归结果，计算出诸人力资本变量对农户收入的贡

---

① 人力资本对农户收入的贡献率，即 Schultz（1961）所定义的"由人力资本所创造的收入"，一个较详细的界定和分析见崔玉平（1999）的研究。

② Morduch and Sicular（2002）为了测度收入不均等，通过建立标准收入函数，把总收入不平等表示为各种因素收入不平等的加权之和，该方法被称为 MS 方法（万广华，2004）。在 MS 方法中，需要计算出人力资本等各种因素所创造的收入，而该数据正是计算本文中的贡献率所需要的。

献率如表 5-7 所示[①]。

表 5-7　人力资本对农户收入的贡献率

单位：%

变量与类型		健康状况	基础教育	工作经验	技能培训	合计
总收入		18.15	13.97	4.76	1.69	38.57
结构性收入	家庭经营收入	23.24	5.36	−14.07	1.21	15.74
	工资性收入	0.58	49.75	6.65	3.42	60.40
	财产性收入	−7.66	−50.89	14.62	−7.15	−51.08
	转移性收入	36.52	8.69	8.66	−2.60	51.27
年份	2003	22.54	17.08	5.76	1.96	47.34
	2004	22.00	16.68	5.63	1.98	46.29
	2005	20.52	15.59	5.31	1.92	43.34
	2006	19.46	14.82	5.05	1.91	41.24
	2007	17.49	13.49	4.59	1.73	37.30
	2008	16.22	12.61	4.33	1.54	34.70
	2009	15.43	12.14	4.16	1.41	33.14
	2010	13.43	10.69	3.66	1.22	29.00
区域	东部	14.23	11.21	3.84	1.27	30.55
	东北	17.03	13.04	4.45	1.26	35.78
	中部	21.10	16.12	5.55	1.65	44.42
	西部	24.10	18.20	6.05	3.18	51.53
控制变量与常数项		Yes				

　　就总收入看，2003—2010 年，人力资本对农户收入的总贡献率为 38.57%[②]。其中，健康的贡献率最高（18.15%），其次是基础教育（13.97%），再次是工作经验（4.76%），最低的是技能培训（1.69%）。由

---

　　① 本文的核心分析步骤是：采用 MS 方法，求出诸人力资本变量对应的收入，然后通过 Gini 系数分解，求出其占农户总收入的比重（即 Gini 系数分解结果中的"SK"值，该"SK"值表示分项收入占总收入的比例）。具体的分析步骤与 Stata 程序，可向作者索要。

　　② 该结论和已有研究保持一致，例如：Caselli（2005）、Hsieh and Klenow（2010）的研究均表明，人力资本对收入增长的贡献率均低于 50%，50% 以上的贡献率来自区域差异，特别是区域全要素生产率（Total Factor Productivity）的差异。

此可见，健康和教育是影响农户收入的最核心人力资本变量，而健康的贡献率最高，表明农户以体力劳动为主，对体力和身体健康有很强的依赖性。另外，虽然技能培训对农户收入的边际贡献率较高（模型 1 和模型 2），但其对农户收入的贡献率较低。其原因在于农户接受技能培训的比例较低，仅为15.04%（表 5-3）。

就结构性收入看，人力资本对工资性收入的贡献率最高，为 60.40%，其次是转移性收入，为 51.27%；对家庭经营收入的贡献率仅为 15.74%[①]，而对财产性收入没有贡献。其中，健康对转移性收入和家庭经营收入的贡献率最为突出；基础教育和技能培训对工资性收入的贡献率最为突出；工作经验对财产性收入的贡献率最为突出。该实证结果表明，首先，人力资本积累丰厚的优质劳动力、特别是教育（包括基础教育和技能培训）优良的劳动力对传统家庭经营的依赖减弱，具有明显的非农就业倾向或机会。"外出打工""本地非农从业"和"国家职工"所代表的工资性收入行业或职业，对人力资本的要求较高，吸纳了农村优质劳动力，导致留在农村从事家庭经营的劳动力以弱质劳动力为主。其次，人力资本对转移性收入的贡献率较高，主要是因为健康的贡献率高达 36.52%。由此可见，转移性收入是和健康状况紧密联系的。一方面，"救济、抚恤金"等转移性支付主要针对老弱病残等弱势群体，和受助者健康状况高度相关；另一方面，能否获得农业生产导向的"农业补贴"等转移性支付，也取决于农户是否具有从事农业生产的健康条件。最后，在财产性收入中，仅有工作经验的贡献率为正。表明随着工作经验增加，有了一定的收入积累之后，农户对财产性收入的依赖有所增强。该结论和"第一桶金靠劳动赚得，第二桶金靠钱生得"的民间俚语不谋而合。

就时间趋势看，随着时间推进，人力资本对农户收入的贡献率逐步降低，从 2003 年的 47.34% 下降到 2010 年的 29.00%，年均下降 2.62 个百分点。其中，健康、基础教育、工作经验和技能培训的贡献率年均下降分别为1.30、0.91、0.30 和 0.11 个百分点，即健康的贡献率下降最为迅速。就区域差异看，人力资本对农户收入贡献率较高的是西部（51.53%）和中部

① 万广华等（2005）的研究表明该比例是 4%~5%，并认为人力资本对农户家庭经营收入（农业收入生产）的贡献率并没有想象的那么大。

（44.42％），较低的是东北（35.78％）和东部（30.55％）。时间趋势和区域差异均显示出一致性特征：随着市场化改革推进，或者在市场机制较完善的区域，人力资本对农户收入的贡献率呈现弱化趋势。万广华等（2005）关注了该问题，认为地理因素、资本投入、从业结构等导致了收入差距扩大，削弱了人力资本对农户收入的贡献率。也就是说，和上文解释人力资本的回报率递减相一致，市场化水平越高，或者在经济越发达的区域，影响农户收入水平的因素越多元化，农户拥有更多的收入途径与来源，其不再仅仅依附于土地和农业，也不再仅仅依赖于自身的人力资本，而是从区域经济增长、资本投入、更好的就业机会等方面获得收益或收入（Morduch and Sicular，2000；程名望等，2015）。

六、结论与评述

2003—2010 年，随着中国整体经济和农村经济持续发展，特别是中央政府对"三农"问题的高度重视及系列惠农、支农政策的出台和实施，农户人力资本积累显著提升，人均收入水平稳步增长。本章采用 2003—2010 年全国农村固定观察点微观农户面板数据，基于回报率和贡献率的双重视角，研究了人力资本积累对农户收入增长的影响、作用机理及其变化趋势。研究发现：

（1）健康、基础教育、技能培训和工作经验所体现出的人力资本对农户收入有显著作用，其总贡献率为 38.57％。其中，健康和基础教育对农户收入增长的回报率和贡献率最为突出，是影响农户收入的核心人力资本变量。因此，坚持提升农户人力资本积累的基本战略，推进农村新型医疗合作制度，提高农村医疗水平和卫生条件，增强农村劳动力健康水平；加强农村基础教育和职业培训，特别是强化九年义务教育和非农职业教育或培训；重视农村充分就业，特别是农村劳动力转移，在"干中学"中提高农民工作经验、职业素质和技能，对于农户收入水平提高具有重要作用和意义。考虑到农业生产的社会性，政府应从公共品的视角强化农业职业技能培训的服务提供，只能这样才能弥补或减弱城镇化带来的农民弱质化效应。

（2）从作用机理看，人力资本主要是通过劳动性收入对农户收入产生影响，对于以外出务工为核心的工资性收入的回报率和贡献率最为显著和突出。因此，随着工业化和城镇化的推进，青壮年和教育程度较高的优质劳动力选择进城务工成为农户的理性选择。在此背景下，农村优质劳动力流失，导致农业劳动力投入不足，农民耕种土地的积极性下降，这种农业空心化现象不利于农业的可持续发展，甚至会影响到粮食安全问题。如何实现农村优质劳动力外流和农业生产的协调发展，是决策者需要面对的重要问题。

（3）随着市场化改革和农村市场机制日益完善，人力资本积累对农户收入增长的回报率和贡献率呈现弱化趋势。该实证结论蕴含的意义至少包括：第一，随着中国经济持续发展和城镇化快速推进，农村的封闭状态正逐步被打破，农村和城镇的联系越来越紧密。伴随这一进程，农户收入来源呈现多元化态势，不再仅仅依靠自身的人力资本积累获得经济收入，越来越多享受到了改革开放和经济增长所带来的经济红利，这一点在经济发达地区尤为明显。第二，该趋势从一个侧面表明，在转型经济的背景下，农村的市场化程度依旧不高，市场机制配置资源与财富的作用依旧需要增强。第三，农民是理性的，若以家庭收入最大化为目标，该趋势将降低农户进行人力资本投资的意愿与积极性，不利于农户对人力资本的持续投资，从而将对农村人力资源整体素质的持续提升产生制约作用。

《参考文献

白重恩，李宏彬，吴斌珍，2012. 医疗保险与消费：来自新型农村合作医疗的证据［J］. 经济研究（2）.

程名望，史清华，杨剑侠，2006. 我国农村劳动力转移动因与障碍的一种解释［J］. 经济研究（4）.

程名望，Jin Yanhong，盖庆恩，史清华，2014a. 农村减贫：应该更关注教育还是健康？［J］. 经济研究（11）.

程名望，史清华，Jin Yanhong，2014b. 中国农户收入水平、结构及其影响因素［J］. 数量经济技术经济研究（5）.

程名望，Jin Yanhong，盖庆恩，史清华，2015. 农户收入差距及其根源：模型与实证［J］. 管理世界（7）.

崔玉平，1999. 教育对经济增长贡献率的估算方法综述［J］. 清华大学教育研究（3）.

高梦滔，姚洋，2006. 农户收入差距的微观基础：物质资本还是人力资本［J］. 经济研究

（12）．

齐书良，2011. 新型农村合作医疗的减贫、增收和再分配效果研究 ［J］．数量经济技术经济研究（8）．

孙志军，2011. 中国教育个人收益率研究：一个文献综述及其政策含义 ［J］．中国人口科学（5）．

张车伟，2006. 人力资本回报率变化与收入差距："马太效应"及其政策含义 ［J］．经济研究（12）．

王弟海，2012. 健康人力资本、经济增长和贫困陷阱 ［J］．经济研究（6）．

王海港，黄少安，李琴，罗凤金，2009. 职业技能培训对农村居民非农收入的影响 ［J］．经济研究（9）．

万广华，2004. 解释中国农村区域间的收入不平等：一种基于回归方程的分解方法 ［J］．经济研究（8）．

万广华，张茵，2006. 收入增长和不平等对我国贫困的影响 ［J］．经济研究（6）．

万广华，周章跃，陆迁，2005. 中国农村收入不平等：运用农户数据的回归分解 ［J］．中国农村经济（5）．

徐舒，2010. 技术进步、教育收益与收入不平等 ［J］．经济研究（9）．

严斌剑，周应恒，于晓华，2014. 中国农村人均家庭收入流动性研究：1986—2010 年 ［J］．经济学（季刊）（3）．

周黎安，陈烨，2005. 中国农村税费改革的政策效果：基于双重差分模型的估计 ［J］．经济研究（5）．

Alan de Brauw，Scott Rozell，2008. Reconciling the Returns to Education in Rural China ［J］．Review of Development Economics，12（1）：57-71.

Andrew G Walder，2002a. Income Determination and Market Opportunity in Rural China，1978—1996 ［J］．Journal of Comparative Economics（30）：354-375.

Andrew G Walder，2002b. Markets and Income Inequality in Rural China：Political Advantage in an Expanding Economy ［J］．American Sociological Review，65（2）：231-253.

Barro Robert J，Jong-Wha Lee，2001. International Data on Educational Attainment：Updates and Implications ［J］．Oxford Economic Papers，53（3）：541-63.

Blinder Alan，1973. Wage Discrimination：Reduced Form and Structural Estimates ［J］．Journal of Human Resources（8）：436-455.

Caselli，Francesco，2005. Accounting for Cross-Country Income Differences ［J］．in Philippe Aghion and Steven Durlauf，eds.，Handbook of Economic Growth（1），Elsevier，chapter 9：679-741.

Hsieh Chang-Tai，Peter J Klenow，2010. Development Accounting ［J］．American Economic

Journal, 2 (1): 207-23.

Jonathan Morduch, Terry Sicular, 2000. Politics, Growth, and Inequality in Rural China: Does It Pay to Join the Party? [J] . Journal of Public Economics, 77 (3): 331-356.

Jonathan Morduch, Terry Sicular, 2002. Rethinking inequality decomposition, with evidence from rural china [J] . The Economic Journal (112): 93-106.

G S Becker, 1966. Education and the Distribution of Earnings [J] . American Economic Review, 56 (1): 358-380.

Kartini G Shastry, Weil N David, 2003. How Much of Cross-Country Income Variation is Explained By Health? [J] . Journal of the European Economic Association (1): 387-396.

Lin Nan, 2001. Social Capita, Cambridge [M] . England: Cambridge University Press.

Lucas R E, 1988. on the Mechanics of Economic Development [J] . Journal of Monetary Economy (22): 3-42.

Mincer Jacob, 1974. Schooling, Experience and Earnings [M] . New York: National Bureau of Economic Research.

Nee V A, 1989. Theory of Market Transition: From Redistribution to Markets in State Socialism [J] . American Sociological Review, 54 (5): 663-681.

Oaxaca Ronald L, Michael R. Ransom, 1994. On discrimination and the decomposition of wage deferential [J] . Journal of Econometrics (61): 5-21.

Psacharopoulos G, 1985. Returns to Education : A Further International Update and Implications [J] . The Journal of Human Resources , 20 (4) : 583-604.

Romer P M, 1986. Increasing Returns and Long-run Growth [J] . Journal of Political Economy, 94 (5): 1002-1037.

Schoellman Todd, 2012. Education Quality and Development Accounting [J] . The Review of Economic Studies, 3 (1): 133-175.

Strauss J, Thomas D, 1998. Health, Nutrition and Economic Development [J] . Journal of Economic Literature, 36 (2): 766-817.

Szelenyi I, 1978. Social Inequalities in State Socialist Redistributive Economies [J]. International Journal of Comparative Sociology (19): 63-87.

T W Schultz, 1961. Investment in Human Capital [J] . American Economic Review, 51 (1): 1-17.

Weil N David, 2007. Accounting for The Effect of Health on Economic Growth [J] . The Quarterly Journal of Economics, 122 (3): 1265-1306.

Yang D T, 2004. Education and Allocative Efficiency: Household Income Growth during Rural Reforms in China [J] . Journal of Development Economics, 74 (1): 137-162.

第 **6** 章

贫困的度量、分解和
决定因素分析*

【摘要】 我们基于 Rodgers 和 Rodgers（1993）的研究构建了一个新方法，可以加总家庭在一定时间段内的总贫困，并将其分解为暂时性贫困和慢性贫困成分。将该方法运用于中国 5 个省份 1995—2005 年的农户面板数据后发现：农户的总贫困的下降主要来自于暂时性贫困成分而非慢性贫困成分的下降；慢性贫困成分在总贫困中的比重远远高于暂时性贫困成分的比重；家庭成员数量会显著增加总贫困、暂时性贫困成分和慢性贫困成分；人力资本、政治资本和金融资本都能显著降低总贫困和慢性贫困成分，但低水平的人力资本（拥有初中教育水平的劳动力数量）和金融资本并不能降低暂时性贫困成分；更多地经营耕地会显著增加暂时性贫困成分。

一、引　　言

随着家计面板数据的增加，发展经济学界对贫困问题的研究在最近一二十年不断向前瞻性和动态性视角扩展，比如对贫困脆弱性的度量，以及对慢性贫困和暂时性贫困的分析。这些扩展不但加深了人们对于贫困不同维度的理解，而且有助于制定更加科学和更有针对性的反贫困政策。但遗憾的是，经济学家至今对如何定义和量化这些新概念远没有形成共识。本章试图从贫

＊ 本章以题《暂时性贫困与慢性贫困的度量、分解和决定因素分析》发表在《经济研究》2013 年第 4期。作者：章元；万广华，博士，教授，复旦大学世界经济研究所；史清华（通讯作者）。本项研究得到国家自然科学基金（71063022、71073102、71273171）、云南省"百人计划"的资助，感谢复旦大学当代中国经济与社会工作室的支持。为了节省篇幅，文中很多表格都进行了压缩和删减，对未压缩版本有兴趣的读者可以向通讯作者索取。

困动态的视角出发，基于中国农户面板数据对总贫困进行跨时加总，然后将其分解为暂时性贫困和慢性贫困成分，并实证分析不同贫困成分的决定因素。

目前从动态视角探讨中国农村贫困的研究并不多，而且现有文献大多缺乏长时间面板数据对农村贫困动态进行跟踪，本章则利用来自中国东部5个省份1995—2005年这一难得的长时间面板数据对样本农户贫困展开研究。从研究文献来看，大多数国内外文献仅仅按照家庭或个人经历贫困时间的长短来判断他是属于慢性贫困还是暂时性贫困，并得出大部分贫困为暂时性贫困的结论。例如 Baulch and Hoddinott（2000）的综述发现，来自不同国家的研究表明暂时性贫困所占比例较高，包括中国（Gustafsson and Ding，2009）。后者使用2000—2002年中国22个省份的农户样本数据，将3年内皆为贫困的家庭定义为慢性贫困，这时慢性贫困家庭的比例低于暂时性贫困家庭的比例。岳希明等（2007）分析了1997—2001年中国592个国定贫困县16 000个农户的面板数据，同样按照陷入贫困时间长短进行定义，也得出了暂时性贫困比例更高的结论[①]。但事实上，当我们改变观察的时间长度或贫困线时，这些结论未必成立。采用与他们相同的方法，在大多数情况下，慢性贫困的农户比例都超过了暂时性贫困的农户比例。但颇为重要的是，简单地按照经历贫困时间的长度来区分慢性贫困和暂时性贫困具有很多局限性，并会带来不准确或有误导性的结论及政策建议。本章则将修正现行方法度量和分解总贫困、暂时性贫困和慢性贫困的局限性。

本章的结构如下：第二部分是简要的文献综述；第三部分基于 Rodgers and Rodgers（1993）和 Jalan and Ravallion（1998，2000）（以下简称为 RRJR）的研究构建新的具有理论一致性的总贫困度量和分解方法；第四部分则利用中国的农户面板数据和本章讨论的各种方法分析贫困，并将它们进行比较；第五部分利用截尾分位数模型实证分析总贫困、暂时性贫困成分和慢性贫困成分的影响因素；最后部分总结全文并给出政策建议。

---

① 参见岳希明等（2007：115—116）。

二、文献综述

经济学家正式提出慢性贫困和暂时性贫困的概念还是最近二十年的事情，其主要目的是为了将时间维度纳入到贫困的度量中去，以便从动态或风险的视角去研究贫困。然而经济学界对相关定义和度量方法依然存在很大争议，本章将现有文献分为如下三类。

第一类研究直接根据个人或家庭在一段时间内经历贫困的时间长短来判断其属于慢性贫困或暂时性贫困。例如 Ravallion（1988）将那些"在一定时间段内一直经历着贫困的家庭或个人"定义为持久性贫困（Persistent Poverty），而将那些"在一定时间段内只有部分时间经历了贫困的家庭或个人"定义为暂时性贫困（Transient Poverty）。Hulme and Shepherd（2003）则将贫困进一步细分为永远贫困、经常贫困、胶着贫困、偶尔贫困和从未贫困。这类研究存在两大局限性：第一，它仅仅考虑了家庭或个人陷入贫困的时间长度而忽略了其陷入贫困的程度（Rodgers and Rodgers，1993；Jalan and Ravallion，1998）；第二，它还要求观察时间长度为奇数。比如，当观察到一个家庭在 4 年中有 2 年陷入贫困时，就难于判断该家庭是属于慢性贫困还是暂时性贫困。一个伴随的问题是，在使用 3 年或 5 年的面板数据时，需要分别取 2/3 或 3/5 等不同的标准来判定暂时性贫困或慢性贫困。

第二类方法则是对一定时间段内的贫困进行纵向加总，这就克服了第一类方法忽视陷入贫困程度的局限性。例如，Jalan and Ravallion（1998，2000）沿用 Rodgers and Rodgers（1993）的方法，对慢性贫困与暂时性贫困给出了不同的定义：由于消费的跨期变动而导致的贫困为暂时性贫困，而由于平均消费持续低迷导致的贫困为慢性贫困。根据这一定义，Jalan and Ravallion（2000）将贫困划分为三类：在所有时间内都保持贫困的持久性贫困、慢性贫困兼暂时性贫困和暂时性贫困。他们利用如下公式度量暂时性贫困 TP：

$$TP = P(y_1, y_2, \cdots, y_T) - CP(\bar{y}, \bar{y}, \cdots, \bar{y}) \qquad (6-1)$$

等式右边第一部分表示家庭或个人从时间 1 到 T 的跨时总贫困，第二部分表示慢性贫困成分，它由所有 T 期的平均消费水平 $\bar{y}$ 决定。在这一方法中，总贫困和慢性贫困的度量都采用了 FGT（Foster et al.，1984）的 SPG（Squared Poverty Gap）指标。

上述方法仍然有局限性：第一，它违反了 Sen（1976）的贫困加总核心公理：在对一段时间内的贫困进行纵向加总时，由于采用了 SPG 指标，所以非贫困年份的消费不进入总贫困的度量，但在加总慢性贫困时，非贫困时期的消费水平却随着 $\bar{y}$ 而进入。该方法在度量总贫困时不考虑非贫困时期的消费水平，而在度量总贫困的一个组成部分——慢性贫困时却又考虑了非贫困时期的消费水平，因而在逻辑上不一致。第二，由于公式（6-1）中的永久性消费水平 $\bar{y}$ 还要取决于非贫困时间的消费水平[①]，所以非贫困时期的消费水平会直接影响暂时性贫困（尽管不影响总贫困）。例如，假设一个家庭在过去 5 年的消费为 2、3、1、1、8，设贫困线为 4，则总贫困、慢性贫困和暂时性贫困分别为 23/80、5/80 和 18/80。接下来，假设该家庭第 5 年的消费上升到 14，此时总贫困不会发生变化，但慢性贫困却下降为 0，暂时性贫困等于总贫困。从这个例子可以看出第二类方法的一大缺陷：家庭或个人在非贫困时间内的消费水平不影响总贫困，但却影响慢性贫困，并进而影响暂时性贫困。第三，根据 Jalan and Ravallion（2000）的定义，慢性贫困是由不随时间而变化的永久性消费水平 $\bar{y}$ 决定的，暂时性贫困是由于消费的波动性决定的，但是如果将公式（6-1）展开则可得：

$$TP = 1/T \sum_{t=1}^{T} [(\frac{\hat{y}_t^T}{z})^2 - 2 \cdot (1 - \frac{\bar{y}^T}{z}) \cdot \frac{\hat{y}_t^T}{z}] \qquad (6\text{-}2)$$

其中，z 为贫困线，并且

$$\frac{y_t}{z} = \frac{\bar{y}^T}{z} + \frac{\hat{y}_t^T}{z}, \quad t = 1, 2, \cdots, T$$

从公式（6-2）中可以看出：不随时间而变化的永久性消费水平 $\bar{y}^T$ 也同时决定暂时性贫困，这显然与他们自己对慢性和暂时性贫困的定义相矛盾。

第三类度量方法由 Foster（2007）提出。他也认为公式（6-1）的缺陷在于它对家庭或个人所经历贫困的时间长度不敏感，所以他在纵向加总慢性

[①] 如果用家庭或个人的收入水平来度量其福利，则这里要使用其永久性收入和暂时性收入来度量慢性贫困和暂时性贫困。

贫困时使用了两条标准线：第一个是贫困线，用来判断家庭或个人在某个时点是否贫困；第二个是持续时间标准线（Duration Cutoff），指一个人被划分为慢性贫困时必须达到的处于贫困线以下的最低时间比例。先将贫困家庭区分为慢性贫困和暂时性贫困之后，再对慢性贫困家庭所遭受的贫困进行纵向加总。他的方法显然考虑了家庭或个人经历贫困的时间长度，但却不能度量暂时性贫困，也不能把跨时加总的贫困分解为暂时性贫困和慢性贫困。

三、一个满足核心公理的度量方法

假设在 0 时刻观察到一个家庭或个人从过去 1 到 T 期的年度消费流为 y_1，y_2，$\cdots$，y_T，采用 SPG 指标，则该家庭在过去 T 年内的跨时总贫困（Lnter－Temporal poverty）为：

$$P = 1/T \sum\nolimits_{t=1}^{T} (1 - \frac{y_t}{z})^{\alpha} \quad if \quad y_t < z$$
$$= 0 \qquad\qquad if \qquad\qquad y_t \geqslant z \qquad\qquad (6\text{-}3)$$

其中，z 为贫困线，α 为贫困规避系数。公式（6-3）意味着将一个家庭或个人在 T 年的纵向消费流看成是 T 个家庭或个人在某 1 年的横向观察值，对不同年份贫困的跨时加总就相当于对不同个人在某一年的贫困进行横向加总。这一点与 Rodgers and Rodgers（1993）、Jalan and Ravallion（2000）和 Foster（2007）等的方法完全相同。

接下来，假设在过去的 T（$T>2$）年内，某个家庭或个人在 M 年里处于贫困线以下，$M \leqslant T$，其余的 $T-M$ 年处于非贫困状态。为了不失一般性，假设该家庭从过去 1 到 M 年内经历了贫困，$M>1$[①]，这时式（6-3）可精简为：

$$P = 1/T \sum\nolimits_{t=1}^{M} (1 - \frac{y_t}{z})^{2} \qquad\qquad (6\text{-}4)$$

---

① 这里之所以令 M 大于 1，主要原因是我们认同 RRJR 关于慢性贫困和暂时性贫困分别由永久性消费（或收入）和跨期消费（或收入）的波动所决定的观点，所以需要将家庭或个人的消费流（收入流）分解为永久性成分及其波动项。如果 $M=1$，则无法分解。此时，我们定义这样的家庭为暂时性贫困，其总贫困等于暂时性贫困，而慢性贫困为 0。这与现有研究将一段时间内只经历最短时间（1 年）的贫困定义为暂时性贫困的做法一致，也符合常理。

其中，所有的 y_t 都低于贫困线 z。

参照 RRJR 的做法，我们将 M 年中每一年的消费分解为两部分：永久性消费（M 年的跨期消费平均值 $\bar{y}^M$）及其波动项 $\hat{y}_t^M$ [①]：

$$y_t = \bar{y}^M + \hat{y}_t^M, \quad t = 1, 2, \cdots, M \qquad (6\text{-}5)$$

对上式用贫困线进行标准化处理后得：

$$\frac{y_t}{z} = \frac{\bar{y}^M}{z} + \frac{\hat{y}_t^M}{z}, \quad t = 1, 2, \cdots, M \qquad (6\text{-}6)$$

将公式（6-6）代入公式（6-4）有：

$$P = 1/T \sum_{t=1}^{M} (1 - \frac{y_t}{z})^2$$

$$= 1/T \sum_{t=1}^{M} \left[(1 - \frac{\bar{y}^M}{z})^2 + 2 \cdot (1 - \frac{\bar{y}^M}{z}) \cdot \frac{\hat{y}_t^M}{z} + (\frac{\hat{y}_t^M}{z})^2 \right]$$

$$(6\text{-}7)$$

由于 $\sum_{t=1}^{M} \frac{\hat{y}_t^M}{z} = 0$，

所以式（6-7）可以简化为：

$$P = CP + TP$$

$$= 1/T \sum_{t=1}^{M} (1 - \frac{\bar{y}^M}{z})^2 + 1/T \sum_{t=1}^{M} (\frac{\hat{y}_t^M}{z})^2 \qquad (6\text{-}8)$$

公式（6-8）右边第一部分定义为慢性贫困 CP，它由 M 年的永久性消费水平（用 $\bar{y}^M$ 度量）决定，第二部分定义为暂时性贫困 TP，它由 M 年的消费水平的波动项（用 $\hat{y}_t^M$ 度量）决定。

显然，修正后的方法与非贫困时期的消费水平无关，加总出来的是一个家庭或个人在过去一段时间内"实际经历过的"贫困，而按照 RRJR 的方法，把非贫困年份里的福利水平也加以考虑，得到的显然并非"实际经历过的"贫困；其次，修正后的方法所度量的慢性贫困只由消费的波动项 $\hat{y}_t^M$ 决定，这一点与现有研究对于暂时性贫困的定义和理解是一致的。例如 Jalan

----

① 从这里开始，本文的处理方法与 RRJR 的方法就开始有了本质的区别，他们是计算过去 T 年内的永久性收入（或消费），而我们则计算过去 M 年内的永久性收入（或消费）。

and Ravallion（1998）认为，如果度量家庭的福利指标在一定的时间段内保持不变，则暂时性贫困为 0，而如果某个家庭或个人由于受到风险冲击而出现消费的波动，则暂时性贫困为正；最后，图 6-1 用两个波动性不同（但均值相同）的消费流直观地表明本文度量的暂时性贫困的经济学含义及其与消费波动之间的关系：

　　图 6-1 中两条曲线表示了两个家庭在 6 年的贫困状态，实线和虚线所代表的消费平均值相同，因而其慢性贫困相同，但是虚线代表的消费的波动性更强，即由 $\hat{y}_i^M$ 所决定的暂时性贫困则更高。一般而言，收入或消费的波动性总是由于风险或者各种冲击所造成的，$\hat{y}_i^M$ 越大，说明该家庭遭受的风险或冲击越大，因而其所经历的暂时性贫困就越大，如果能够为该家庭提供保险，则该家庭可以平滑消费以降低暂时性贫困。

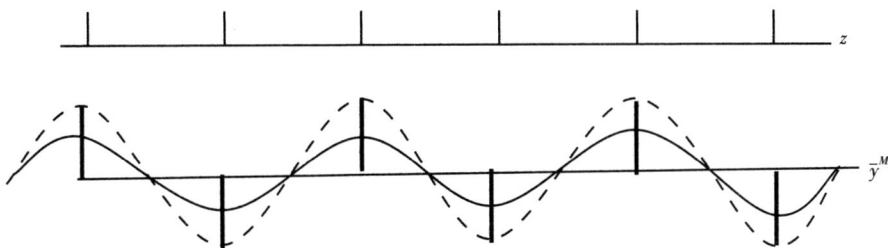

图 6-1　暂时性贫困成分的度量图

　　最后需要指出，如果一个家庭在 T 年内都陷入了贫困，则本文的度量和分解结果与 RRJR 的度量和分解结果完全相同。另外，我们也可以给出类似于 Jalan and Ravallion（2000）定义的三类贫困：只有慢性贫困（$M=T$，Y 没有波动）、慢性贫困兼暂时性贫困（$T>M>1$，Y 有波动）、只有暂时性贫困（$M=1$）[①]。进一步地，我们还可以将总贫困大于 0 的家庭划分为两类：慢性贫困成分占主导地位的家庭或暂时性贫困成分占主导地位的家庭。上述定义和类型划分有助于政策制定者瞄准不同类型的贫困家庭和个人并采取不同的对策。

---

　　① 事实上，由于消费或收入一般总是有波动的，所以第一类贫困在现实中几乎不存在。这一点也可以从本文使用的数据中看出。

四、基于中国数据的度量和比较分析

(一) 数据来源

本章使用的数据来自中国农村固定观察点调查。调查详细地搜集了农户的收入、消费、金融资产、农业和非农业生产或经营活动等信息。这一调查始于1984年,按照随机原则抽取样本,每年进行跟踪调查。调查覆盖了中国30个省区市的约300个村庄、24 000个农户。本章将利用1999年到2005年来自江苏、浙江、山东、山西和上海的1 832个面板农户展开研究。需要说明的是,本章使用的5省市样本不一定具有全国代表性,但是修正后的度量和分解方法具有重要的方法论意义;其次,时间跨度较长的面板数据使我们可以跟踪考察慢性贫困和暂时性贫困的变动趋势,现有文献在这一点上涉及甚少。

(二) 样本农户贫困状况的描述

我们采用世界银行制定国际标准贫困线,并用人均消费度量家庭的福利水平。表6-1报告了1美元贫困线下的贫困状态,从中可以看出:无论连续观察3年还是5年,至少有1年陷入贫困的家庭和至少有2年及3年陷入贫困的农户数量都随着时间的推移而持续下降;这一结果与其他研究的结果保持一致(罗楚亮,2012;Chen and Ravallion,2004,2008)。如果采用Ravallion (1988)、Morduch (1994) 的定义,慢性贫困家庭在曾经经历过贫困的家庭中的比例在多数情况下都超过了一半,只有在采用低贫困线和连续观察5年时,他们定义的慢性贫困的比例才少于一半。这些结果与Jalan and Ravallion (1998)、Gustafsson and Ding (2009) 和岳希明等 (2007) 的结论并不一致[①]。

[①] 这里出现与国内其他实证研究不同的结果的可能原因有:使用的贫困线不同;农户样本来自的地区和覆盖的时间段不同;使用的度量方法不同;度量家庭福利水平的指标不同;因此,本章的结论只适用于本章所使用的农户样本,并不一定能推翻其他研究的结论。

表 6-1　农户贫困状况的动态变化（贫困线＝1 美元）

	1995—1997	1996—1998	1997—1999	1998—2000	1999—2001	2000—2002	2001—2003	2002—2004	2003—2005
至少有 1 年贫困	720	645	520	504	529	523	486	398	295
至少有 2 年贫困	497	384	333	318	342	346	324	228	179
	1995—1999	1996—2000	1997—2001	1998—2002	1999—2003	2000—2004	2001—2005		
至少有 1 年贫困	769	715	632	614	585	551	496		
至少有 3 年贫困	380	349	323	308	307	275	224		

表 6-1 的数字表明：即使采用陷入贫困的时间长度来区分慢性和暂时性贫困，中国农村的贫困也未必主要由暂时性贫困构成，这还要取决于贫困线的选择以及所采用的样本和观察的时间段。

（三）样本农户的慢性贫困与暂时性贫困

现在我们采用公式（6-8），对每个曾经历了贫困的农户（即至少有一年陷入了贫困）在 T 年内的总贫困进行度量并将其分解为暂时性贫困和慢性贫困成分。表 6-2 报告了 T 分别取 3、4、5 年、贫困线取 1 美元所得到结果。从表 6-2 中可以得出如下结论：第一，样本农户在 1995—2005 年的总贫困和慢性贫困基本上在波动中呈下降趋势，但各种贫困成分的下降并不稳定，特别是暂时性贫困的波动比较明显；第二，不论 T 值取多少，慢性贫困占总贫困的比例都非常高，这与现有研究采用其他定义方法得出的结论完全不同；第三，T 值越大，即在更长时段内加总贫困时，总贫困和慢性贫困就越高，而暂时性贫困则未必越高。理解这一结果并不难：首先，总贫困和慢性贫困随着时间的增加而上升，是因为本章的度量方法对于 T 是敏感的，观察的时期越长，在观察期内观察到的贫困就更多，度量到的总贫困和慢性贫困就可能会更高。但是，由于暂时性贫困只由消费的波动项决定，所以观察期延长却未必导致暂时性贫困成分增加。

表 6-2　样本农户的总贫困、慢性贫困和暂时性贫困成分（贫困线＝1 美元）

$T=3$	1995—1997	1996—1998	1997—1999	1998—2000	1999—2001	2000—2002	2001—2003	2002—2004	2003—2005
P	0.035 1	0.028 2	0.023 2	0.022 5	0.023 8	0.023 8	0.020 9	0.015 5	0.011 3
CP	0.031 1	0.024 4	0.020 8	0.019 7	0.021 7	0.021 3	0.018 0	0.012 3	0.009 3
TP	0.004 0	0.003 8	0.002 3	0.002 8	0.002 1	0.002 5	0.002 8	0.003 2	0.002 0
CP 比例（%）	88.71	86.50	89.94	87.73	91.11	89.46	86.41	79.42	82.01
$T=4$		1995—1998	1996—1999	1997—2000	1998—2001	1999—2002	2000—2003	2001—2004	2002—2005
P		0.031 7	0.026 5	0.023 4	0.023 3	0.023 2	0.021 7	0.018 0	0.013 8
CP		0.028 1	0.023 3	0.021 2	0.020 8	0.021 2	0.019 1	0.015 6	0.011 1
TP		0.003 6	0.003 3	0.002 2	0.002 5	0.002 1	0.002 5	0.002 5	0.002 7
CP 比例（%）		88.57	87.69	90.42	89.44	91.11	88.25	86.25	80.56
$T=5$			1995—1999	1996—2000	1997—2001	1998—2002	1999—2003	2000—2004	2001—2005
P			0.029 7	0.026 1	0.023 9	0.022 9	0.021 7	0.019 3	0.016 2
CP			0.026 3	0.022 9	0.021 6	0.020 5	0.019 4	0.016 9	0.013 9
TP			0.003 4	0.003 1	0.002 3	0.002 4	0.002 3	0.002 4	0.002 3
CP 比例（%）			88.70	88.02	90.38	89.56	89.40	87.52	85.88

注：CP 比例表示慢性贫困占总贫困的比例。

　　为了考察上述结果的稳健性，我们还采用 2 美元贫困线进行度量结果，结果发现：贫困线的提高使得度量出的总贫困、慢性贫困和暂时性贫困都明显上升，而且慢性贫困占总贫困的比例也明显上升。另外，从表 6-1 中得到的结论基本一致。

　　根据本章修正后的方法，我们还可以把经历过贫困的家庭按照慢性贫困是否占主要成分对他们进行分类，表 6-3 首先报告了采用 1 美元贫困线时慢性贫困成分在总贫困中的比例超过 50% 的家庭在样本中的比例，从中可以得出如下结论：从 1995—2005 年，慢性贫困成分在总贫困中超过一半的农户占样本农户的比例保持比较明显的下降趋势，而只有暂时性贫困成分的农户占样本农户的比例呈现比较明显的上升趋势。

表 6-3　慢性贫困占主成分的家庭比例（贫困线＝1 美元）

单位:%

$T=3$	1995—1997	1996—1998	1997—1999	1998—2000	1999—2001	2000—2002	2001—2003	2002—2004	2003—2005
A	69.03	59.38	64.42	63.10	63.89	66.16	64.61	56.78	60.34
B	9.59	9.21	12.39	12.52	12.08	12.65	13.29	14.27	20.45
$T=4$		1995—1998	1996—1999	1997—2000	1998—2001	1999—2002	2000—2003	2001—2004	2002—2005
A		70.36	63.26	69.18	65.17	68.96	68.43	66.73	59.02
B		9.39	9.37	12.12	11.24	12.16	12.49	13.62	14.40
$T=5$			1995—1999	1996—2000	1997—2001	1998—2002	1999—2003	2000—2004	2001—2005
A			72.43	65.45	70.09	69.87	71.45	70.42	69.15
B			9.42	9.15	11.09	11.38	12.21	12.78	13.94

注：A 为慢性贫困成分超过一半的农户在样本中的比例，B 为只有暂时性贫困成分的农户在样本中的比例。

表 6-4 则报告了采用 2 美元贫困线的度量结果，从中依然可以看出，慢性贫困成分在总贫困中超过一半的农户占样本农户的比例保持更为明显的下降趋势，而只有暂时性贫困成分的农户占样本农户的比例也呈现上升趋势，但趋势没有采用 1 美元贫困线时那么明显。

表 6-4　慢性贫困占主成分的家庭比例（贫困线＝2 美元）

单位:%

$T=3$	1995—1997	1996—1998	1997—1999	1998—2000	1999—2001	2000—2002	2001—2003	2002—2004	2003—2005
A	86.28	84.58	81.33	82.78	83.20	81.06	76.29	73.40	72.97
B	6.58	6.72	6.75	7.20	7.24	7.14	7.04	7.60	8.73
$T=4$		1995—1998	1996—1999	1997—2000	1998—2001	1999—2002	2000—2003	2001—2004	2002—2005
A		88.73	87.13	85.85	86.45	85.05	82.95	79.34	75.40
B		6.67	6.75	6.90	7.19	7.14	7.14	7.22	7.60

（续）

$T=5$	1995— 1999	1996— 2000	1997— 2001	1998— 2002	1999— 2003	2000— 2004	2001— 2005
A	89.70	88.45	88.09	87.00	85.56	84.69	80.85
B	6.65	6.72	6.90	7.03	7.06	7.24	7.27

注：A 为慢性贫困成分超过一半的农户在样本中的比例，B 为只有暂时性贫困成分的农户在样本中的比例。

五、慢性贫困与暂时性贫困的影响因素分析

上一节我们利用修正后的度量方法对一个来自中国农村的农户样本在若干年内的总贫困进行了度量和分解，并获得一些全新的认识。在这一小节中我们则将进一步利用回归模型考察农户的总贫困、暂时性贫困和慢性贫困的决定因素。

表 6-5 给出了农户的总贫困、暂时性贫困和慢性贫困的影响因素的定义和统计描述，它们主要包括农户的人口学信息和人力资本的度量（农户的家庭成员数量、主要劳动力的年龄、劳动力的数量和劳动力的教育程度、有专业技术职称的家庭成员数等）、家庭耕种的土地面积、金融资产的数量、家庭成员是中共党员及村干部、乡镇干部的数量。

表 6-5 变量的定义

变 量	定 义
member	家庭成员数量
labor	家庭劳动力数量
age	家庭主要劳动力的年龄
*edu*1	教育程度为初中的主要劳动力数量
*edu*2	教育程度为高中及以上的主要劳动力数量
land	家庭耕种土地面积
K	家庭拥有的金融资产数量（对数）
skill	有专业技术的劳动力数量
party	家庭成员中是中共党员的数量

（续）

变　量	定　义
vcadre	家庭成员中村干部的数量
tcadre	家庭成员中乡镇干部的数量
time	时间趋势变量

表 6-6 提供了上述变量的统计描述，限于篇幅，这里不再详细讨论这些变量的统计特征。

表 6-6　变量的统计描述

变　量	均值	标准差	最大值	最小值
member	3.83	1.35	13	1
labor	2.48	1.02	8	0
age	45.34	10.53	16	89①
*edu*1	1.10	0.93	6	0
*edu*2	0.20	0.46	3	0
land	7.41	7.04	203	0
K	8.05	2.52	15.21	0
skill	0.12	0.35	3	0
party	0.18	0.38	1	0
vcadre	0.07	0.25	4	0
tcadre	0.09	0.29	3	0

注：①这里的主要劳动力年龄是主要承担家庭生产经营活动的家庭成员的年龄，因此其最大值会超过 60 岁。

为了考察总贫困、慢性贫困和暂时性贫困的影响因素，本章下面利用截尾分位数回归（Censored Quantile Regression）模型展开实证分析，这一方法由 Koenker and Bassett（1978）首创。与 Tobit 模型不同的是，它对于误差项的分布误设也具有稳健性（Arabmazar and Schmidt，1982），在扰动项为非正态分布的情况下，分位数估计量比 OLS 估计量更有效。同时，分位数回归估计量还不容易受到异常值的影响。在考察不同贫困的决定因素时，Jalan and Ravallion（2000）和 Cruces and Wodon（2003）也都同样采用了这一回归模型。

表 6-7　总贫困、慢性贫困和暂时性贫困的决定因素（Censored Quantile 模型）

变量	Quantile=0.3			Quantile=0.4			Quantile=0.6		
	P	CP	P	P	P	TP	P	CP	TP
member	0.033***	0.030***	0.041***	0.041***	0.041***	0.000***	0.040***	0.041***	0.000***
	(0.002)	(0.002)	(0.002)	(0.002)	(0.002)	(0.000)	(0.001)	(0.002)	(0.000)
labor	0.002	0.002	0.004*	0.004*	0.004*	0.001***	0.000	0.001	0.001***
	(0.002)	(0.002)	(0.002)	(0.002)	(0.002)	(0.000)	(0.002)	(0.002)	(0.000)
age	−0.015***	−0.015***	−0.016***	−0.016***	−0.016***	−0.000***	−0.016***	−0.016***	−0.000***
	(0.001)	(0.001)	(0.001)	(0.001)	(0.001)	(0.000)	(0.001)	(0.001)	(0.000)
age_sq	0.000***	0.000***	0.000***	0.000***	0.000***	0.000***	0.000***	0.000***	0.000***
	(0.000)	(0.000)	(0.000)	(0.000)	(0.000)	(0.000)	(0.000)	(0.000)	(0.000)
edu1	−0.013***	−0.009***	−0.021***	−0.021***	−0.021***	−0.000***	−0.018***	−0.016***	−0.001***
	(0.002)	(0.002)	(0.002)	(0.002)	(0.002)	(0.000)	(0.002)	(0.002)	(0.000)
edu2	−0.023***	−0.025***	−0.032***	−0.032***	−0.032***	−0.001***	−0.028***	−0.032***	−0.001***
	(0.004)	(0.004)	(0.004)	(0.004)	(0.004)	(0.000)	(0.003)	(0.004)	(0.000)
skill	−0.023***	−0.021***	−0.024***	−0.024***	−0.024***	−0.001***	−0.022***	−0.023***	−0.002***
	(0.005)	(0.006)	(0.006)	(0.006)	(0.006)	(0.000)	(0.005)	(0.006)	(0.000)
K	−0.009***	−0.009***	−0.008***	−0.008***	−0.008***	−0.000	−0.007***	−0.007***	−0.000
	(0.001)	(0.001)	(0.001)	(0.001)	(0.001)	(0.000)	(0.001)	(0.001)	(0.000)
land	−0.002***	−0.002***	−0.003***	−0.003***	−0.003***	0.000**	−0.002***	−0.003***	0.000***
	(0.000)	(0.000)	(0.000)	(0.000)	(0.000)	(0.000)	(0.000)	(0.000)	(0.000)
party	−0.019***	−0.024***	−0.026***	−0.026***	−0.026***	−0.000	−0.026***	−0.030***	−0.001**
	(0.005)	(0.005)	(0.005)	(0.005)	(0.005)	(0.000)	(0.004)	(0.005)	(0.000)
vcadre	−0.023***	−0.030***	−0.017**	−0.017**	−0.017**	−0.000	−0.018***	−0.020***	−0.001
	(0.007)	(0.008)	(0.007)	(0.007)	(0.007)	(0.000)	(0.007)	(0.007)	(0.000)
tcadre	−0.050***	−0.051***	−0.040***	−0.040***	−0.040***	−0.000	−0.056***	−0.053***	−0.000
	(0.006)	(0.007)	(0.006)	(0.006)	(0.006)	(0.000)	(0.006)	(0.006)	(0.000)
N	5 153	4 959	6 481	6 481	6 481	6 796	6 201	5 996	7 046
拟 R²	0.136 6	0.120 6	0.240 0	0.240 0	0.240 0	0.030 5	0.203 7	0.187 8	0.041 0

变量	Quantile=0.7			Quantile=0.8			Quantile=0.9		
	P	CP	TP	P	CP	TP	P	CP	TP
member	0.037***	0.038***	0.001***	0.031***	0.036***	0.001***	0.017***	0.016***	0.001***
	(0.002)	(0.001)	(0.000)	(0.002)	(0.002)	(0.000)	(0.002)	(0.002)	(0.000)

（续）

变量	Quantile＝0.7			Quantile＝0.8			Quantile＝0.9		
	P	CP	TP	P	CP	TP	P	CP	TP
labor	0.005**	0.006***	0.000	0.008***	0.006***	−0.000*	0.005**	0.006**	−0.000
	(0.002)	(0.002)	(0.000)	(0.002)	(0.002)	(0.000)	(0.002)	(0.002)	(0.000)
age	−0.022***	−0.022***	−0.000***	−0.023***	−0.025***	−0.000***	−0.025***	−0.025***	−0.001***
	(0.001)	(0.001)	(0.000)	(0.001)	(0.001)	(0.000)	(0.001)	(0.001)	(0.000)
age_sq	0.000***	0.000***	0.000***	0.000***	0.000***	0.000***	0.000***	0.000***	0.000***
	(0.000)	(0.000)	(0.000)	(0.000)	(0.000)	(0.000)	(0.000)	(0.000)	(0.000)
*edu*1	−0.022***	−0.022***	−0.001***	−0.023***	−0.023***	−0.001***	−0.018***	−0.018***	−0.002***
	(0.002)	(0.002)	(0.000)	(0.002)	(0.002)	(0.000)	(0.002)	(0.002)	(0.000)
*edu*2	−0.038***	−0.039***	−0.001***	−0.042***	−0.041***	−0.001***	−0.041***	−0.041***	−0.002***
	(0.004)	(0.004)	(0.000)	(0.004)	(0.004)	(0.000)	(0.004)	(0.004)	(0.001)
skill	−0.027***	−0.022***	−0.003***	−0.017***	−0.015***	−0.004***	−0.021***	−0.019***	−0.006***
	(0.005)	(0.005)	(0.000)	(0.006)	(0.006)	(0.001)	(0.006)	(0.006)	(0.001)
K	−0.008***	−0.008***	0.000	−0.008***	−0.008***	−0.000***	−0.008***	−0.008***	−0.001***
	(0.001)	(0.001)	(0.000)	(0.001)	(0.001)	(0.000)	(0.001)	(0.001)	(0.000)
land	−0.003***	−0.003***	0.000***	−0.002***	−0.003***	0.000***	−0.001***	−0.001***	0.000***
	(0.000)	(0.000)	(0.000)	(0.000)	(0.000)	(0.000)	(0.000)	(0.000)	(0.000)
party	−0.025***	−0.024***	−0.001***	−0.016***	−0.015***	−0.001***	−0.028***	−0.028***	−0.000
	(0.005)	(0.005)	(0.000)	(0.005)	(0.005)	(0.000)	(0.005)	(0.005)	(0.001)
vcadre	−0.011	−0.011	−0.000	−0.014*	−0.013*	0.000	0.009	0.008	−0.001
	(0.007)	(0.007)	(0.000)	(0.008)	(0.008)	(0.001)	(0.007)	(0.008)	(0.001)
tcadre	−0.034***	−0.031***	−0.001**	−0.035***	−0.036***	−0.001***	−0.031***	−0.035***	−0.002*
	(0.006)	(0.006)	(0.000)	(0.006)	(0.007)	(0.001)	(0.006)	(0.006)	(0.001)
N	6 495	6 708	8 427	7 723	7 330	9 476	9 725	9 364	10 368
拟 R^2	0.287 6	0.267 9	0.094 0	0.351 0	0.327 8	0.126 2	0.439 7	0.422 4	0.148 9

注：Quantile＝0.5 的结果没有报告以节省篇幅。*、**、*** 分别表示在 10%、5%、1% 的程度上显著，以下同。

表 6-7 报告了截尾分位数模型的回归结果，贫困线则取 2 美元（贫困线为 1 美元的回归结果类似）。被解释变量为连续 5 年内的总贫困、慢性贫困和暂时性贫困，解释变量为中间年份的家庭特征。模型回归后所进行的

RESET（Regression Specification Error Test）检验表明我们无法拒绝条件均值被正确地设置的原假设；最后，我们也尝试加入其他一些变量，但是我们关心的变量的回归系数的符号和大小都没有发生显著改变。

从表6-7的回归结果中可以得到如下结论：第一，在所有的分位数上，家庭成员的数量几乎都会显著增加农户的总贫困、慢性贫困和暂时性贫困，而家庭拥有的劳动力数量并不会显著降低家庭的总贫困、慢性贫困和暂时性贫困，甚至在在高分位数中，它还会增加农户的贫困；主要劳动力的年龄与农户的各种贫困都成U形关系，拐点大约在50岁左右，这说明在主要劳动力的年龄没有达到50岁之前，年龄的增加会降低贫困，但是超过50岁以后反而会增加贫困。第二，家庭主要劳动力中受过初中和初中以上教育的数量以及拥有专业技术的数量可以代表家庭人力资本，这三个变量都能显著降低家庭的各种贫困。第三，以及在任何分位数下，家庭拥有金融资产的数量几乎都能显著降低总贫困和慢性贫困，但是只有在观察期为5年和高分位数情况下，它才能显著降低暂时性贫困，其他大多数情况下都不能显著降低暂时性贫困，这一结果可能表明农村金融市场的不完善，从而使得农户无法很好地配置他们所拥有的金融资本以平滑消费。第四，家庭中党员、村干部和乡镇干部的数量通常被用来度量政治资本。党员的数量都能够显著降低总贫困、暂时性贫困和慢性贫困。但是，村干部和乡镇干部的数量并没有这样一致的表现，它们能够显著降低农户的总贫困和慢性贫困，但是在大部分分位数中都不能够显著降低暂时性贫困。第五，家庭耕种土地面积的回归系数非常有趣：它在任何分位数中都会显著降低农户的总贫困和慢性贫困，但是都会显著增加农户的暂时性贫困。本文给出的解释是：更多的耕地意味着农户更多地从事农业生产，而农业生产往往面临着更多的外部冲击、风险和不确定性，比如干旱、洪水、病虫害等的破坏，而这些负向冲击会对农户的暂时性收入或暂时性消费产生重大影响，所以我们的回归结果发现它会显著增加暂时性贫困。第六，我们将三种贫困的回归系数进行一下简单的对比可以发现一个重要的规律：慢性贫困对应的回归系数的绝对值几乎都大于暂时性贫困对应的回归系数的绝对值，这说明我们控制的解释变量主要通过影响慢性贫困而对总贫困产生影响，这一结果也与我们分解出来的慢性贫困成分的比例较高有关。

另外，我们也采用了Tobit模型对家庭的总贫困、慢性贫困和暂时性贫困进行回归，结果报告在表 6-8 中，从中得出的很多结论与表 6-7 中所得出的结论有所不同，由于截尾分位数具有更优良的属性，并且可以得出更加细致的结果，所以接受截尾分位数的回归结果。

表 6-8　总贫困、慢性贫困和暂时性贫困的决定因素（Tobit 模型，贫困线＝ 2 美元）

变量	T=3			T=5		
	P	CP	TP	P	CP	TP
member	0.029***	0.035***	0.000**	0.024***	0.026***	0.001***
	(0.002)	(0.002)	(0.000)	(0.001)	(0.002)	(0.000)
labor	−0.004*	−0.005**	0.001**	−0.000	0.000	−0.000
	(0.002)	(0.003)	(0.000)	(0.002)	(0.002)	(0.000)
age	−0.016***	−0.018***	−0.001***	−0.015***	−0.017***	−0.001***
	(0.001)	(0.001)	(0.000)	(0.001)	(0.001)	(0.000)
age_sq	0.000***	0.000***	0.000***	0.000***	0.000***	0.000***
	(0.000)	(0.000)	(0.000)	(0.000)	(0.000)	(0.000)
*edu*1	−0.013***	−0.015***	−0.001*	−0.012***	−0.013***	−0.001***
	(0.002)	(0.002)	(0.000)	(0.002)	(0.002)	(0.000)
*edu*2	−0.037***	−0.045***	−0.003***	−0.033***	−0.040***	−0.002***
	(0.004)	(0.004)	(0.000)	(0.003)	(0.004)	(0.000)
land	−0.001***	−0.001***	0.000***	−0.001***	−0.001***	0.000***
	(0.000)	(0.000)	(0.000)	(0.000)	(0.000)	(0.000)
K	−0.008***	−0.008***	−0.000**	−0.008***	−0.008***	−0.000***
	(0.001)	(0.001)	(0.000)	(0.001)	(0.001)	(0.000)
skill	−0.033***	−0.034***	−0.005***	−0.030***	−0.029***	−0.004***
	(0.005)	(0.006)	(0.001)	(0.004)	(0.005)	(0.000)
party	−0.031***	−0.036***	−0.002***	−0.026***	−0.030***	−0.002***
	(0.004)	(0.005)	(0.001)	(0.004)	(0.005)	(0.000)
vcadre	−0.019***	−0.023***	0.001	−0.018***	−0.017**	−0.001
	(0.007)	(0.008)	(0.001)	(0.007)	(0.007)	(0.001)
tcadre	−0.046***	−0.054***	−0.003***	−0.038***	−0.045***	−0.001**
	(0.005)	(0.007)	(0.001)	(0.005)	(0.006)	(0.001)
观察值	12 824	12 824	12 824	10 992	10 992	10 992
拟 R^2	1.627 2	0.945 5	−0.103 6	2.928 2	1.613 8	−0.110 7

注：为了节省篇幅，省份虚拟变量的回归系数、常数项和时间趋势变量的回归系数没有报告。

六、结论与政策建议

基于中国 5 个省份 1995—2005 年的农户面板数据，本章从动态的角度对农村贫困进行了详细的度量和实证分析。我们修正了 RRJR 的纵向加总贫困的方法，并将纵向加总的贫困分解为慢性贫困和暂时性贫困，修正后的方法能够加深我们对贫困决定因素的理解，并有利于扶贫政策的制定和评价。本章的度量和分解结果以及实证分析表明：第一，根据本章的度量方法，样本农户的总贫困主要由慢性贫困而非暂时性贫困构成，这一点与简单地根据贫困持续时间长短分解贫困所得出的结论恰好相反。第二，采用不同的贫困线和不同的观察时间长度，从 1995—2005 年，样本农户的总贫困和暂时性贫困皆呈下降趋势，但是总贫困下降的贡献主要来自于慢性贫困的下降。第三，基于本章的度量方法，慢性贫困成分大于暂时性贫困成分的农户比例远远高于只有暂时性贫困成分而没有慢性贫困成分的农户比例，并且随着时间的推移，只有暂时性贫困成分的农户比例还保持着明显的上升趋势，而慢性贫困成分大于暂时性贫困成分的农户比例保持明显的下降趋势。第四，大部分家庭特征对于总贫困、慢性贫困和暂时性贫困都有显著影响，成员更多的农户往往面临着更高的总贫困、暂时性贫困和慢性贫困；家庭的人力资本、政治资本和金融资本都能够显著降低家庭的慢性贫困和总贫困，但是低水平的人力资本和金融资本往往并不能降低农户的暂时性贫困；特别地，更多的耕种土地和从事农业生产的农户往往面临多种外部冲击和风险。这会对他们的暂时性收入或暂时性消费产生重大影响，从而会显著增加农户的暂时性贫困。

Jalan and Ravallion（1998，2000）基于他们的度量方法给出政策建议，认为中国扶贫的重点应该放在消除暂时性贫困而不是慢性贫困上。如果本章使用的样本具有全国代表性的话[①]，则采用修正后的度量方法，本章得到的政策建议却恰恰相反：尽管按照持续贫困的时间长短所度量出来的暂时性贫

[①] Jalan and Ravallion（1998）的研究也仅仅使用了来自广东、广西、贵州、云南四省区的农户样本，因而也未必能够具有全国代表性。在这一点上，岳希明等（2007）所使用的数据较具全国代表性。

困的家庭所占的比例较高，但是这并不表明它们所经历的贫困程度一定很严重。同时，由于慢性贫困成分所占比例较高，以及慢性贫困占主要成分的家庭的比例也非常高，所以中国农村扶贫的重点在今后相当长的时间里需要集中于降低慢性贫困而非暂时性贫困，而这就意味着中国农村的扶贫在帮助穷人培养和积累高层次的人力或物质资源方面需要做很多工作。同样道理，我们的研究结果还意味着，由于慢性贫困占主要地位，所以指望通过建立和改善农村社会保障体系来达到减贫的目标可能不是最佳政策选择。从长远着手，政府应该注重对贫困农户的教育或技能、健康和参与信贷市场方面的支持。最后，由于农业生产往往面临更多的风险或外部冲击，因而会增加农户的暂时性贫困，所以为更多地从事农业生产的农户提供保险或其他应对风险的措施将有助于降低他们的暂时性贫困。

≪ 参考文献

罗楚亮，2012. 经济增长、收入差距与农村贫困 [J]. 经济研究 (2)：15-27.

万广华，2006. 经济发展与收入不平等：方法和证据 [M]. 上海：三联书店，上海人民出版社.

万广华，张茵，2006. 收入增长与不平等对我国贫困的影响 [J]. 经济研究 (6)：112-123.

万广华，张茵，2008. 中国沿海与内地贫困差异之解析：基于回归的分解方法 [J]. 经济研究 (12)：75-84.

万广华，张藕香，2008. 贫困按要素分解：方法与例证 [J]. 经济学 (季刊)，7 (3)：997-1012.

岳希明，李实，王萍萍，关冰，2007. 透视中国农村贫困 [M]. 北京：经济科学出版社.

Arabmazar A and P. Schmidt, 1982. An Investigation of the Robustness of the Tobit Estimators to Non-normality [J]. Econometrica (50)：1055-1069.

Baulch B and Hoddinott J, 2000. Economic Mobility and Poverty Dynamics in Developing Countries [J]. Journal of Development Studies, 36 (6)：1-24.

Chen Shaohua and Martin Ravallion, 2008. China is Poorer than we Thought, But No Less Successful in the Fight against Poverty [R]. Policy Research Working Paper of World Bank, No. 4621.

Chen Shaohua and Martin Ravallion, 2004. China's (Uneven) Progress Against Poverty [R]. Policy Research Working Paper of World Bank, No. 3408.

Cruces Guillermo and Quentin T Wodon, 2003. Transient and Chronic Poverty in Turbulent Times: Argentina 1995—2002 [J] . Economics Bulletin, 9 (3): 1-12.

Datt Gaurav and Ravallion Martin, 1992. Growth and Redistribution Components of Changes in Poverty Measures: A Decomposition with Applications to Brazil and India in the 1980s [J] . Journal of Development Economics, 38 (2): 275-295.

Foster E James, 2007. A Class of Chronic Poverty Measures [R] . Conference paper, UNU- WIDER Conference on Fragile States - Fragile Groups, Helsinki, Finland.

Foster J, Greer J, and Thorbecke E, 1984. A Class of Decomposable Poverty Measures [J] . Econometrica, 52 (3): 761-766.

Foster J and A F Shorrocks, 1991. Subgroup Consistent Poverty Indices [J] . Econometrica (59): 687-709.

Gustafsson Björn and Ding Sai, 2009. Temporary and Persistent Poverty among Ethnic Minorities and the Majority in Rural China [J] . Review of Income and Wealth, Series 55, Special Issue (1): 588-606.

Hulme D and A Shepherd, 2003. Conceptualizing Chronic Poverty [J] . World Development, 31 (3): 403-423.

Jalan J and M Ravallion, 1998. Transient Poverty in Post-reform China [J] . Journal of Comparative Economics (26): 338-357.

Jalan J, and Ravallion M, 2000. Is Transient Poverty Different? Evidence for Rural China [J] . Journal of Development Studies, 36 (6): 82-99.

Koenker R andBassett G, 1978. Regression Quantile [J] . Econometrica (46): 33-50.

Morduch J, 1984, Poverty and Vulnerability [J] . American Economic Review, 84 (2): 221-225.

Ravallion M, 1988. Expected Poverty under Risk-induced Welfare Variability [J] . Economic Journal (393): 1171-1182.

Rodgers Joan R, Rodgers John L, 1993. Chronic Poverty in the United States [J] . Journal Human Resources, 28 (1): 25-54.

第 **7** 章

多维贫困动态性及
其影响因素[*]

【摘要】　本章利用国家统计局湖北调查总队 2006—2010 年的农村住户调查数据，采用 A—F 多维贫困测量方法，从收入、消费、教育、健康、生活质量和资产六个维度测量湖北农村家庭多维贫困，分析多维贫困的动态性，在此基础上采用有序 Probit 模型探讨多维动态贫困的影响因素。结果表明，湖北省农村家庭多维贫困状况呈下降的趋势，超过 95％的农村家庭经历着 1 个维度以上贫困，没有农村家庭发生 6 个维度贫困，多维贫困更能全面反映农村家庭贫困状况；人力资本匮乏和地理条件差异是导致农村家庭陷入慢性贫困和暂时贫困的主要因素，接受培训劳动力占比提高 1 个单位，农村家庭摆脱多维贫困的概率将提升约 10 个百分点，山区比平原的农村家庭陷入 2 维贫困和 3 维贫困的概率分别高出 25％和 15％。因此，扶贫实践中应根据多维贫困指标体系构建贫困动态识别和退出机制，加强农村地区人力资本积累，完善基础设施或加快易地扶贫搬迁，克服地理条件对农村家庭发展的约束。

一、引　　言

　　消除贫困是人类社会发展的共同任务，也是当前中国社会经济发展面临的重大问题。改革开放以来，中国的反贫困事业取得了巨大成就，农村贫困

---

[*] 本章以题《农村家庭多维贫困动态性及其影响因素研究》发表在《中南财经政法大学学报》2018 年第 1 期。作者：汪为，博士，特聘副教授，四川农业大学管理学院；吴海涛（通讯作者），博士，教授，中南财经政法大学工商管理学院；彭继权，中南财经政法大学工商管理学院博士研究生。本项研究得到国家自然科学基金项目（71273281 和 71573277）和国家社会科学基金项目（13BJY110）的资助。

人口规模从 1978 年的 2.5 亿人下降到 2010 年的 2 688 万人，贫困发生率从 33％下降到 2.8％[1]。按照 2011 年国务院扶贫办公布的新贫困标准（每人每年 2 300 元），2016 年全国还有 4 332 万贫困人口[2]。2015 年 11 月，中共中央国务院发布《关于打赢脱贫攻坚战的决定》，提出确保 2020 年现行标准下农村贫困人口实现脱贫，这意味着每年须减贫 1 000 万以上人口，因此，我国扶贫任务依然艰巨。扶贫开发工作已进入"啃硬骨头、攻坚拔寨"的冲刺期（习近平，2017），扶贫的精准性已成为当前扶贫工作亟须解决的问题。在当前大力实施精准扶贫精准脱贫方略下，扶贫工作的顺利开展不仅需要精准识别贫困户，更需要分析剩余贫困人口的贫困类型、特征及致贫因素，从而精准地制定有效的脱贫政策。

贫困识别是有效开展扶贫工作的基础。在学术研究和实际工作中，贫困识别通常采用收入和消费指标，然而由于贫困的多维度特征，单一经济维度的指标不能够全面反映贫困的实际状况。Sen 提出了"能力贫困"概念，认为人们之所以贫困，是因为他们缺乏增强自身投资、应对不确定性风险、参与经济活动获利的"能力"，从而把能力、社会排斥和参与性引入贫困的度量，创建了多维贫困理论（Sen，1982）。除收入和消费外，贫困测度还应包含非货币维度，如健康、教育、住房及公共品的获得等。因此，贫困测量需要从单一维度向多维度拓展。

另一方面，贫困具有动态性。传统的贫困问题研究大多基于截面数据的统计测度，其本质是静态的，测度结果对贫困的解释是片面的。贫困是动态变化的，贫困研究需要由静态向动态转换。贫困现象是一种需要进行连续考察的状态，对贫困人口进行长期的跟踪是非常必要的（Sen，1982；Stevens A，1999）。贫困研究既要了解个体或家庭某一时点的贫困状况，更要连续观察其多个时点的贫困状况，分析其进出贫困过程、特征及原因，从而建立贫困动态瞄准机制和制定前瞻性的主动扶贫政策。

基于此，本章在多维贫困理论研究的基础上，选取收入、消费、教育、健康、生活质量和资产六个维度指标，利用国家统计局湖北调查总队提供的

① 数据来源：国家统计局，《国民经济和社会发展统计公报》（2010 年），中国统计出版社。
② 数据来源：蒲晓磊，三年农村贫困人口由 9 899 万减至 4 335 万 [EB/OL] . [2017-08-29] . http：//www.npc.gov.cn/npc/cwhhy/12jcwh/2017-08/30/content_2027646.htm。

农村住户连续调查数据，测度农村家庭多维贫困状况，识别农村家庭的动态贫困类型，并考察其影响因素，解释导致不同多维度动态贫困类型的成因，找准"贫根"，为精准扶贫措施制定提供实证依据。

二、文献回顾

贫困是发展经济学研究的重要内容，国内外学者对贫困问题做了大量研究，早期的贫困研究主要集中在贫困的概念、测度及成因等方面。近年来，国内外学者对贫困的研究开始从静态向动态转变，贫困动态性成为贫困研究的热点，研究内容主要集中在以下几个方面：

第一，贫困动态性的研究方法。贫困分解是分析贫困动态性的前提，可以将贫困分解为暂时贫困和持续性贫困（Jalan and Ravallion，1998；Hulme，et al.，2001）。Jalan and Ravallion 构建了经典的贫困分解方法，但该方法对贫困家庭所经历的贫困时间长度不敏感（Stevens，1999）。为了克服这一缺陷，Foster 引入贫困线和持续时间两条准线来测算总贫困和慢性贫困（Foster，2007），然而这种方法不能测算暂时贫困，也不能进行贫困分解。章元等（2013）改进了暂时贫困和持续贫困的分解方法，在 Jalan and Ravallion 的贫困分解方法基础上引入贫困经历时间，这种新的贫困分解方法克服了 Jalan and Ravallion 的贫困分解方法对时间长度不敏感的缺陷，然而，该方法所采用的收入指标没有包括非贫困时期的收入状况，且未完全解决对贫困持续时间长度不敏感的问题。

第二，贫困动态过程及持续程度。岳希明等（2007）沿用了 Rodgers（Rodgers R and Rodgers L，1993）的方法分解贫困，发现暂时贫困构成了中国农村贫困的主体，慢性贫困的比例较小。这一结论得到张立冬等（2009）的研究的支持，罗楚亮（2010）和章元等（2012）的研究也印证了这个观点。然而，一些研究得出不同的结论，Jalan and Ravallion（1998）采用广东、广西、云南和贵州的面板数据测度了暂时贫困和慢性贫困，发现暂时贫困占总体贫困的 49.39%，与慢性贫困各占一半。郭劲光（2011）利用辽宁省重点贫困县调查数据，也发现暂时贫困和长期贫困二者"并重"，而非"偏态"分布。吴海涛和丁士军（2013）从收入贫困、消费贫困和食物贫困三个方面测度了农户的动态贫困,发现动态视角度量的贫困发生率高于静态视角度量的贫困发生率,同时暂时贫困农户多于慢性贫困农户。罗正文和薛东前(2015)利用极端贫困线、绝对贫困线、相对贫困线、1 美元线和 2 美元线等 5 条贫困线分析了陕西农村 20 年贫困随时间的动态变化,然而该研究只针对总体贫困而言,缺少对慢性贫困和暂时贫困的动态分析。

第三,贫困动态性的影响因素。Jalan and Ravallion(1998)利用中国四省数据对农村贫困进行了分解,并分析了暂时贫困和持续贫困的决定因素,他们发现土地、物质资本和人力资本有助于减少暂时贫困。高艳云和马瑜(2013)发现人力资本、人口结构和地区发展差异是影响贫困动态性的主要因素。吴海涛和丁士军(2013)利用组分分解法对农村贫困进行了分解,并用分位数回归法估算了总贫困、暂时贫困和慢性贫困的影响因素,发现影响慢性贫困与总贫困的变量系数大小相似,方向和显著水平一致。高帅和毕洁颖(2016)分析了农户陷入持续性多维贫困的影响因素,他们发现从事农业时间、地区差异和社会地位将对持续性多维贫困产生影响,但他们的研究仅从多维贫困的持续性角度分析影响因素,缺少在贫困分解基础上对暂时贫困影响因素的探讨。

第四,从多维贫困视角考察贫困动态性。张全红(2015)利用 1991—2011 年 CHNS 数据,从剥夺得分角度测度了中国多维贫困并进行了动态分析,类似的研究还有邹薇和方迎风(2011)利用 1989—2009 年 CHNS 数据对中国多维贫困的动态考察,然而他们的多维贫困研究是从时间维度上的动态分析,并没有以动态贫困识别为前提。高艳云和马瑜采用 9 个贫困指标识别农户是否存在多维贫困,并在多维贫困识别基础上将贫困进行动态划分,从家庭层面和区域层面考察了影响农户多维贫困的因素。

以上文献在贫困动态性测度方法、刻画贫困动态特征及贫困动态影响因素等方面展开了较为全面的研究,为深入理解和研究农村贫困问题奠定了坚实的基础。然而,这些研究大多是以单维贫困为基础的贫困动态性识别,相比单维贫困,多维贫困更能全面刻画贫困状况和特征,用多维贫困识别贫困动态性,有利于我们更深入地认识和理解贫困动态性。梳理文献可以发现,鲜有文献从多维贫困视角对贫困动态性进行分解并考察其影响因素,目前仅有高艳云和马瑜(2013)采用 2000、2004、2006 和 2009 年的 CHNS 数据,在多维贫困测量基础上开展了贫困动态性影响因素研究。但该研究是以2个间隔时间点的观测样本识别贫困动态类型，识别效果较差，识别结果也可能存在误差。而贫困动态性需要对5年及以上连续观测数据进行识别，以考察样本进出贫困的过程、特征和成因。鉴于此，本章采用国家统计局湖北调查总队提供的2006—2010年5年农村住户连续调查数据，在多维贫困测量基础上，识别贫困动态类型，并分析贫困动态特征和致贫原因。

三、多维贫困动态性度量方法

本章采用 Alkire and Foster（2008）提出的多维贫困方法（以下简称 A—F 方法）进行测算，这种测算方法具体如下：

假设调查样本总量为 N，$i(i \in N)$ 表示第 i 个农村家庭，$d(d \geqslant 2)$ 表示多维贫困维度数，$j(j \in d)$ 表示第 j 个维度，g_{ij} 表示农村家庭 i 在维度 j 的观测值，z_j 表示第 j 个维度的贫困临界值，农村家庭 i 在维度 j 的贫困状况 p_{ij} 为：

$$p_{ij} = \begin{cases} 1, & if \quad g_{ij} < z_j \\ 0, & 其他情况 \end{cases} \tag{7-1}$$

以 w_j 表示第 j 个维度的权重，可以对每个贫困维度进行赋权，得到每一维度的加权贫困剥夺值：

$$r_{ij} = p_{ij} * w_j \tag{7-2}$$

然后，选取维度数 k 值（$k \leqslant d$）进行多维贫困识别：

$$c_{ij}(k) = \begin{cases} \sum_{j=1}^{d} r_{ij}, & if \quad \sum_{j=1}^{d} r_{ij} \geqslant k \\ 0, & if \quad \sum_{j=1}^{d} r_{ij} < k \end{cases} \tag{7-3}$$

这样能够得到不同 k 值的多维贫困剥夺份额。同时，对不同 k 值的多维贫困个体数进行识别：

$$q_{ij}(k) = \begin{cases} 1, & if \quad c_{ij}(k) > 0 \\ 0, & if \quad c_{ij}(k) = 0 \end{cases} \tag{7-4}$$

进一步地，可以对多维贫困指数进行加总：贫困发生率 $H(k) = \dfrac{\sum\limits_{i=1}^{N} q_{ij}(k)}{N}$，贫困剥夺份额 $A(k) = \dfrac{\sum\limits_{i=1}^{N} c_{ij}(k)}{\sum\limits_{i=1}^{N} q_{ij}(k) * d}$，多维贫困指数 $M(k) =$

$$H(k) * A(k) = \frac{\sum\limits_{n=1}^{N} c_{ij}(k)}{N * d}。$$

在农村家庭多维贫困测量的基础上，根据农村家庭在调查年份区间内所处贫困的年限，可以将农村家庭的贫困状态划分为从不贫困、暂时贫困和慢性贫困三种类型。具体划分方法如下：

$$P_m^i = \begin{cases} 0, & if & Y_m^i = 0 \\ 1, & if & 0 < Y_m^i \leqslant T' \\ 2, & if & T' < Y_m^i \leqslant T \end{cases} \tag{7-5}$$

其中，P_m^i 表示第 i 个农村家庭在 T 时期内的多维贫困状态，Y_m^i 为第 i 个农村家庭在 T 时期内的贫困年份，T' 为判断暂时贫困和慢性贫困的临界值。当第 i 个农村家庭在 T 时期内的多维贫困年份为 0 时，其贫困状态为从不贫困；当第 i 个农村家庭在 T 时期内的多维贫困年份介于 0 和 T' 之间时，其贫困状态为暂时贫困；当第 i 个农村家庭在 T 时期内的多维贫困年份大于 T' 时，其贫困状态为慢性贫困。

四、多维贫困的测度及动态变化

(一) 数据来源

本章采用的数据样本来自湖北省，湖北省地处中国中部地区，经济发展水平位于全国中等，地貌类型多样，山地、丘陵、平原和湖区兼备。因此，以湖北省为研究区域来分析农村家庭多维贫困动态性及其影响因素，具有一定的代表性。本章数据来源于国家统计局湖北调查总队提供的跨年度农村住户调查数据，数据调查时间从 2006 年持续到 2010 年，为连续多年调查的数据样本。此外，与其他调查数据相比，该数据在收集、检查和处理环节的科学设计和精细安排下，极大地降低了非抽样误差。调查内容为农村家庭的社会经济相关信息，主要包括农村家庭所在村基本信息、农村家庭及其成员基本情况、生产经营情况、消费情况、收支情况、农村小康监测指标等。该数据调查选取了湖北省 33 个县（市、区），每个县（市、区）随机抽取 5～13 个样本村，共抽取了 330 个村，每村随机选择 10 户，调查样本达 3 300 户①。根据本文研究需要，删除了没有参与重复调查的农村家庭数据，选取了 2006—2010 年 5 年均被调查的农村家庭，一共 2 952 户。

（二）维度选取

本章参考 Alkire and Foster（2008）提出的多维贫困测度方法及多维贫困指数（MPI）维度选取标准。多维贫困指数（MPI）是对人类贫困指数（HPI）和人类发展指数（HDI）的进一步完善，能够更好地反映家庭多维贫困状况。多维贫困指数（MPI）选取了健康、教育和生活水平三个维度，本文结合所采用数据的特征，以多维贫困指数（MPI）所选维度为参照，增加了消费和资产两个维度，共选取了 5 个贫困维度对多维贫困进行测量，这 5 个维度分别属于经济贫困、能力贫困和福利贫困三个框架，经济贫困为消费维度，能力贫困包括健康和教育维度，福利贫困包括生活水平和资产两个维度。每个维度的选取及指标赋值如下：

1. 消费维度

学术界通常以经济状况来定义和测度贫困，衡量经济状况的指标主要有收入、消费和福利。由于农业经营兼业化和农民收入多样化，农村家庭收入每年波动可能较大，相比于收入，消费更"平滑"，能够更好地衡量家庭经济状况。一般而言，家庭消费与其富裕程度呈正比，贫困家庭通常消费水平较低。同时，贫困线实际上是按照人类生存标准的消费水平来定义的，是指为了满足人们生存所需的最低热量而购买食品和其他基本服务的支出（Hagenaars，1991；Macpherson，Silburn，1998）。因此，消费是衡量贫困的重要维度，本章选取农村家庭人均消费作为多维贫困的一个维度指标，若人均消费低于国家贫困线（2006—2010 年国家贫困线分别为 958 元、1 005

---

① 调查过程中，每个县的选取方法为将全省所有县按人均纯收入进行排序，以随机起点按固定间隔选择 1/3 的县，并按同样方法选取样本村和样本农村家庭。

元、1 196 元、1 196 元和 1 274 元），则赋值为 1，反之赋值为 0。

2. 教育维度

教育可以直接反映家庭的人力资本状况，是衡量能力贫困的重要维度。本文选取家庭劳动力受教育程度和适龄儿童入学情况来衡量教育维度贫困。用家庭劳动力的平均受教育年限来反映家庭劳动力受教育状况，同时，如果家庭劳动力接受过专业技能培训，本文认为其等同于脱离了教育贫困。因此，若家庭劳动力平均受教育年限小于 6 年且没有接受过专业技能培训，则受教育程度赋值为 1。若有 7～15 岁适龄入学儿童辍学，则适龄儿童入学指标赋值为 1。

3. 健康维度

由于数据的限制，健康维度选取了医疗保险和家庭劳动力的劳动能力两个指标。医疗保险指标以家庭成员是否超过半数参加新型农村合作医疗保险来衡量，若超过半数的家庭成员未参保，赋值为 1。劳动力健康状况对于家庭有至关重要的影响，如果有劳动力丧失劳动能力，家庭陷入贫困的风险将增大，因此，若家庭有劳动力丧失劳动能力的，赋值为 1。

4. 生活质量维度

生活质量维度包括做饭燃料、卫生设施、饮用水类型和道路。做饭燃料以所用能源为衡量指标，若做饭燃料为天然气、电、沼气等以外的非清洁能源，赋值为 1；卫生设施以厕所类型为衡量指标，若无水冲厕所，赋值为 1；饮用水指标以家庭是否有自来水、深井水等清洁水源为判断标准，若无则赋值为 1；道路指标以被调查家庭门前有无水泥、沙石、石板等硬质路面为判断标准，若无则赋值为 1。

5. 资产维度

资产维度包括住房面积和耐用品两个指标。住房面积指标的临界值借鉴了张全红（2015）的划分标准，若农村家庭人均住房面积小于 12 平方米，则赋值为 1。耐用品指标以农村家庭拥有的耐用品数量来判断，若耐用品数量小于 2，则赋值为 1。

多维贫困测算的维度及临界值具体介绍见表 7-1。多维贫困测算的指标赋权采用了目前学者广泛使用的等权重赋权方法，将各维度赋予相同权重，每个维度所包含的各指标也赋予相同权重。因此，本文多维贫困测算中的 k

值取值范围为 1～5。

表 7-1 多维贫困测量的维度及临界值

框架	维度	指 标	临界值	权重
经济贫困	消费	人均消费	人均年消费小于国家贫困线，赋值为 1	1
能力贫困	教育	受教育程度	家庭劳动力平均受教育年限小于 6，赋值为 1	1/2
		适龄儿童入学	有 7～15 岁儿童辍学，赋值为 1	1/2
	健康	医疗保险	家庭成员超过半数没有参加新农合，赋值为 1	1/2
		劳动能力	有家庭劳动力丧失劳动能力，赋值为 1	1/2
福利贫困	生活质量	做饭燃料	做饭燃料为非清洁能源，赋值为 1	1/4
		卫生设施	厕所无冲水设施，赋值为 1	1/4
		饮用水	无深井水、自来水等清洁水源，赋值为 1	1/4
		道路	门前道路无水泥、沙石、石板等硬质路面，赋值为 1	1/4
	资产	住房面积	人均住房面积小于 12 平方米，赋值为 1	1/2
		耐用品	无以下耐用品中任何 2 项：洗衣机、电冰箱、空调机、抽油烟机、吸尘器、微波炉、热水器、电动自行车、摩托车、生活用汽车、电话、移动电话、彩色电视机、摄像机、照相机、家用计算机，赋值为 1	1/2

（三）多维贫困动态变化

按照上文所述 A—F 方法，本章使用 Stata13 软件对湖北农村多维贫困进行了测量，测量结果如表 7-2 所示。

从不同的年份来看，当 $k=1$ 时，多维贫困发生率极高，2006—2010 年贫困发生率均超过了 90%，这表明在这 5 年间，绝大多数农村家庭经历了至少 1 个维度的贫困，在所有维度上均不贫困的农村家庭极少，此时的多维贫困指数介于 0.14～0.17；当 $k=2$ 时，每年的多维贫困发生率急剧下降，从 $k=1$ 时的 90% 以上下降到 $k=2$ 时的 30% 左右，也就是说在这 5 年间，至少处于 2 个维度以上贫困的农村家庭占 1/3 左右，此时每年的多维贫困指数介于 0.06～0.10；当 $k=3$ 和 $k=4$ 时，每年的多维贫困发生率分别低于 5% 和 0.5%，这表明，经历 3 个或 4 个维度以上贫困的农村家庭较少，此时每年的多维贫困指数较小，各年多维贫困指数均小于 0.02；当 $k=5$ 时，每年的多维贫困发生率和多维贫困指数均为 0，也就是说，没有经历 5 个维度贫困的极端贫困家庭。

表 7-2　湖北省农村多维贫困测量结果

k 值	年份	多维贫困个体数	贫困剥夺总和	H（贫困发生率）(%)	A（平均贫困剥夺值）	M（多维贫困指数）
	2006	2 873	2 624.5	97.32	0.152 3	0.148 2
	2007	2 821	2 584.75	95.56	0.152 7	0.145 9
k=1	2008	2 843	2 903.5	96.31	0.170 2	0.163 9
	2009	2 762	2 727.75	93.56	0.164 6	0.154 0
	2010	2 748	2 549.25	93.09	0.154 6	0.143 9
	2006	707	1 155	23.95	0.272 3	0.065 2
	2007	770	1 272.5	26.08	0.275 4	0.071 8
k=2	2008	1 045	1 697.75	35.40	0.270 8	0.095 9
	2009	953	1 569	32.28	0.274 4	0.088 6
	2010	824	1 335.75	27.91	0.270 2	0.075 4
	2006	87	228.5	2.95	0.437 7	0.012 9
	2007	95	246	3.22	0.431 6	0.013 9
k=3	2008	115	293.5	3.90	0.425 4	0.016 6
	2009	118	309	4.00	0.436 4	0.017 4
	2010	86	218.5	2.91	0.423 4	0.012 3
	2006	7	24.25	0.24	0.577 4	0.001 4
	2007	6	20.25	0.20	0.562 5	0.001 1
k=4	2008	7	24.5	0.24	0.583 3	0.001 4
	2009	13	45.25	0.44	0.580 1	0.002 6
	2010	8	28	0.27	0.583 3	0.001 6
	2006	0	0	0.00	0.000 0	0.000 0
	2007	0	0	0.00	0.000 0	0.000 0
k=5	2008	0	0	0.00	0.000 0	0.000 0
	2009	0	0	0.00	0.000 0	0.000 0
	2010	0	0	0.00	0.000 0	0.000 0

　　总体上看，k 取不同值时，湖北省农村多维贫困均呈现下降的趋势，这

也印证了湖北扶贫工作取得了一定成效。然而，这种下降趋势并不稳健，部分年份多维贫困发生率反弹，如 $k=2$ 和 $k=3$ 时，2008 年湖北农村家庭的多维贫困状况比 2007 年更严重。在收入贫困发生率逐年下降的情况下，多维贫困发生率反而可能提高，因此，有必要制定缓解农村多维贫困的政策措施，增强农村家庭可持续发展能力和应对风险冲击的抵抗力，以防止农村家庭陷入多维贫困。

（四）多维贫困动态类型

进一步地，根据农村家庭经历多维贫困的年数来确定其多维贫困动态类型。具体来说，本章将 2006—2010 年 5 年时间作为考察阶段，如果 5 年中有 3 年及以上年份处于多维贫困状态，则判定为慢性贫困；如果 5 年中有 1 年以上、3 年以下年份处于多维贫困状态，则判定为暂时贫困；如果 5 年间均不处于多维贫困状态，则判定为从不贫困。表 7-3 为湖北农村家庭多维动态贫困划分结果。当 $k=1$ 时，从不贫困的农村家庭有 30 户，暂时贫困的农村家庭有 75 户，慢性贫困的农村家庭有 2 847 户，绝大多数农村家庭都经历了 1 维的暂时贫困，这是由于 $k=1$ 时极高的贫困发生率导致的；当 k 取值为 2 时，暂时贫困和慢性贫困的农村家庭数量持平；当 k 取值为 3 和 4 时，暂时贫困的农村家庭数量远多于慢性贫困的农村家庭数量；$k=5$ 时，没有经历暂时贫困和慢性贫困的农村家庭，这是因为 $k=5$ 时多维贫困发生率为 0。

表 7-3　湖北农村家庭多维动态贫困类型

单位：户、%

k 值	从不贫困		暂时贫困		慢性贫困	
	户数	比例	户数	比例	户数	比例
$k=1$	30	1.02	75	2.54	2 847	96.44
$k=2$	1 385	46.92	778	26.36	789	26.73
$k=3$	2 668	90.38	226	7.66	58	1.96
$k=4$	2 924	99.05	24	0.81	4	0.14
$k=5$	2 952	100.00	0	0.00	0	0.00

五、多维贫困动态性影响因素分析

(一) 变量描述

本章选取的因变量为上文划分的多维贫困动态类型，识别多维贫困的 k 值尤为重要，目前理论界没有对多维贫困的 k 值界定标准形成共识，学术界关注更多的是多维贫困 k 值大于等于总维度 1/3 时的情况（王小林，Alkire，2009；高艳云，马瑜，2013；李俊杰，李海鹏，2013；张全红，2015；张庆红，阿迪力·努尔，2015）。因此，本章选取了 k 值分别为 2 和 3 时两种情况来识别农村家庭在各年度是否存在多维贫困。同时，本章选取可能影响农村家庭贫困的因素作为自变量，这些因素包括家庭特征、生计策略、资产状况和村级条件等方面。本章选择了户主年龄、家庭规模、劳动力占比、接受培训劳动力占比反映家庭特征。家庭生计策略能够直接影响农村家庭收入，从而影响农村家庭多维贫困状况，家庭生计策略包括外出劳动力占比、从事非农务工月数、是否参加农业合作社和家庭经营类型，其中非农务工月数指家庭所有劳动力 1 年从事非农务工月数的总和。资产是决定农村家庭进行生产和再生产规模的重要因素，也会在一定程度上影响多维贫困状况，本章选取土地面积和生产性固定资产数量来反映资产状况。同时，村级条件的差异会导致农村家庭的生计资本和生计策略存在差异，进而影响农村家庭的收入创造能力和贫困状态（樊新生，李小建，2008）。本章选取的村级条件包括所在村地势、是否郊区村①、是否少数民族村和是否老区村。表 7-4 为本章选取自变量的描述结果，限于篇幅，不再赘述。

表 7-4　变量描述性统计

变量类型	变量名称	均值	标准差	最小值	最大值
家庭特征	户主年龄	51.74	8.80	18	83
	家庭规模	4.00	1.31	1	10

① 郊区村是指位于紧邻中心城区的行政建制区，其经济水平、社会生活方式和意识形态既不同于传统农村地区，也不同于城市地区，是中心城区到农村地区的过渡区。

（续）

变量类型	变量名称	均值	标准差	最小值	最大值
家庭特征	劳动力占比	0.80	0.18	0.2	1
	接受培训劳动力占比	0.10	0.19	0	1
生计策略	外出劳动力占比	0.33	0.26	0	1
	从事非农务工月数	10.44	10.11	0	57.5
	是否参加农业合作社（否＝0；是＝1）	0.03	0.18	0	1
	家庭经营类型（农业型＝1；农业兼业型＝2；非农兼业型＝3；非农业型＝4）	2.17	0.82	1	4
资产状况	土地面积	6.43	4.75	0	48
	生产性固定资产原值的对数	7.99	1.25	3.91	12.39
村级变量	地势（平原村＝1；丘陵村＝2；山区村＝3）	1.92	0.78	1	3
	是否郊区村（否＝0；是＝1）	0.13	0.33	0	1
	是否老区村（否＝0；是＝1）	0.26	0.44	0	1
	是否少数民族村（否＝0；是＝1）	0.09	0.28	0	1

（二）回归结果分析

在多维贫困测算基础上，本章选取 $k=2$ 和 $k=3$ 时的多维贫困动态分解结果，利用 Stata13 软件采用有序 Probit 模型对 2006—2010 年多维贫困动态性的影响因素进行估计，以进一步分析影响农村家庭多维贫困的因素，识别出具备哪些特征的农村家庭会陷入慢性贫困和暂时贫困，以及具备哪些特征的农村家庭对贫困的风险抵抗能力更强。表 7-5 为 $k=2$ 和 $k=3$ 时农村家庭多维贫困动态性影响因素的边际效应，从慢性贫困、暂时贫困和从不贫困对应的系数大小来看，对应的每一解释变量的三个系数算术和为 0；从三类贫困类型对应的解释变量系数符号来看，慢性贫困、暂时贫困与从不贫困所对应的解释变量系数符号均相反。也就是说，如果影响贫困的因素发生变化，农村家庭陷入慢性贫困和暂时贫困的概率和从不贫困的概率相反。这和现实情况是相符的，贫困和非贫困是相对立的状态，影响贫困因素的改变必然会影响贫困状态的转变。同时，本章以家庭初中以上文化水平人数替换家庭成员平均受教育水平，以生产性固定资产数量替换生产性固定资产原值对数，进行稳健性检验，结果显示，所有自变量的系数大小、符号和显著性水平均未发生明显变化，因此，该结果具有一定的稳健性。

表 7-5   湖北农村家庭多维贫困动态变化影响因素的边际效应

变量类型	变量名称	$k=2$		$k=3$	
		回归系数	Z 值	回归系数	Z 值
人力资本	户主年龄	0.013 0***	3.57	0.012 9***	3.31
	家庭成员平均教育水平	−0.243 2***	−15.79	−0.120 3***	−7.23
	劳动力占比	−0.401 9**	−2.28	−0.876 8***	−4.38
	接受培训劳动力占比	−0.359 1**	−2.18	−0.611 2***	−2.96
生计策略	外出劳动力占比	−0.157 7	−0.93	0.148 5	0.89
	从事非农务工月数	0.014 5***	3.26	0.024 6***	5.79
	是否参加农业合作社（以参加合作社为参照组）				
	♯没有参加农业合作社	0.639 6***	2.79	0.409 5	1.39
	家庭经营类型（以农业型为参照组）				
	♯农业兼业型	−0.196 7**	−2.44	−0.292 0***	−3.24
	♯非农兼业型	−0.264 5***	−2.85	−0.683 9***	−6.31
	♯非农业型	−0.453 8*	−1.94	−0.806 7***	−2.66
资产状况	土地面积	−0.040 5***	−4.91	−0.047 5***	−4.18
	生产性固定资产原值的对数	−0.185 9***	−7.26	−0.110 7***	−3.60
地理条件	地势（以平原为参照组）				
	♯丘陵	0.132 3*	1.77	0.101 5	1.00
	♯山区	0.950 5***	12.02	0.953 3***	10.21
	是否郊区（以郊区为参照组）				
	♯非郊区	0.548 3***	5.09	0.373 4***	2.63
	Number of OBS	2 952		2 952	
	LRchi2 (15)	925.73		220.05	
	Prob>chi2	0.000 0		0.000 0	
	PseudoR^2	0.275 4		0.302 7	

注：***、**、*分别表示解释变量系数在1%、5%、10%的水平下显著。

对比可以看出，不同维度的多维动态贫困的影响因素存在差异。$k=2$ 时，农村家庭多维动态贫困主要受劳动力占比、接受培训劳动力占比、家庭经营类型、地势和是否在郊区的影响；$k=3$ 时，农村家庭多维动态贫困主要受家庭经营类型、地势和是否在郊区的影响。暂时贫困和慢性贫困的影响因素也存在差异。农村家庭暂时贫困主要受接受培训劳动力占比、家庭经营类型、地势和所在村是否在郊区的影响；农村家庭慢性贫困主要受劳动力占比、接受培训劳动力占比、是否参加农业合作社、家庭经营类型、地势、是否郊区村和是否老区村的影响。

从家庭特征来看，户主年龄对农村家庭多维动态贫困有显著的正向影响，户主年龄越大，农村家庭越容易陷入贫困，但是户主年龄对农村家庭多维动态贫困的影响程度较小。家庭规模对农村家庭多维贫困动态性有显著的正向影响，这表明家庭规模扩大会增加农村家庭陷入多维贫困的风险。$k=2$ 时，劳动力占比对农村家庭多维动态贫困有显著的负向影响，这可能是因为，劳动力占比越大，表明家庭的负担越小，创造收入的能力越强，从而农村家庭陷入贫困的可能性越小。接受培训劳动力占比对农村家庭多维动态贫困有显著的负向影响，即劳动力技能培训可有效防止农村家庭陷入多维动态贫困。接受过专业技能培训的农村劳动力具有更多的非农就业机会，发生非农转移的可能性更大，农村家庭通过非农就业提升收入的可能性更大，这充分说明了劳动力技能培训作为提升人力资本的重要途径，对农村家庭抵抗风险、摆脱贫困的重要性。

从生计策略来看，是否参加农业合作社会影响农村家庭多维贫困，$k=2$ 时，与没有参加农业合作社的农村家庭相比，参加农业合作社的农村家庭陷入暂时贫困和慢性贫困的概率更小。外出劳动力占比和家庭成员从事非农务工月数对农村家庭多维动态贫困有负向影响，即增加外出劳动力和提高家庭劳动力在外务工时间均能有效缓解农村家庭多维暂时贫困和慢性贫困。家庭经营类型差异对农村家庭多维动态贫困状况影响较大，以农业型家庭为参照组，农业兼业型、非农兼业型和非农业型均可在不同程度上显著降低农村家庭陷入暂时贫困和慢性贫困的概率。可能的解释是，相对于农业型家庭，其他三种经营类型农村家庭的收入相对较高，多元化经营和收入来源多样化降低了农村家庭生产经营风险，陷入多维动态贫困的可能性较小。

从资产状况来看，土地面积对农村家庭多维动态贫困状态有显著的正向影响，但影响程度不大，因而在社会保障比较完善的前提下，可以有序地进行土地流转；生产性固定资产原值对农村家庭多维动态贫困有显著的负向影响，由此可以看出，增加生产性固定资产有助于农村家庭抵抗陷入贫困风险的能力。

从村级条件来看，所在村地势、是否郊区和是否老区村对农村家庭多维动态贫困均有显著的影响。相比平原，丘陵和山区的农村家庭比平原农村家庭更容易陷入暂时贫困和慢性贫困。与郊区农村家庭相比，非郊区农村家庭更容易陷入贫困。与老区村相比，非老区村的农村家庭陷入多维动态贫困的概率较小，这可能是因为老区村大多处于边远落后的山区，其经济发展能力较弱。

六、结论和建议

本章利用湖北省农村 2006—2010 年的住户调查数据，测算了农村家庭多维贫困状况，在此基础上将多维贫困动态性分解为暂时贫困和慢性贫困，并进一步分析了农村家庭多维动态贫困的影响因素。本文得出的主要结论如下：第一，2006—2010 年湖北省农村多维贫困呈现下降的趋势，这印证了湖北扶贫工作取得了一定成效，但这种下降趋势并不稳健，部分年份多维贫困发生率反弹，因此有必要制定缓解农村多维贫困的政策措施。第二，从总体来看，绝大部分农村家庭处于低维度的多维贫困状态，处于中高维度贫困的农村家庭不足 5%，没有农村家庭处于全维度贫困（极端贫困）。第三，k 值为 2 时，暂时贫困和慢性贫困的农村家庭数量持平，而 k 值为 3 和 4 时，暂时贫困的农村家庭数量均大于慢性贫困，表明湖北农村贫困以暂时贫困为主，这个结论支持了岳希明等、张立冬等、罗楚亮、章元和万广华等学者的研究，由此可见，在重点关注慢性贫困家庭的同时，还应重视暂时贫困，防止返贫现象。第四，多维动态贫困的影响因素分析表明，劳动力占比和接受培训劳动力占比对农村家庭多维动态贫困状态影响程度较大，家庭经营类型和地势的差异也会很大程度地影响农村家庭多维动态贫困状态。不同维度的多维动态贫困影响因素存在差异：$k=2$ 时，农村家庭多维动态贫困主要受劳动力占比、接受培训劳动力占比、家庭经营类型、地势和是否郊区的影响；$k=3$ 时，农村家庭多维动态贫困主要受家庭经营类型、地势和是否在郊区的影响。另外，暂时贫困和慢性贫困的影响因素有所差异，接受培训劳动力占比、家庭经营类型、地势和所在村是否为郊区村对暂时贫困和慢性贫困均有显著的影响，慢性贫困还受到劳动力占比、是否参加农业合作社和所在村是否为老区村的显著影响。

　　基于本章的研究结论，对今后的扶贫工作提出以下建议：第一，进一步完善贫困识别机制，采用多维贫困指标体系，更加精准地识别贫困家庭；构建多维指标体系的贫困退出机制，及时将已达到脱贫条件的贫困户"摘帽"。第二，在关注慢性贫困家庭的同时，也应更多地关注暂时贫困家庭，增强其自身发展能力，防止其转变为慢性贫困；同时，对于已脱贫家庭，做好跟踪观测，防止已脱贫家庭返贫。第三，在精准帮扶过程中，应在充分厘清农村家庭多维贫困状况和贫困动态类型的基础上，找准农村家庭致贫原因，"对症下药"。加强农村劳动力职业技能培训，合理引导农村劳动力转移，能够有效改善农村家庭多维贫困状况；鉴于地理条件对农村家庭多维动态贫困状态的影响较大，应对适宜生产生活地区进一步完善基础设施，对不宜生产生活地区加快易地扶贫搬迁，克服地理条件对农村家庭发展的约束。

≪参考文献

樊新生，李小建，2008. 欠发达地区农户收入的地理影响分析［J］. 中国农村经济（3）.

高帅，毕洁颖，2016. 农村人口动态多维贫困：状态持续与转变［J］. 中国人口·资源与环境（2）.

高艳云，马瑜，2013. 多维框架下中国家庭贫困的动态识别［J］. 统计研究（12）.

郭劲光，2011. 我国贫困人口的脆弱度与贫困动态［J］. 统计研究（9）.

霍增辉，吴海涛，丁士军，刘家鹏，2016. 村域地理环境对农户贫困持续性的影响——来自湖北农村的经验证据［J］. 中南财经政法大学学报（1）.

罗楚亮，2010. 农村贫困的动态变化［J］. 经济研究（5）.

罗正文，薛东前，2015. 陕西省农村贫困的动态变化研究［J］. 干旱区资源与环境（6）.

汪为，吴海涛，2017. 家庭生命周期视角下农村劳动力非农转移的影响因素分析——基于湖北省的调查数据［J］. 中国农村观察（6）.

王春超，叶琴，2014. 中国农民工多维贫困的演进——基于收入与教育维度的考察［J］. 经济研究（12）.

王小林，Alkire S，2009. 中国多维贫困测量：估计和政策含义［J］. 中国农村经济（12）.

吴海涛，丁士军，2013. 贫困动态性：理论与实证［M］. 武汉：武汉大学出版社。

习近平，2017. 在深度贫困地区脱贫攻坚座谈会上的讲话［N］. 人民日报，2017-09-01.

岳希明，等，2007. 透视中国农村贫困［M］. 北京：经济科学出版社。

张立冬，李岳云，潘辉，2009. 收入流动性与贫困的动态发展：基于中国农村的经验分析
　　［J］. 农业经济问题（6）.

张庆红，阿迪力·努尔，2015. 新疆南疆三地州农村多维贫困程度及特征分析［J］. 干旱区
　　资源与环境（11）.

张全红，2015. 中国多维贫困的动态变化：1991—2011［J］. 财经研究（4）.

张全红，周强，2015. 中国贫困测度的多维方法和实证应用［J］. 中国软科学（7）.

章元，万广华，史清华，2012. 中国农村的暂时性贫困是否真的更严重［J］. 世界经济
　　（1）.

章元，万广华，史清华，2013. 暂时性贫困与慢性贫困的度量、分解和决定因素分析［J］.
　　经济研究（4）.

邹薇，方迎风，2011. 关于中国贫困的动态多维度研究［J］. 中国人口科学（6）.

Alkire S，Foster J，2008. Counting and Multidimensional Poverty Measurement［J］. Journal
　　of Public Economics（12）：92-119.

Foster J，2007. A Class of Chronic Poverty Measures［R］. Vanderbilt University Working
　　Paper，No. 07- W01.

Hagenaars A，1991. The Definition and Measurement of Poverty［J］. Journal of Human
　　Resources，23（2）：211-221.

Hulme D，Moore K，Shepherd A，2001. Chronic Poverty：Meanings and Analytical
　　Frameworks［R］. CPRC Working Paper 2. Manchester：IDPM，University of Manchester.

Hulme D，Shepherd A，2003. Conceptualizing Chronic Poverty［J］. World Development，31
　　（3）：403-423.

Jalan J，Ravallion M，1998. Transient Poverty in Post-Reform Rural China［J］. Joural of
　　Comparative Economics（26）：338-557.

Macpherson S，Silburn R，1998. The Meaning and Measurement of Poverty［M］. New York：
　　Routledge.

Ravallion M，1996. Issues in Measuring and Modeling Poverty［J］. The Economic Journal，
　　106（4）：328-343.

Rodgers J R，Rodgers J L，1993. Chronic poverty in the United States［J］. The Journal of
　　Human Resources，28（1）：25-54.

Sen A，1982. Poverty and Famines：An Essay on Entitlement and Deprivation［M］. Oxford：
　　Oxford University Press.

Stevens A，1999. Climbing out of Poverty，Falling Back in ：Measuring the Persistence of Poverty over Multiple Spells ［J］. Journal of Human Resources（34）：557-588.

Wagle U，2008. Multidimensional Poverty Measurement ：Concepts and Applications ［M］. New York：NY Springer.

第 8 章

农民创业与多维减贫[*]

农民创业与多维减贫[*]

【摘要】 基于 2004—2013 年全国农村固定观察点数据，本章构建了目标导向型多维贫困指数以测度收入、健康、生活、教育和资产等目标导向的中国农村多维贫困，并采用最小二乘法和工具变量法实证研究了农民创业对农村多维减贫的影响以及区域差异性。研究发现：中国农村的收入导向型多维贫困改善明显，但生活、资产和健康导向型多维贫困则改善较为缓慢。农民创业对收入、健康、生活和教育导向的多维贫困指数均存在显著的减贫效应。农民创业仅在东部和东北地区会促进农村多维减贫，而在中部和西部地区的减贫效应则不显著。主要政策含义：未来中国农村扶贫工作的重心应是教育、健康和生活等非经济收入领域。充分发挥创业在农村多维减贫的重要作用。特别是鼓励农村创业企业为所雇的农民提供商业保险，更好地预防农村的健康导向型多维贫困。

一、引　　言

创业是经济增长的引擎（Audretsch et al.，2006），是推动城乡协同发展，解决"三农"问题的关键（陈习定等，2018），也是中国减少贫穷的主

＊ 本章以题《中国农民创业与农村多维减贫》发表在《农业技术经济》2019 年第 1 期。作者：袁方，博士，讲师，广东外语外贸大学商学院；叶兵，上海交通大学安泰经济与管理学院博士研究生；史清华（通讯作者）。本项研究得到国家自然科学基金（71803032、71773076、71673186 和 71473165）、广东省扶持哲学社会科学优势重点学科建设项目（GDXK201720）、广州市哲学社会科学发展"十三五"规划课题（2018GZQN26）和广东省自然科学基金项目（2018A030313490）的资助，特别感谢全国农村固定观察点办公室的大力支持。本文被列为"中国改革开放四十周年经济学研究前沿青年学者论坛"（上海，2018.5.19）的大会发言，同时被评为大会优秀论文。

要途径之一（斯晓夫等，2017）。中国农民创业与农村贫困一直是学者们关注的热点问题，王西玉等（2003）通过对回乡农民工的调查数据分析发现，农民工返乡创业对拓展农村就业、发展县域经济和城镇化建设均有积极影响。古家军和谢凤华（2012）基于省际面板数据研究发现创业活跃度对东中部地区的农民人均收入具有显著的促进作用。张若瑾和张静（2017）认为回流农民工创业对增收减贫及农村发展具有重要意义。通过创业而增收的农民工将同步地增加他们生活与生产消费，这将促进农村经济发展和减贫。斯晓夫等（2017）认为农民创业大多属于草根创业，能够内在地让贫穷者的行为与态度从被动向主动发生改变。徐超和宫兵（2017）使用 CHIP2013 微观调查数据实证分析了农民自主创业对家庭贫困脆弱性的影响，研究发现：农民自主创业能够显著降低非贫困家庭未来陷入贫困的概率，但对贫困家庭则并不存在显著影响。

纵观现有研究发现：虽然农民创业的减贫效应得到了大量研究的验证，但这些文献大多采用收入（或消费）等货币标准来测度贫困。从收入层面来理解贫困的内涵是最传统的方式，也与通常情况下人们对贫困的认识相一致（Sen，1999）。然而，在收入贫困的背后往往蕴含着深刻的社会历史因素以及复杂的人文政治原因（孟倩，2008），从多个维度研究贫困问题更具有代表意义（马奔等，2017）。多维贫困（Multidimensional Poverty）理论的思想起源于 Sen 的可行能力理论，该理论从福利和自由发展的角度来看待贫困的内涵，突破了收入单一维度的局限性。Sen（2008）曾从四个方面批评以收入度量贫困的局限性：①忽视了个体差异；②忽视了自然环境的影响；③忽视了社会条件的影响；④忽视了人际关系或社会资本的影响。并且上述几个方面的因素可能会交叉影响，实际的贫困水平（能力的剥夺程度）要比仅以货币数字衡量的收入更为严重，这都是在制定公共政策中需要充分考虑的（Wolff and De-Shalit，2007）。

创业对日渐凋敝的中国农村如何实现脱贫振兴有着特殊意义。从宏观层面来看，创业将会通过增加就业，增进市场竞争，以及增强产品和服务创新的影响机制促进经济增长并提高收入（Baumol and Strom，2007；王立平和陈琛，2009；陈哲和杨旭，2010；Samila and Sorenson，2011）。从微观层面来看，收入的最终目的是消费。根据微观经济学理论，消费形成效用，唯有消费，才真正影响个人的福利。创业对农民收入的促进影响最终会传导到他们的消费上。消费包括生活、健康和教育消费等多个维度。但因农户偏好不同以及农村公共服务供给存在差异性，收入增加所引起的各类消费的增幅也各不相同。发达国家的经验表明，消费的不平等低于收入的不平等（Ding and He，2018）。个人的效用汇总形成社会福利函数，而社会福利函数正是社会福利状态评定和政策评估的基础。为了深刻地探索创业与贫困的关系这一问题的答案，从多维的角度考察基于消费的贫困比考察基于收入的贫困更为全面。为此，本章将对以下三个问题进行探讨：第一，中国农村目标导向型多维贫困情况到底如何？第二，农民创业对中国农村目标导向型多维贫困有何影响？第三，这种影响是否因时空不同而存在差异？

主要学术贡献：第一，基于多维视角探讨创业的减贫效应。本章对农村贫困问题的关注点从表面的物质收入匮乏延伸到深层次的原因，即以多维贫困为研究视角，提升农村减贫研究的精准度（万君和张琦，2016）。第二，构建目标导向性多维贫困指数。本章借鉴张昭等（2017）的做法，构建"目标导向型"多维贫困模型，并在实证研究中将"收入导向型"多维贫困与"非收入导向型"多维贫困指数进行对比分析。这是因为在当前扶贫的实践中，收入依然是判定贫困的重要标准。而未来农民将摆脱收入匮乏的困境，更加关注健康、教育或生活水平等更高的追求。因此，多维贫困研究不仅需要充分考虑农村地区的基本现实与扶贫标准的客观要求，还需诠释新时期农村贫困的多维内涵，兼顾脱贫的质量与可持续性，以期得到客观准确的研究结果，为相关政府决策部门提供既能切合实际，又具备可操作性和前瞻性的有益建议。第三，基于2004—2013年农村固定跟踪观察点数据的实证研究，采用工具变量处理可能的内生性问题，并对时空异质性展开深入分析。

接下来的结构安排如下：第二部分对数据和目标导向型多维贫困模型进行介绍；第三部分为采用工具变量的实证分析以及主要结果；第四部分是更多的讨论，包括空间异质性和稳健性分析。最后一部分总结全文并简要评述。

二、数据和模型

（一）数据来源及描述性统计

本章使用的数据来自于中国农村固定观察点的村户两级调查。农村固定观察点是 1984 年经中共中央书记处批准建立，目前由中共中央政策研究室和国家农村农业部具体组织指导，在全国各省区市连续跟踪的一项农村调查工作（程名望等，2016）。该调查覆盖了中国 31 个省区市的 300 余个村庄、2 万余个农户，调查详细地收集了农户收入、教育、身份、家庭组成、生产资料和经营活动等重要信息，为本章较全面地选择变量提供了良好的数据基础。本文选取的样本是 2004 年至 2013 年共 9 年的村户两级数据[①]，其中农户数据涉及多维贫困的教育、健康、生活水平和收入等维度，村庄数据包括创业人数、人口、土地面积、地势、经济区域等变量（描述性统计如表 8-1 所示）。

本章的核心解释变量为农民创业，在农村固定观察点村级问卷的本村劳动力情况中包括了职业情况。问卷按照职业将劳动力划分 8 类[②]。这里我们参考阮荣平等（2014）、吴晓瑜（2014）、徐超和宫兵（2017）等学者的做法，将"3"和"4"两类定义为创业者。

表 8-1　主要变量的描述性统计

变　量	说　明	样本量	均值	标准差	最小值	最大值
Enterp	本村创业人数（人）	2 661	107.213	393.068	0	10 240
Labor	本村劳动力人数（人）	2 661	1 108.421	965.799	0	13 800
Terrain	平原＝1；丘陵＝2；山区＝3	2 659	1.815	0.807	1	3
Zone	农区＝1；林区＝2；牧区＝3；渔区＝4；其他＝5	2 668	1.244	0.824	1	5
Income	本村人均收入（元）	2 615	6 247.979	19 368.7	0	789 800

---

① 其中 2008 年因缺失厕所设备、用电照明情况、饮用水情况、住房面积等农村居住情况数据，所以该年调查数据未纳入本章的研究样本中。

② 按照职业划分，劳动力类别为：1. 农业劳动者；2. 外出务工者；3. 个体户或合伙企业经营者；4. 其他各类企业经营者；5. 本地务工者；6. 乡村（行政）干部；7. 教育、科技、医疗卫生、文化艺术工作者；8. 其他。

（续）

变 量	说 明	样本量	均值	标准差	最小值	最大值
Pop	本村人口数（人）	2 644	2 018.892	1 547.258	104	20 570
Land	本村土地面积（亩）	2 646	9 360.220	15 200.94	0	268 602
Mark	本省市场化指数	2 623	6.177	1.564	1.55	10.92

（二）模型建立与变量设置

本部分在前面文献回顾与总结农村基本现实的基础上，构建"目标导向型"多维贫困模型，并采用中国农村固定跟踪观察点的资料以及最新的补充调查数据进行实证分析。首先，我们将构建多维贫困指标体系。本项目贫困维度与指标的选取参考借鉴了郭熙保和周强（2016）、张昭等（2017）、张全红和周强（2015）、方迎风（2012）等研究，结合中国农村贫困的基本现实，并综合考虑数据可获得性等多方面因素，最终选取了教育、健康、生活水平、资产和收入共 5 个维度 9 项指标（如表 8-2 所示），设各维度指标的权重相等。

表 8-2　农户多维贫困测评指标体系

维度	指 标	指标解释或度量方法	临界值
教育	人均受教育年限	农户家庭 16 岁以上成员平均受教育年限	小于 9 年
	子女入学	农户家庭子女（6～16 岁）失学或辍学的情况	无失学或辍学
健康	健康情况	优、良、中、差、丧失劳动能力	家中有 1 个及以上健康状况为差
生活水平	厕所设备	室内厕所、室外厕所、公共厕所或无厕所	无厕所
	用电照明情况	是否为用电照明户	否
	饮用水情况	自来水、井水或其他	其他
资产	实物资产	自行车、缝纫机、电视机、录音机、音响、洗衣机、电风扇、电冰箱、大型家具、照相机、摩托车、录像机、固定电话、移动电话、空调、微波炉、计算机、汽车、热水器、电饭锅、摄像机、影碟机	少于 2 种
	住房	人均住房面积（平方米）	12 平方米
收入	收入	家庭人均年纯收入（2010 年价格）	2 300 元

接下来，我们借鉴张昭等（2017）的做法，在 Alkire and Foster
（2011）方法的基础上，构建中国农村的"目标导向型"多维贫困模型（如
表 8-3 所示）。A—F 多维贫困指数没有核心目标维度，各维度的地位相同。
A—F 多维贫困识别取决于陷入贫困的维度数，但并不关注究竟是在哪些维
度陷入了贫困。这种识别方法的优点在于简单明了，易于操作，但有可能会
忽视社会所关切的关键维度。例如在中国目前反贫困的实践中，收入依然是
当前最常用的贫困评判标准。为了让研究更好地贴近现实，本章参考张昭等
（2017）的做法，构建"目标导向型"多维贫困模型，对农村多维贫困进行
识别与测度。

以表 8-3 中的多维贫困剥夺矩阵为例进行说明，每一行表示一个样本，
每一列表示一个指标，其中各指标从属于所对应的目标维度。矩阵中元素含
义为：1 表示个体在该指标沦为贫困，0 表示在该指标未沦为贫困。为了方
便说明，这里以"教育"为目标核心维度，那么由此产生的"教育导向型"
多维贫困的识别规则为：个体 1、3、6 至少处于一维贫困状态，个体 1、6
至少处于二维贫困，而个体 6 至少处于三维贫困。但在 A—F 的多维贫困的
识别规则下：全部个体均至少处于一维贫困状态，个体 1、4、5、6 至少处
于二维贫困，个体 4、6 至少处于三维贫困。

表 8-3　"目标导向型"多维贫困举例说明

样本	剥夺矩阵							健康	收入	教育导向型多维贫困	A—F 多维贫困
	教育		生活水平			资产					
	年限	子女入学	厕所	照明	饮用水	住房	实物				
1	0	1	0	0	0	0	0	0	1	贫困个体判断	贫困个体判断
2	0	0	0	0	0	0	0	1	0	$k=1$：1、3、6	$k=1$：全为贫困个体
3	1	0	0	0	0	0	0	0	0	$k=2$：1、6	$k=2$：1、4、5、6
4	0	0	1	1	1	1	0	0	1	$k=3$：6	$k=3$：4、6
5	0	0	0	0	0	0	0	1	1		
6	1	1	1	0	0	0	0	1	0		

由此可见，"目标导向型"多维贫困测算与 Alkire and Foster（2011）
方法区别在于剥夺维度的统计标准。接下来将通过数学公式进行说明，首先
参考 Alkire and Foster（2011）方法，设矩阵 $X=(x_{ij})$ 为全体农户在所有

维度的观测值,其中 $i=1$, 2, $\cdots$, n, $j=1$, 2, $\cdots$, m。x_{ij} 表示第 i 个农户在第 j 维度的观测值。同时设临界值矩阵 z 和剥夺矩阵 g,其中 z_j ($z_j>0$) 代表第 j 个维度被剥夺的阈值 (Cutoff Value) 或者贫困线。剥夺矩阵 $g^0=[g^0_{ij}]$ 则定义为当 $x_{ij}<z_j$, $g^0_{ij}=1$;当 $x_{ij}\geqslant z_j$ 时,$g^0_{ij}=0$。

在定义剥夺指标计数函数 c_i 中,将引入目标维度,这也是与 Alkire and Foster (2011) 不一样的地方。为了方便说明,设第 1 至第 b 为目标维度的指标,第 $b+1$ 到第 m 则为非目标维度的指标。那么剥夺指标计数函数 c_i 为:

$$c_i=\begin{cases} \sum_1^b g^0_{ij} + \sum_{b+1}^m g^0_{ij}, & x_{i1}, x_{i2}, \cdots, x_{ib}<z \\ 0, & 其他 \end{cases} \qquad (8\text{-}1)$$

若目标维度的第 1 至第 b 个指标中存在任一指标遭受剥夺,则计数函数 c_i 与 Alkire and Foster (2011) 方法是一致的。但若目标维度的所有指标均未遭受剥夺,其贫困计数则为 0。在目标维度方面,我们与张昭等 (2017) 不同之处在于,张昭等 (2017) 仅选择了"收入"作为目标维度,而本文还关注了"非收入"的教育、生活、健康、资产等作为目标维度。

接下来设置多维贫困的维度临界值 k 以及多维贫困识别函数 ρ_k。当 $c_i\geqslant k$ 时,$\rho_k(x_i; z)=1$,当 $c_i<k$ 时,$\rho_k(x_i; z)=0$。识别了在 k 个维度下的"目标导向型"多维贫困者后,可计算多维贫困的贫困发生率 $H=q/n$。其中,q 为"目标导向型"多维贫困者的数量,n 为样本总量,表达式为:

$$M_0(y; z)=\mu(g^0(k))=HA \qquad (8\text{-}2)$$

M_0 为调整后的多维贫困指数,由贫困发生率 H 和平均剥夺份额 A 组成,其中 $A=|c(k)|/(qd)$。还可以通过平均贫困距 (Average Poverty Gap, G) 进一步对 M_0 进行调整:

$$M_1(y; z)=\mu(g^1(k))=HAG \qquad (8\text{-}3)$$

$$M_2(y; z)=\mu(g^2(k))=HAS \qquad (8\text{-}4)$$

式中,$G=|g^1(k)|/|g^0(k)|$,$g_{ij}{}^1=(z_j-x_{ij})/z_j$;$S=|g^2(k)|/|g^0(k)|$,$g_{ij}{}^2=(g_{ij}{}^1)^2$。最终获得 M_0、M_1 和 M_2 等不同形式的"目标导向型"多维贫困指数。

在实证研究中，我们将构建的"收入导向型"多维贫困和"非收入导向型"多维贫困这两种贫困指数进行对比。具体意义在于：①"收入导向型"多维贫困更加贴近于当前农村的现实和政策要求。例如中央扶贫开发工作会议决定，自 2011 年起将农民人均收入 2 300 元（2010 年不变价）作为新的国家扶贫标准，各省还制定高于这个标准的地方扶贫标准，所以目前在反贫困的实践中，收入依然是当前判断贫困的重要标准。"收入导向型"多维贫困能较好地平衡"收入"与"多维"两者的关系，与扶贫标准和实践相一致，让研究成果具有更好的操作性和可行性。②"非收入导向型"多维贫困兼顾了脱贫的质量与可持续性。目前，新时期脱贫攻坚的目标是到 2020 年实现"两个确保"，即确保农村贫困人口实现脱贫，确保贫困县全部脱贫。但这绝不意味着 2020 年是反贫困斗争的终点，而是消灭非收入维度贫困的新起点新阶段。届时农民将摆脱收入匮乏的困境，而转向对健康、教育或生活水平等美好生活的追求。因此，"非收入导向型"多维贫困的研究将更加具有前瞻性，为未来的反贫困事业开展探索性研究。

三、实证分析

（一）中国农村目标导向型多维贫困的演进

实证部分采用农村固定观察点 2004—2013 年调查数据，对中国农村不同类别的"目标导向型"多维贫困进行识别与测度，并对中国农村多维贫困的空间异质性进行深入分析。以贫困发生率 H（$k = 3$）为例[①]，图 8-1 呈现了五种多维贫困指数演变情况。可以发现，无导向、教育导向、资产导向、生活导向和收入导向型多维贫困均呈现下降的趋势，其中收入导向型多维贫困的下降最为明显。这说明近十多年来中国农民收入得到了显著增长，经济状况发生明显改善，这也与众多学者研究发现相一致（章元等，2013；程名望等，2014；郭熙保和周强，2016）。但自 2010 年之后，无导向、教育导

---

① 本章采用总维度数的 30% 作为判断多维贫困的标准，即如果农户个体被剥夺维度≥9×30%＝2.7（取 3），则该农户属于多维贫困人口。

向、资产导向、生活导向和收入导向型多维贫困下降速度明显放缓，这表明反贫困事业已经到了攻坚阶段，如何进一步提升减贫效率，以及针对连片特困地区的精准扶贫成为今后扶贫工作中的重点（万君和张琦，2016）。此外，健康导向型多维贫困虽处于较低的水平，但其下降的速度较为缓慢，这表明健康导向型多维贫困具有顽固性和长期性的特征，消灭中国农村地区健康多维贫困还需各方面的长久努力。

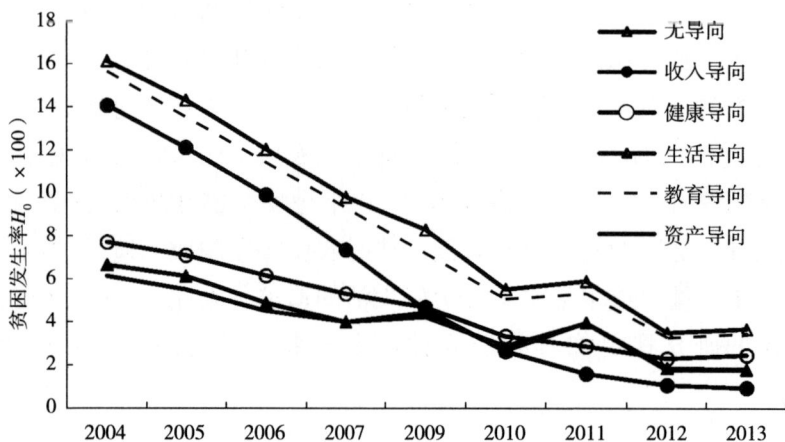

图 8-1　2004—2013 年中国农村多维贫困演变趋势图

　　同样，本章关注不同导向多维贫困指数之间的差异及其演变趋势，特别是收入导向型与非收入导向型多维贫困指数的差异。图 8-2 展示了 2004—2013 年，健康导向、生活导向、教育导向和资产导向与收入导向型多维贫困差异的演变情况。可以发现，教育导向型多维贫困发生率一直稳定高于收入导向型多维贫困的发生率，且两者之间的差异较为稳定。健康、生活和资产导向型多维贫困发生率虽在 2009 年之前低于收入导向型多维贫困的发生率，但随后于 2010 年发生反超，且两者之间的差异不断拉大。这表明近年来以增加农民收入为目标的扶贫政策取得了切实的成绩。收入多维贫困虽有显著改善，但在未来工作中，政府和相关部门应该更加关注健康、生活、资产和教育等非收入维度的贫困。

　　在表 8-4 中，我们重点关注是调整后的多维贫困指数 M_0。在五类目标导向型多维贫困指数中，教育导向型多维贫困水平最高（以 $k=3$ 为例，下同），高达 1.552。鉴于教育在农村减贫工作中具有基础性、先导性和

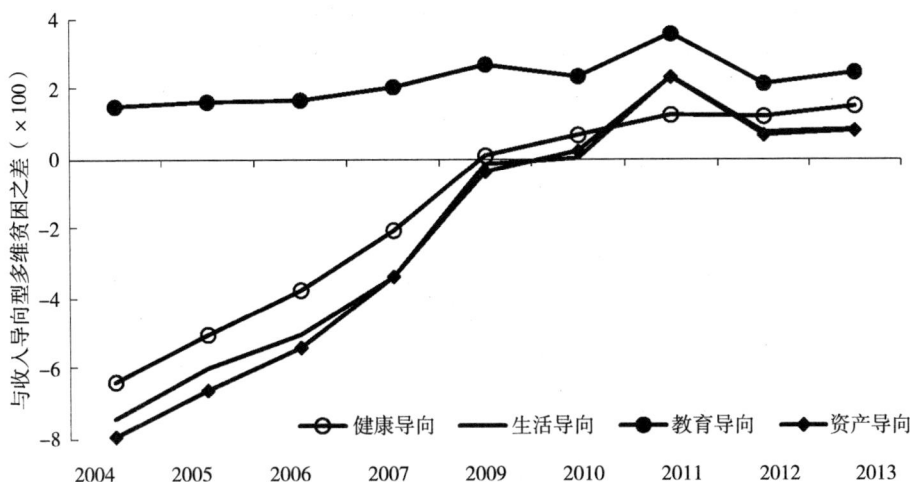

图 8-2 与收入导向型多维贫困之差的演变趋势图

持续性的重要作用（王嘉毅等，2016）。因此政府应坚持在精准扶贫工作中重点扶智，为农村彻底脱贫奠定智力基础。其次是收入导向型多维贫困指数为 0.879。生活导向型多维贫困，为 0.811。而健康导向型多维贫困水平最低，仅为 0.342，但这绝不意味着可以忽视中国农村的健康贫困。相关研究发现健康不仅能够利于农户避免陷入贫困，还能有效降低农村收入差距，这对促进农村均衡协调发展有着重要政策意义（程名望等，2014）。

表 8-4 2004—2013 年中国农村调整后的多维贫困指数（$M_0 \times 100$）

年份	k	无目标	健康导向	教育导向	收入导向	资产导向	生活导向
2004	1	13.780	1.025	10.733	5.223	0.836	2.304
	2	8.365	0.944	7.036	4.610	0.814	2.094
	3	3.790	0.582	3.318	2.592	0.697	1.542
	4	1.257	0.234	1.133	0.951	0.411	0.689
2005	1	12.695	0.999	9.951	4.138	0.775	2.175
	2	7.345	0.908	6.173	3.668	0.747	1.987
	3	3.402	0.545	2.954	2.167	0.629	1.482
	4	1.139	0.236	1.007	0.823	0.366	0.666

（续）

年份	k	无目标	健康导向	教育导向	收入导向	资产导向	生活导向
2006	1	11.330	0.894	9.044	2.990	0.631	1.591
	2	6.069	0.796	5.168	2.633	0.602	1.452
	3	2.646	0.436	2.337	1.523	0.495	1.061
	4	0.823	0.166	0.744	0.521	0.289	0.441
2007	1	10.294	0.915	8.233	1.880	0.475	1.133
	2	4.997	0.787	4.245	1.666	0.443	1.003
	3	1.976	0.369	1.721	0.976	0.331	0.675
	4	0.621	0.120	0.552	0.361	0.181	0.295
2009	1	8.921	0.995	6.991	0.869	0.502	1.195
	2	4.022	0.835	3.284	0.741	0.461	1.047
	3	1.342	0.292	1.031	0.402	0.349	0.593
	4	0.446	0.098	0.361	0.175	0.166	0.266
2010	1	8.076	0.983	6.649	0.356	0.395	0.825
	2	3.303	0.805	2.863	0.314	0.345	0.724
	3	0.918	0.234	0.775	0.194	0.202	0.329
	4	0.277	0.071	0.234	0.081	0.087	0.140
2011	1	8.336	0.955	6.560	0.245	1.030	1.667
	2	3.648	0.774	2.865	0.216	0.998	1.537
	3	1.543	0.253	1.032	0.138	0.924	1.132
	4	0.827	0.109	0.594	0.085	0.659	0.720
2012	1	7.378	0.997	6.003	0.148	0.297	0.773
	2	2.765	0.803	2.361	0.125	0.265	0.658
	3	0.629	0.197	0.512	0.053	0.180	0.287
	4	0.159	0.055	0.129	0.013	0.074	0.094
2013	1	7.139	0.984	5.876	0.126	0.234	0.741
	2	2.675	0.788	2.326	0.094	0.216	0.647
	3	0.587	0.191	0.484	0.039	0.156	0.276
	4	0.137	0.050	0.115	0.012	0.065	0.081

（续）

年份	k	无目标	健康导向	教育导向	收入导向	资产导向	生活导向
总计	1	9.723	0.972	7.745	1.737	0.571	1.368
	2	4.757	0.826	4.001	1.529	0.539	1.229
	3	1.846	0.342	1.552	0.879	0.437	0.811
	4	0.624	0.125	0.534	0.329	0.253	0.373

（二）农户创业对多维贫困的影响

在回归模型设定方面，我们参考郭熙保和周强（2016）的做法，建立如下回归方程：

$$P_{it} = \beta_0 + \beta_1 Enterp_{it} + \beta_2 Terrain_{it} + \beta_3 Zone_{it} + \beta_4 Income_{it} + \beta_5 Pop_{it} + \beta_6 Land_{it} + \gamma_t + \varepsilon_{it} \tag{8-5}$$

其中，被解释变量 P_{it} 表示第 i 个村在第 t 年的多维贫困指数，关键解释变量 $Enterp_{it}$ 为第 i 个村在第 t 年的创业发生率，通过创业人数除以劳动力计算得到。此外，我们还选取了地势（$Terrain$）、经济区域（$Zone$）、人均收入（$Income$）、人口数（Pop）、土地面积（$Land$）作为控制变量。在回归中，人均收入（$Income$）、人口数（Pop）、土地面积（$Land$）这三个变量取对数的方式进行变换。

首先我们将采用 OLS 进行回归分析，表 8-5 第一列是无导向多维贫困指数为因变量的 OLS 回归结果，可以发现创业发生率的回归系数为 -0.010，且在 10% 的水平上显著，这表明农民创业将会降低农村多维贫困的水平。但需要指出的是，农民创业与农村多维贫困可能存在双向因果关系，这可能会使得 OLS 的估计结果有偏且非一致，常见的改进方法是寻找一个与创业相关但与残差项无关的变量作为工具变量进行 2SLS 估计。为此，本章选取对应年份的本省市场化程度指数作为农村创业的工具变量。各省的市场化程度数据参考樊纲和王小鲁的《中国市场化指数：各地区市场化相对进程 2011 年报告》以及对于年份的《中国分省份市场化指数报告》。

选用省级的市场化程度作为工具变量的原因如下：一方面，市场化指数包括政府与市场的关系、非国有经济的发展、产品市场的发育、要素市场的发育以及市场中介组织发育和法律制度环境等方面，这些都会对农民创业产生重要的影响。第一阶段回归的结果（表 8-5）显示，市场化指数的估计系数高度显著，弱工具变量检验的值为 25.846，在 10% 的水平上拒绝原假设，说明市场化指数并非弱工具变量。另一方面，村级的贫困不会反过来影响省级的市场化指数。因此，省级的市场化指数是一个较为合适的工具变量。

在消除内生性后，技术性结论是双重的。以 2SLS 结果为例（表 8-5 的模型 2），第一，创业的回归系数为负，且在 1% 的水平上显著，说明农民创业对农村多维贫困水平有显著的负向作用；第二，创业的估计系数变化显著，由 OLS 估计的 −0.010 变为 2SLS 估计的 −0.212，说明之前的 OLS 高估了创业对贫困的影响。那么，如何解释 OLS 估计量和 2SLS 估计量之间的差异？导致内生性问题的主要原因有遗漏变量和双向因果关系。在包含一系列控制变量的基础上，模型进一步双向控制了年份和地区的虚拟变量，遗漏变量的可能性较低。因此，我们预计创业与贫困之间很可能存在双向因果关系。就本文而言，OLS 系数被高估的可能原因是创业与贫困的正向因果关系，即在其他因素不变的情况下，贫困较严重的农村可能更容易发生农民创业。这种正向因果关系的存在会导致 OLS 的系数被高估，因此需要使用工具变量的方法来进行纠正。我们认为有三种原因导致创业与贫困的正向因果关系。第一是金融政策的倾斜。农民创业的主要困难的是信贷约束，难以获得创业启动资金的支持（朱红根和康兰媛，2013；彭克强和刘锡良，2016）。但由于政策的扶持，特别是国家贫困县受到金融政策的倾斜让贫困地区的农民较易获得创业启动资金，这将有利于该地区农民创业的发生。第二是扶贫配套措施的支持。例如国务院扶贫开发领导小组办公室发布的《关于进一步完善定点扶贫工作的通知》中指出，310 个中央和国家机关等单位参与全国 63 个县、547 个乡镇、2 856 个贫困村的定点扶贫。此外，各省市还分别制定了本地的定点扶贫工作安排。因此贫困严重的农村可能更容易获得定点帮扶、精准扶贫等优惠措施，有利于将政策优惠转变为创业成果。第三是"穷则思变"为农民创业提供了原动力。贫困是一种重要的创业动机（薛红志等，2003；斯晓夫等，2017）。改变现状，摆脱贫困是农民这一草根

群体进行创业的初衷，这得到了贵州和浙江等地农民创业实践案例的支持
（黄中伟，2004；田富强，2012）。

表 8-5　农民创业与农村贫困的回归结果

模型	模型 1	模型 2	模型 3
方法	OLS	2SLS（第一阶段）	2SLS（第二阶段）
因变量	无导向多维贫困	创业发生率	无导向多维贫困
创业发生率	−0.010*		−0.212***
	(0.005)		(0.068)
人均收入	−0.017***	0.040***	−0.008*
	(0.004)	(0.009)	(0.004)
人口数	0.001	0.043***	0.010***
	(0.001)	(0.006)	(0.003)
土地面积	0.002	−0.037***	−0.006*
	(0.001)	(0.004)	(0.003)
地势	基准组：平原		
丘陵虚拟变量	−0.001	0.025***	0.005
	(0.002)	(0.008)	(0.003)
山区虚拟变量	0.023***	0.049***	0.034***
	(0.003)	(0.010)	(0.006)
经济区域	基准组：农区		
林区虚拟变量	−0.010**	−0.050***	−0.020***
	(0.004)	(0.015)	(0.006)
牧区虚拟变量	0.026	0.032	0.043**
	(0.024)	(0.058)	(0.019)
渔区虚拟变量	0.008**	−0.012	0.006
	(0.004)	(0.025)	(0.006)
其他区域虚拟变量	0.017**	0.002	0.016**
	(0.007)	(0.017)	(0.008)
市场化程度		0.017***	
		(0.004)	

（续）

模型	模型 1	模型 2	模型 3
方法	OLS	2SLS（第一阶段）	2SLS（第二阶段）
因变量	无导向多维贫困	创业发生率	无导向多维贫困
_ cons	0.143***	−0.358***	0.086***
	(0.030)	(0.086)	(0.030)
年份虚拟变量	Yes	Yes	Yes
地区虚拟变量	Yes	Yes	Yes
R^2	0.219	—	—
Cragg-Donald Wald F statistic	—	25.846	—
Observations	2 401	2 505	2 401

注：①***、**、*分别表示在1%、5%、10%水平上显著，括号中数值是稳健标准误，下同。
②所在地区划分为东部、中部、西部和东北部。

表 8-6 是采用 2SLS 方法的创业对不同类型多维贫困指数影响的回归结果。可以发现，创业对收入导向、健康导向、生活导向和教育导向多维贫困均存在显著的负向影响，其中创业对教育导向型多维贫困影响最大，对健康导向型多维贫困影响最小。这说明，农民创业对农村发展的影响不仅局限于促进农村就业和增加农民收入，还会为农村带来促进健康和生活条件改善，以及教育水平提升等多方面的影响。

表 8-6　不同目标导向多维贫困的回归结果

模型 因变量	模型 1 收入导向	模型 2 健康导向	模型 3 生活导向	模型 4 教育导向	模型 5 资产导向
创业发生率	−0.160***	−0.021**	−0.124**	−0.196***	0.009
	(0.055)	(0.009)	(0.058)	(0.062)	(0.024)
人均收入	−0.006*	−0.001*	−0.004	−0.007*	−0.006**
	(0.003)	(0.001)	(0.003)	(0.004)	(0.003)
人口数	0.006**	0.000	0.007**	0.010***	0.001
	(0.003)	(0.000)	(0.003)	(0.003)	(0.001)
土地面积	−0.005**	−0.000	−0.004	−0.006*	0.002
	(0.003)	(0.000)	(0.003)	(0.003)	(0.002)
地势			基准组：平原		
丘陵虚拟变量	0.004*	0.002***	−0.001	0.005*	−0.002
	(0.002)	(0.000)	(0.003)	(0.003)	(0.002)

（续）

模型 因变量	模型 1 收入导向	模型 2 健康导向	模型 3 生活导向	模型 4 教育导向	模型 5 资产导向
山区虚拟变量	0.023***	0.004***	0.023***	0.031***	0.002
	(0.005)	(0.001)	(0.005)	(0.005)	(0.002)
经济区域			基准组：农区		
林区虚拟变量	−0.017***	−0.002**	−0.013**	−0.019***	−0.003*
	(0.005)	(0.001)	(0.005)	(0.005)	(0.002)
牧区虚拟变量	0.041*	−0.001	−0.001	0.042**	0.022
	(0.023)	(0.001)	(0.015)	(0.019)	(0.023)
渔区虚拟变量	0.006	0.000	0.006*	0.005	0.003**
	(0.004)	(0.001)	(0.004)	(0.005)	(0.002)
其他区域虚拟变量	0.006	0.003**	0.020***	0.015**	0.001
	(0.006)	(0.001)	(0.007)	(0.007)	(0.001)
_cons	0.084***	0.014***	0.034	0.071***	0.029**
	(0.023)	(0.004)	(0.023)	(0.027)	(0.014)
年份虚拟变量	Yes	Yes	Yes	Yes	Yes
地区虚拟变量	Yes	Yes	Yes	Yes	Yes
Observations	2 401	2 401	2 401	2 401	2 401

四、更多的讨论：时空异质性与稳健性检验

（一）空间异质性

随着中国经济持续快速增长，农村减贫事业取得了举世瞩目的成就。但由于各地发展速度和水平差异较大，农民创业与农村贫困的变化呈现出日益强烈的区域性特征。那么，不同区域的多维贫困情况如何？创业的减贫效应是否会因区域不同而产生差异？

从研究数据可以发现，东部沿海地区省份的收入导向型多维贫困最轻，西北地区的宁夏、甘肃、青海、新疆以及南方地区的云南、贵州和海南省份的收入导向型多维贫困严重。就健康导向型多维贫困而言，中北部地区省份的较为严重，东北和东南沿海地区的健康导向型多维贫困较轻。教育和生活导向型多维贫困的分布则较为接近，即西北部和西南部省份的教育和生活导

向型多维贫困较为严重,东部沿海地区则情况较好。内蒙古、山西、云南、贵州、福建和海南等地的资产导向型多维贫困较严重。

为了便于比较,将各省份划分为东部、中部、西部和东北等四大区域。表 8-7 展示了四大区域的各类型多维贫困情况[①],可以发现东北和东部的农村地区多维贫困较轻,中部其次,而西部地区的各目标导向的多维贫困最为严重。

表 8-7　各区域不同目标导向的多维贫困指数(贫困指数×100)

区域	无导向	收入导向	健康导向	生活导向	教育导向	资产导向
M_0						
东北	0.694	0.277	0.155	0.016	0.586	0.076
东部	1.014	0.348	0.150	0.393	0.873	0.308
西部	3.409	1.923	0.570	1.817	2.914	0.765
中部	1.816	0.874	0.391	0.548	1.552	0.270
总计	1.983	1.004	0.354	0.862	1.694	0.419
M_1						
东北	0.308	0.116	0.099	0.013	0.246	0.042
东部	0.606	0.197	0.105	0.261	0.497	0.229
西部	1.987	1.065	0.385	1.192	1.678	0.529
中部	0.967	0.459	0.266	0.353	0.805	0.155
总计	1.122	0.545	0.240	0.564	0.938	0.284
M_2						
东北	0.143	0.052	0.064	0.010	0.107	0.026
东部	0.385	0.116	0.074	0.184	0.298	0.177
西部	1.226	0.621	0.265	0.816	1.017	0.387
中部	0.532	0.248	0.183	0.230	0.431	0.094
总计	0.672	0.311	0.165	0.385	0.546	0.205

---

① 东部、西部、中部、东北地区划分依据:根据《中共中央、国务院关于促进中部地区崛起的若干意见》和《国务院发布关于西部大开发若干政策措施的实施意见》,将中国的经济区域划分为东部、中部、西部和东北四大区。其中东部(10省、直辖市)包括:北京、天津、河北、上海、江苏、浙江、福建、山东、广东和海南。中部(6省)包括:山西、安徽、江西、河南、湖北和湖南。西部(12省、直辖市、自治区)包括:内蒙古、广西、重庆、四川、贵州、云南、西藏、陕西、甘肃、青海、宁夏和新疆。东北(3省)包括:辽宁、吉林和黑龙江。

表 8-8 为分区域回归结果，结果显示农民创业仅在东部和东北地区会促进农村多维减贫，而在中部和西部地区的减贫效应则不显著。具体而言，创业在东部地区的减贫效应要大于东北地区。因此，创业的减贫效应在不同区域是存在显著差异的。我们的解释是，东部地区由于社会经济发展水平较高，能为农民提供较好的创业环境和创业资源，这将有助于提升创业的成功率和回报率。而中西部地区的社会经济发展较为滞后，劳动力大量外流导致创业机会相对匮乏、创业风险较高，这都不利于创业对农村社会经济发展的促进效应。东北地区经济基础较好，拥有较丰富的自然资源，这将有利于降低创业成本，促进创业发生，进而通过创业将资源优势转化为农村社会经济发展的动力。但东北地区由于经济水平发展落后于东部地区，所以创业在东北地区的减贫效应低于东部地区。

表 8-8　分区域回归结果

模型 区域	模型 1 东部地区	模型 2 中部地区	模型 3 西部地区	模型 4 东北地区
无导向多维贫困				
创业发生率	−0.231**	−0.539	−0.762	−0.088***
	(0.108)	(0.597)	(0.590)	(0.031)
_ cons	−0.089	−0.088	0.043	0.111***
	(0.089)	(0.354)	(0.097)	(0.019)
控制变量	Yes	Yes	Yes	Yes
收入导向多维贫困				
创业发生率	−0.169*	−0.349	−0.703	−0.034**
	(0.090)	(0.381)	(0.537)	(0.015)
_ cons	−0.059	−0.020	0.060	0.072***
	(0.068)	(0.227)	(0.088)	(0.012)
控制变量	Yes	Yes	Yes	Yes
健康导向多维贫困				
创业发生率	−0.023**	−0.014	−0.104	−0.033***
	(0.010)	(0.040)	(0.086)	(0.012)
_ cons	−0.006	0.032	0.005	0.019***
	(0.009)	(0.024)	(0.014)	(0.007)
控制变量	Yes	Yes	Yes	Yes

（续）

模型 区域	模型 1 东部地区	模型 2 中部地区	模型 3 西部地区	模型 4 东北地区
生活导向多维贫困				
创业发生率	−0.166*	−0.178	−0.421	−0.000
	(0.091)	(0.222)	(0.373)	(0.001)
_ cons	−0.064	−0.020	0.017	0.002**
	(0.068)	(0.125)	(0.062)	(0.001)
控制变量	Yes	Yes	Yes	Yes
教育导向多维贫困				
创业发生率	−0.215**	−0.449	−0.744	−0.073***
	(0.102)	(0.499)	(0.566)	(0.026)
_ cons	−0.084	−0.073	0.026	0.094***
	(0.084)	(0.296)	(0.094)	(0.017)
控制变量	Yes	Yes	Yes	Yes
资产导向多维贫困				
创业发生率	−0.024**	−0.289	0.057	−0.018***
	(0.012)	(0.317)	(0.128)	(0.006)
_ cons	−0.023	−0.124	0.028	0.012***
	(0.017)	(0.187)	(0.041)	(0.004)
控制变量	Yes	Yes	Yes	Yes
Observations	611	628	816	346

注：①因变量为调整后的多维贫困指数水平 M_0。
②地势、经济区域、村人口数、人均收入、土地面积、年份等变量均已控制。

（二）时间异质性

我们还关心创业对各维度目标导向型贫困的影响是否存在时间上的差异。特别地，2008 年金融危机爆发后东部沿海地区的大批劳动密集型企业裁员、停产甚至倒闭。据人力资源和社会保障部的数据资料，约有 2 000 万农民工因金融危机失业返乡，这无疑会对农村的创业环境和社会经济造成重要影响。因此，我们将农村固定观察点的数据以 2008 年金融危机为界，按时间顺序分为金融危机前（2004—2007 年）和金融危机后（2009—2013 年）两个子样本，探讨创业在金融危机发生前后是否对各维度目标导向型贫困的影响存在差异。

表 8-9 分年份回归结果

模型 因变量	模型 1 无目标	模型 2 健康导向	模型 3 教育导向	模型 4 收入导向	模型 5 资产导向	模型 6 生活导向
			Panel A：2004—2007 年的样本			
创业发生率	−1.105**	−0.059	−0.988**	−0.897**	−0.092	−0.808**
	(0.489)	(0.044)	(0.442)	(0.409)	(0.099)	(0.391)
_ cons	0.017	0.014	0.007	0.034	0.022	−0.028
	(0.097)	(0.009)	(0.088)	(0.079)	(0.024)	(0.080)
控制变量	Yes	Yes	Yes	Yes	Yes	Yes
Observations	1 198	1 198	1 198	1 198	1 198	1 198
			Panel B：2009—2013 年的样本			
创业发生率	−0.008	−0.009 *	−0.014	0.008	0.026	0.018
	(0.027)	(0.005)	(0.022)	(0.013)	(0.019)	(0.028)
_ cons	0.060**	0.011***	0.053**	0.043**	0.021	0.032
	(0.029)	(0.004)	(0.025)	(0.018)	(0.017)	(0.029)
控制变量	Yes	Yes	Yes	Yes	Yes	Yes
Observations	1 203	1 203	1 203	1 203	1 203	1 203

注：①因变量为调整后的多维贫困指数水平 M_0。
②地势、经济区域、村人口数、人均收入、土地面积、省份、年份等变量均已控制。

表 8-9 呈现了分时间段的回归结果。在金融危机发生之前，创业对无目标、教育导向、收入导向和生活导向型多维贫困均存在显著的减贫效应。但在 2008 年之后，除了健康导向多维贫困以外，创业几乎不存在显著的减贫效应。正如前文所分析的，创业的多维减贫机制主要体现在促进就业和增加收入。我们的解释是 2008 年金融危机发生后，创业的促进就业和增加收入这两方面的效应都不同程度地受到了削弱。这一解释也得到了国家固定观察

点数据的支持，创业农户的每年平均雇工量由 2008 年之前的 389.98 日大幅减少到 2008 年之后的 218.32 日，这表明创业在农村所提供的新就业机会大大减少。创业农户所支付的雇工费与农民外出打工收入的差距也越来越大，由 2004—2007 年的农民工平均每月收入为 911.75 元[①]，而创业农户所支付的雇工费平均每月为 606.71 元，两者差距为 305.04 元/月。2009—2013 年两者差距迅速扩大到 597.10 元/月，农民创业的收入效应有限。此外，创业的就业和收入效应只是表象，创业对扶贫的影响最终取决于企业的盈利能力。相关研究表明，金融危机以来资本回报率大幅跌落（白重恩和张琼，2014），这也间接表明了农村创业的减贫效应有所削弱。

（三）稳健性检验

为了检验本研究结论的稳健性，我们采取以下措施进行稳健性检验。一是变量替换，将核心自变量由创业发生率变为创业人数；二是加入了地区和年份的交叉项，进一步控制时间和区域对结果所带来的冲击与影响。

表 8-10 为采用变量替换的稳健性检验回归结果。在计量模型中，创业人数使用了取对数的形式进行转换。可以发现，创业人数对收入导向、生活导向和教育导向型多维贫困均存在显著不同程度的减贫效应，这也与前文基准检验回归结果是基本一致的。

表 8-10　稳健性检验回归结果（变量替换）

模型 因变量	模型 1 无导向	模型 2 收入导向	模型 3 健康导向	模型 4 生活导向	模型 5 教育导向	模型 6 资产导向
创业人数	−0.022***	−0.017***	−0.002**	−0.013**	−0.021***	0.003
	(0.007)	(0.006)	(0.001)	(0.007)	(0.006)	(0.003)
人均收入	−0.007**	−0.006**	−0.001**	−0.003	−0.006**	−0.005**
	(0.003)	(0.003)	(0.000)	(0.003)	(0.003)	(0.002)
人口数	0.028***	0.020***	0.002 *	0.018**	0.027***	−0.002
	(0.008)	(0.007)	(0.001)	(0.007)	(0.007)	(0.003)

---

① 数据来源：国家统计局农调队和历年农民工监测调查报告。

（续）

模型 因变量	模型 1 无导向	模型 2 收入导向	模型 3 健康导向	模型 4 生活导向	模型 5 教育导向	模型 6 资产导向
土地面积	−0.001	−0.002	0.000	−0.001	−0.001	0.003**
	(0.002)	(0.002)	(0.000)	(0.002)	(0.002)	(0.001)
地势			基准组：平原			
丘陵虚拟变量	0.001	0.001	0.001***	−0.003	0.002	−0.002
	(0.002)	(0.002)	(0.000)	(0.002)	(0.002)	(0.001)
山区虚拟变量	0.026***	0.015***	0.002***	0.016***	0.024***	0.004*
	(0.004)	(0.003)	(0.000)	(0.004)	(0.004)	(0.002)
经济区域			基准组：农区			
林区虚拟变量	−0.016***	−0.014***	−0.002*	−0.008*	−0.016***	−0.005**
	(0.005)	(0.003)	(0.001)	(0.004)	(0.004)	(0.002)
牧区虚拟变量	0.019	0.014	0.001	0.018**	0.018	−0.007*
	(0.012)	(0.012)	(0.002)	(0.009)	(0.012)	(0.003)
渔区虚拟变量	0.006*	0.007***	0.001	0.006**	0.007**	0.000
	(0.003)	(0.003)	(0.000)	(0.003)	(0.003)	(0.002)
其他区域虚拟变量	0.017**	0.007	0.003**	0.021***	0.016**	−0.000
	(0.007)	(0.005)	(0.001)	(0.007)	(0.006)	(0.001)
_cons	−0.029	0.000	0.004	−0.040	−0.032	0.024
	(0.043)	(0.034)	(0.006)	(0.037)	(0.039)	(0.024)
年份虚拟变量	Yes	Yes	Yes	Yes	Yes	Yes
地区虚拟变量	Yes	Yes	Yes	Yes	Yes	Yes
Observations	2 219	2 219	2 219	2 219	2 219	2 219

式（8-5）的回归方程是假设多维贫困存在全国性的时间趋势。但是不同地区多维贫困的时间趋势可能是不一样的。为了考虑地区性时间趋势对结果的可能影响，本部分将为四个地区每年设置一个时间虚拟变量，替代式（8-5）的年份时间虚拟变量，估计结果见表 8-11。其中区域为上文所划分的东、中、西和东北四种类型。可以发现主要结果与前文基本保持一致，其中

农民创业均对农村的收入导向、生活导向、健康导向和教育导向型多维贫困均存在显著的减贫效果。

表 8-11　稳健性检验回归结果（加入年份与区域的乘积项）

模型 因变量	模型 1 无导向	模型 2 收入导向	模型 3 健康导向	模型 4 生活导向	模型 5 教育导向	模型 6 资产导向
创业发生率	−0.187***	−0.143***	−0.018**	−0.117**	−0.174***	0.008
	(0.061)	(0.051)	(0.008)	(0.054)	(0.056)	(0.021)
人均收入	−0.008*	−0.006	−0.001*	−0.003	−0.006*	−0.006**
	(0.004)	(0.003)	(0.001)	(0.003)	(0.004)	(0.002)
人口数	0.009***	0.005**	0.000	0.007**	0.008***	0.001
	(0.003)	(0.002)	(0.000)	(0.003)	(0.003)	(0.001)
土地面积	−0.005	−0.005*	−0.000	−0.003	−0.004*	0.002
	(0.003)	(0.002)	(0.000)	(0.003)	(0.003)	(0.001)
地势			基准组：平原			
丘陵虚拟变量	0.005	0.004*	0.001***	−0.001	0.005*	−0.002
	(0.003)	(0.002)	(0.000)	(0.003)	(0.003)	(0.002)
山区虚拟变量	0.032***	0.022***	0.003***	0.022***	0.030***	0.002
	(0.005)	(0.004)	(0.001)	(0.005)	(0.005)	(0.002)
经济区域			基准组：农区			
林区虚拟变量	−0.019***	−0.016***	−0.002**	−0.012**	−0.018***	−0.003
	(0.006)	(0.004)	(0.001)	(0.005)	(0.005)	(0.002)
牧区虚拟变量	0.037**	0.035*	−0.001	−0.005	0.036**	0.023
	(0.018)	(0.021)	(0.001)	(0.014)	(0.018)	(0.023)
渔区虚拟变量	0.006	0.006	0.000	0.007*	0.006	0.003*
	(0.005)	(0.004)	(0.000)	(0.004)	(0.005)	(0.002)
其他区域虚拟变量	0.016**	0.005	0.003**	0.020***	0.015**	0.001
	(0.008)	(0.005)	(0.001)	(0.007)	(0.007)	(0.001)
_cons	0.074**	0.069***	0.012***	0.025	0.061**	0.029**
	(0.030)	(0.023)	(0.004)	(0.023)	(0.027)	(0.014)
地区×年份虚拟变量	Yes	Yes	Yes	Yes	Yes	Yes
Observations	2 401	2 401	2 401	2 401	2 401	2 401

五、结论与评述

本章使用全国农村固定跟踪观察点 2004—2013 年的调查数据，在参考 Alkire and Foster（2011）以及张昭等（2017）等做法的基础上，构建目标导向多维贫困指数，并通过工具变量法消除可能的内生性问题，较全面深入地分析农民创业对农村多维贫困的减贫效应，有助于加深对创业与减贫之间关系的理解和扶贫政策的制定。研究发现：①无导向、教育导向、生活导向、健康导向、资产导向和收入导向型多维贫困均呈现下降的趋势，其中收入导向型多维贫困的改善最为明显，但生活、资产和健康导向型多维贫困改善则较为缓慢。在收入导向型与非收入导向型多维贫困指数之间的差异方面，教育导向型多维贫困发生率一直稳定高于收入导向型多维贫困的发生率，且两者之间的差异较为稳定。健康、生活和资产导向型多维贫困发生率虽在 2009 年之前低于收入导向型多维贫困的发生率，但随后于 2010 年发生反超，且两者之间的差异不断拉大。②创业对多维贫困的影响，在使用本省市场化程度指数作为农村创业的工具变量后，2SLS 方法估计结果显示农民创业对农村多维贫困存在显著负影响。具体而言，创业对收入导向、健康导向、生活导向和教育导向的多维贫困指数均存在显著的减贫效应。③农民创业仅在东部和东北地区会促进农村多维减贫，而在中部和西部地区，农民创业则不存在显著的农村减贫效应。在 2008 年之前，创业对多数的目标导向型多维贫困存在显著的减贫效应。但在金融危机发生后，创业几乎不存在显著的减贫效应。

本研究的政策含义和启示体现在两个方面：首先，有助于认识新时期农村贫困的多维内涵，对政府制定兼顾脱贫质量与可持续性的反贫困政策具有重要启示意义。2020 年不是反贫困战斗的终点，而是消灭非收入维度贫困的新起点新阶段。届时中国农民将摆脱收入匮乏的困境，而转向对健康、教育或生活水平等美好生活的追求。近年来中国农村收入导向型多维贫困改善迅速明显，但非收入导向型多维贫困的改善则明显滞后。今后中国农村扶贫的关注重心应转向教育、健康、资产和生活等非经济收入领域的贫困。其二，为了彻底打赢脱贫攻坚战，应当更好地发挥创业在农村多维减贫的重要作用。虽然创业对收入、健康、生活、教育等多维贫困存在显著的减贫效应，但是对健康导向型多维贫困的减贫影响最小。需要指出的是，"因病致贫"又是当下扶贫攻坚工作中的突出问题和顽疾。如何避免"一人患病，全家倒下"的发生不仅需要政府所提供的基本医保作为最低保障，政府还可以制定相应的优惠或鼓励政策让农村创业企业为所雇的农民提供商业保险，扩大保险的覆盖面，提高保险的额度，让创业更好地预防农村的健康导向型多维贫困。

当然我们的研究还存在着一些不足之处，有待未来进一步完善。首先，限于调查问卷，未能获得农民创业的类型、行业和规模等具体数据。在未来的研究中，将收集更详细的一手数据，探讨不同创业类型和规模对农村多维减贫的影响及差异。其次，如果能够动态追踪农民创业的退出，将有助于更准确深刻地理解其对农村多维减贫的影响规律。

≪参考文献

白重恩，张琼，2014. 中国的资本回报率及其影响因素分析［J］. 世界经济，37（10）：3-30.

陈习定，张芳芳，黄庆华，段玲玲，2018. 基础设施对农户创业的影响研究［J］. 农业技术经济（4）：80-89.

陈哲，杨旭，2010. 创业拉动劳动力需求和促进民生经济发展的实证研究［J］. 东北财经大学学报（3）：43-48.

程名望，Jin Yanhong，盖庆恩，史清华，2014. 农村减贫：应该更关注教育还是健康？——基于收入增长和差距缩小双重视角的实证［J］. 经济研究，49（11）：130-144.

程名望，盖庆恩，Jin Yanhong，史清华，2016. 人力资本积累与农户收入增长［J］. 经济研究，51（1）：168-181，192.

方迎风，2012. 中国贫困的多维测度［J］. 当代经济科学，34（4）：7-15，124.

古家军，谢凤华，2012. 农民创业活跃度影响农民收入的区域差异分析——基于1997—2009年的省际面板数据的实证研究［J］. 农业经济问题，33（2）：19-23，110.

郭熙保，周强，2016. 长期多维贫困、不平等与致贫因素［J］. 经济研究，51（6）：143-156.

黄中伟，2004. 非均衡博弈：浙江农民创业的原动力［J］. 企业经济（5）：108-109.

马奔，丁慧敏，温亚利，2017. 生物多样性保护对多维贫困的影响研究——基于中国 7 省保护区周边社区数据 [J]. 农业技术经济 (4)：116-128.

孟倩，2008. 中国农村反贫困法律制度研究 [D]. 长沙：湖南大学.

彭克强，刘锡良，2016. 农民增收、正规信贷可得性与非农创业 [J]. 管理世界 (7)：88-97.

阮荣平，郑风田，刘力，2014. 信仰的力量：宗教有利于创业吗？[J]. 经济研究，49 (3)：171-184.

斯晓夫，钟筱彤，罗慧颖，陈卉，2017. 如何通过创业来减少贫穷：理论与实践模式 [J]. 研究与发展管理，29 (6)：1-11.

田富强，2012. 贵州农村劳动力创业贫困分析 [J]. 山东农业科学，44 (7)：138-140.

万君，张琦，2016. 区域发展视角下我国连片特困地区精准扶贫及脱贫的思考 [J]. 中国农业大学学报（社会科学版），33 (5)：36-45.

王嘉毅，封清云，张金，2016. 教育与精准扶贫精准脱贫 [J]. 教育研究，37 (7)：12-21.

王立平，陈琛，2009. 创业、知识过滤与区域经济增长 [J]. 产业经济研究 (5)：60-66.

王西玉，崔传义，赵阳，2003. 打工与回乡：就业转变和农村发展——关于部分进城民工回乡创业的研究 [J]. 管理世界 (7)：99-109，155.

吴晓瑜，王敏，李力行，2014. 中国的高房价是否阻碍了创业？[J]. 经济研究，49 (9)：121-134.

徐超，宫兵，2017. 农民创业是否降低了贫困脆弱性 [J]. 现代财经，37 (5)：46-59.

薛红志，张玉利，杨俊，2003. 机会拉动与贫穷推动型企业家精神比较研究 [J]. 外国经济与管理 (6)：2-8.

张全红，周强，2015. 中国贫困测度的多维方法和实证应用 [J]. 中国软科学 (7)：29-41.

张若瑾，张静，2017. 农民工创业意愿影响因素的实证研究 [J]. 中国人口·资源与环境，27 (2)：29-31.

张昭，杨澄宇，袁强，2017. "收入导向型"多维贫困的识别与流动性研究——基于 CFPS 调查数据农村子样本的考察 [J]. 经济理论与经济管理 (2)：98-112.

章元，万广华，史清华，2013. 暂时性贫困与慢性贫困的度量、分解和决定因素分析 [J]. 经济研究，48 (4)：119-129.

朱红根，康兰媛，2013. 金融环境、政策支持与农民创业意愿 [J]. 中国农村观察 (5)：24-33，95-96.

Alkire S，Foster J，2011. Understandings and misunderstandings of multidimensional poverty measurement [J]. Journal of Economic Inequality，9 (2)：289-314.

Audretsch D B，Keilbach M，Lehmann E E，2006. Entrepreneurship and Economic Growth [M]. Oxford University Press.

Baumol W J, Strom R J, 2007. Entrepreneurship and economic growth. Strategic Entrepreneurship Journal: 233-237.

Ding H, He H, 2018. A tale of transition: An empirical analysis of economic inequality in urban China, 1986—2009. Review of Economic Dynamics (29): 106-137.

Samila S, Sorenson O, 2011. Venture Capital, Entrepreneurship, and Economic Growth. The Review of Economics and Statistics, 93 (1): 338-349

Sen A, 1999. Freedom as development [M] . Oxford University Press.

Sen A, 2008. The idea of justice [J] . Journal of Human Development and Capabilities, 9 (3): 331-342.

Wolff J, de-Shalit A, 2007. Disadvantage [M] . Oxford University Press.

理论深化篇

第 9 章

从平等的贫困到
不均的繁荣*

【摘要】　自 20 世纪 70 年代末期改革开放以来，中国在减贫方面取得了人类历史上史无前例的成就。伴随着这一成就的是经济高速增长和收入分配不均等的恶化。本章研究了中国的贫困—经济增长—不均等的三角关系问题：①在全国和省级层面上描述了中国的贫困、经济增长和不均等概况；②揭示了经济增长和不均等变化对减贫的贡献；③总结了中国减贫的经验教训。基于世界银行的贫困线，尽管在 1981 年中国的贫困人口比率高达88.3%，但今天的中国已经消除了绝对贫困（Abject Poverty）。其中经济增长起到了决定性的作用，而不均等对减贫的影响在不同时期有所变化。此外，经济增长对减贫的影响随时间推移而减弱，这一现象值得进一步研究，并且应当引起决策制定者的关注。

一、引　　言

1978 年的中国是世界上最贫困的国家之一，当时中国的人均 GDP 仅为 423.2 元人民币，按照当时的汇率，约合 184.0 美元。根据世界银行每天 1.90 美元的贫困线（经 2011 年的购买力平价调整，下同），在 1981年，中国有 88.3% 的城市人口处于极度贫困状态；在农村地区这一比例

＊ 本章原文为英文，以 "From Equality of Deprivation to Disparity of Prosperity：The Poverty-Growth-Inequality Triangle in Post-reform China" 为题发表在《China & World Economy》2018 年第 2 期。作者：万广华；汪晨，副教授，上海财经大学城市与区域科学学院；张琰（通讯作者），重庆工商大学经济学院特聘教授。本研究得到国家自然科学基金（71833003 和 71703088）和上海浦江计划（17PJC045）的支持与资助。

更是高达 95.6%。[①] 尽管存在普遍的贫困，当时的中国却被认为是一个平均主义的社会。根据我们自己的估算，1978 年到 1988 年间中国的基尼系数始终保持在 0.35 以下。因此，可以说改革开放前的中国是一个平等的贫困国家。

中国的改革始于 20 世纪 70 年代末期，首先从拥有大多数人口（87.5%）的农村开始（NBS，1981）。家庭联产承包责任制取代了原有的人民公社制度，鼓励农民"多干巧干"。农业产出和收入显著上升，激发了对非农产品的需求，并为工业化奠定了基础。改革的进展非常迅速，到 80 年代中期，中国改革的重点已经转移到了工业部门；城市部门和乡镇企业开启了奇迹般的扩张，这些扩张产生了对劳动力的需求，而中国农村存在的巨量剩余劳动力恰好满足了这一需求。20 世纪 70 年代以来农业生产力和农村生活水平的提高，尤其是购买力的上升，又为非农部门的扩张创造了更好的条件。良性循环就这样开始了。

几乎在农村全面实施家庭联产承包责任制的同时，中国政府开始在沿海地区（深圳、珠海、汕头和厦门）设立经济特区。这标志着中国开始开放国际贸易领域和接收外国直接投资（FDI）。1992 年年初，改革开放的总设计师邓小平发表了著名的南方谈话，中国的对外开放战略获得了显著的推进。接下来在 2001 年，中国加入了国际贸易组织（WTO）。中国的对外开放和随后融入国际经济体系的举措使中国不仅能更好地利用劳动力禀赋的比较优势，更摆脱了国内需求的制约，拓展了海外市场。结果是，到 2011 年的三十多年里，中国年均 GDP 增长速度超过了 9%（NBS，不同年份）。即便在 2008 年全球经济危机之后，中国仍保持了较高的经济增长率，从 2012 年到 2016 年的 GDP 年均增速达到 7.3%（NBS，不同年份）。

高速的经济增长导致了普通市民的生活水平的巨大改善，使数亿中国人脱离了贫困。根据世界银行的估算，中国生活在每天 1.9 美元以下的贫困人口比率，已经从 1981 年的 88.3% 下降到了 2013 年的 1.85%。即使以每天 3.1 美元的中度贫困线计算，中国的贫困率也发生了大幅度的下降，从 1981 年的 99.1% 下降到 2013 年的 11.1%。[②] 事实上，如果把中国排除在外，联

---

① 世界银行 Povcal Net。

② 世界银行 Povcal Net。

合国的千禧年发展计划（MDGs）中最重要的目标——在 2000 年至 2015 年之间将全球贫困人口减半——将不能达成。

然而，由中国奇迹般经济增长和大幅度减贫构造的美好画面，被不均等的快速上升蒙上了一层阴影。直到 2009 年，中国富人或富裕地区从高速经济增长中获得的好处比其他人或地区多很多。这一现象反映在城市和农村内部收入分配的恶化，也反映在城乡差距的高居不下。在 1985 年，城市—农村平均收入比值仅为 1.78。而这一比值，在 2009 年趋于平稳之前，上升到了 3.0。这个问题同样体现在沿海地区—内陆地区之间差距的扩大上。在 1978 年，沿海地区—内陆地区的人均 GDP 比值为 1.50；2004 年这一比值达到了 2.14 的峰值。[①] 如果用基尼系数度量整体不均等，中国的贫富差距从 1982 年的 0.29 上升到了 2003 年的 0.45，在 20 年间的攀升超过了 50%。[②] 尽管在最近的年份略有下降，2014 年的基尼系数仍为 0.4。

按照库茨涅茨（1955）和刘易斯（1955）的理论与推断，不断恶化的收入分配有可能是由经济增长导致的，而经济增长又导致了中国在消除贫困方面的伟大成就。另一方面，不断恶化的收入分配会对经济增长带来负面的影响（万广华，2006），同时会抵消经济增长对减贫的正面作用。换句话说，如果不均等保持可控，在同样的经济增长水平下，贫困会减少得更多。

基于上述背景，考察中国的贫困—经济增长—不均等三角是一个重要而又有趣的课题。研究这个问题还可以为国际发展贡献中国的经验教训。出于这些考虑，本文的主要目标为：①在全国和省级水平上描述中国的贫困和不均等概况；②从经济增长和不均等的角度探索减贫之源；③提出相关政策建议。

二、一个简要的文献综述

Wan and Zhang（2006）是最早将中国农村减贫分解为经济增长和再分

---

① 根据国家统计局的做法，沿海地区包括北京、福建、广东、海南、河北、江苏、山东、上海、天津和浙江，其余省份构成内陆地区。

② 官方的基尼系数自 2003 年以来一直由国家统计局发布，但仅限于整个中国，没有省级层面的估算值。国家统计局提供的十几个观察值显然不足以用于研究。因此，除非另有说明，否则本文使用的基尼估计值出自作者的估算。估算基于国家统计局公布的分组收入数据，方法见第三部分的说明。

配两个来源的论文之一。他们发现在 20 世纪 90 年代后半期农村贫困率有所上升，其主要原因是收入分配的恶化，这和 Yao et al.（2004）的发现一致。Yao et al. 的论文将人均收入和基尼系数估计值对贫困水平回归，从而得出在中国城市和农村，贫困和人均收入负相关，而和基尼系数正相关。Meng et al.（2005）的研究也给出了同样的结论。

Xia and Song（2010）使用中国家庭收入调查数据（CHIP）的调查数据发现，不论采取分解或回归方法，1988 年到 2002 年之间，中国的经济增长均减少了贫困。Zhang and Feng（2010）发现从 1996 年到 2006 年之间，尽管穷人的收入增加少于富人，但中国的经济增长仍有助于减贫。Chen and Lu（2014）使用 1991 年到 2009 年的中国健康和营养调查数据（CHNS）发现，不断上升的收入不均等抵消了经济增长在减贫方面的积极作用。更重要的是，Luo（2012）发现在 1988 年到 2007 年之间，不均等上升带来的负面作用随着时间的推移变得越来越强，而减贫的经济增长弹性系数在不断下降。另一篇高度相关的论文是 Wan et al.（2006），这篇论文建立了一个中国经济增长—收入不均等关系的模型，结论是不论考虑哪个时间窗口（短期、中期或长期），收入不均等对经济增长的影响始终是负的。

除了中国，来自于其他国家的证据也表明了经济增长对减贫的促进作用，而收入分配对减贫的作用则是不确定的。在印度，尽管经济增长在数量上对减贫的贡献更大，但收入分配的改善也帮助减少了贫困。在巴西，不断恶化的收入分配加上 20 世纪 80 年代的宏观经济冲击破坏了减贫效果（Datt and Ravallion，1992）。在 2000 年至 2006 年之间的墨西哥，经济增长和收入不均等下降相互强化了两者对减贫的正面影响。然而，在 2006 年之后，人均收入的下降和收入不均等的上升，逆转了 1996 年以来的贫困下降趋势，并且导致贫困回到了 2002 年之前的水平（Iniquez-Montiel，2014）。

此外，Ravalion（1997）分析了 23 个发展中国家的数据，发现在经济增长率为正的情况下，初始的收入不均等越严重，贫困比率下降的速度越慢。类似地，Fosu（2015）发现在撒哈拉以南地区的非洲国家，收入增长一直是减贫的主要驱动力，而收入不均等则起到了双重作用：①不均等的下降加强了增长的减贫效果；②更低的初始不均等提高了减贫的速度。

中国扶贫理论研究

三、中国的经济增长、贫困水平和收入不均等概况

除非特别说明，本章使用的数据均来自国家统计局（NBS）出版的《中国统计年鉴》。为估算贫困水平和收入不均等，本章采用了 Shorrocks and Wan（2009）创建的方法，在收入分布为对数正态分布的假设下，先基于分组收入数据估算该分布的标准差，然后产生任意个收入观察值（收入均值可以设为 1）。接着，基于分组数据调整这些观察值，使产生的数据与分组数据的特征完全吻合。根据 Wan（2013）的检验，这种方法对估算不均等还是相当可靠的。

如前文所述，中国收入分配的维度之一是沿海—内陆不均等。随着沿海地区的经济增长超过内地，这一不均等变得更加严重。图 9-1 分别画出了中国沿海地区和内陆地区的人均 GDP 增长率。从图 9-1 上可以明显看出，除 1983、1986、1989、1990、1996、2000 和 2005—2014 这些年份之外，沿海地区的经济增长得更快，尤其是在 1991 年到 1995 年间。

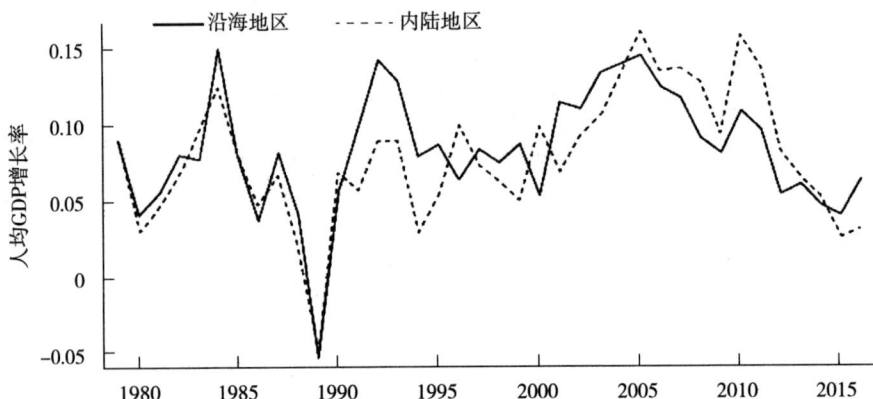

图 9-1　中国沿海地区和内陆地区的经济增长（1979—2016）
数据来源：作者基于国家统计局（NBS）的数据计算得出。

最近几年沿海省份相对较低的经济增长自然地导致了中国整体收入不均等的下降，这可能意味着经济赶超或收敛的发生。假设各省具有同样的时间偏好和相同的生产函数，资本收益递减法则必然使得各省最终会趋向于一个共同的均衡收入水平。基于 Barro and Sala-i-Martin（1992）提出的分析框

架，我们可以进行正规的检验。

Barro and Sala-i-Martin（1992）定义了两种趋同：西格玛趋同（Sigma Convergence）和贝塔趋同（Beta Convergence）。在西格玛趋同中，每年各省的人均收入的标准差随着时间递减。在贝塔趋同中，落后地区的经济增长快于富裕地区。显然贝塔趋同是西格玛趋同的必要条件，但不是充分条件，因为收入水平也可能随着时间变化。如果我们定义伽马趋同（Gamma Convergence）为收入的变异系数随时间下降，那么贝塔趋同就是伽马趋同的充要条件。

下面的推导显示，贝塔趋同意味着收入增长率只依赖于初始收入水平，且两者呈负相关关系。我们用 i 代表省份，t_0 代表期初，T 代表时间长度。[①] 贝塔趋同假设收入增长率 r 只是初始收入水平 INC 的函数：

$$r_{i,T} = \alpha - (1 - e^{-\beta T})/T \ln INC_{i,t_0} \qquad (9\text{-}1)$$

其中 $r_{i,T} = \ln\left(\dfrac{INC_{i,t_0+T}}{INC_{i,t_0}}\right) * (1/T)$，$i = 1, 2, \cdots, N$，$INC$ 表示收入水平，INC_{i,t_0} 表示初期收入。β 表示趋同速度。根据 Uhlig（1995）的论文，方程（9-1）可以被线性化为，

因此，我们可以推导出：$(1 - e^{-\beta T}) \cong \beta T$

$$\ln\left(\frac{INC_{i,t_0+T}}{INC_{i,t_0}}\right) * (1/T) = \alpha + \beta^*,\ \ln INC_{i,t_0} + v_{it} \qquad (9\text{-}2)$$

其中，$\beta^* = -\beta$，v 代表由线性化导致的逼近误差。如果 $\beta^* < 0$，无条件趋同就会发生。

我们使用国家统计局的收入数据来估计方程（9-2），并且取 $T = 5$。表 9-1 列出了估计结果，其中第（1）列报告了使用所有数据点的估计结果，第（2）列报告了剔除高增长省份后的估计结果。根据第（1）列显示的结果，2002 年之前 β^* 的估计值都不显著，这意味着不存在趋同现象。然而，在 2002 年之后，估计值都是负数且显著，这意味着存在趋同现象。根据第（2）列显示的估计结果，如果剔除高增长省份，β^* 的估计量变得不显著。这些高增长省份包括重庆、内蒙古、甘肃、山西、陕西和四川，无一例外都

---

① 根据 Barro and Sala-i-Martin（1992），T 可以设定为 5 或 10 年。

位于中国内陆地区。因此我们可以得出以下结论：大约从 2002 年左右以来，中国发生了趋同现象，这一现象有可能是 2000 年实施的西部大开发计划驱动的。图 9-2 描绘了基于基尼系数的地区（省际）不均等情况，结果和表 9-1 一致。比如，从 2002 年以来，β^* 估计量变成负数，而在 2005 年左右地区不均等呈现出下降趋势，这证实了趋同现象的存在。

表 9-1　趋同检验：估计结果

时　期	所有省份 （1） β^*	剔除经济高速增长省份 （2） β^*
1982—1987	−0.031（0.041）	
1987—1992	0.003（0.015）	
1992—1997	0.016（0.017）	
1997—2002	−0.060（0.036）	
2002—2007	−0.076**（0.034）	−0.031（0.029）
2007—2012	−0.012**（0.006）	−0.009（0.006）
2008—2013	−0.076*（0.043）	−0.011（0.012）
2009—2014	−0.021*（0.009）	−0.020（0.009）
2010—2015	−0.028***（0.008）	−0.015（0.009）

注：第（2）行报告的是剔除经济高速增长省份后的估计结果。2002 年到 2007 年期间，我们剔除内蒙古、吉林、山西、陕西和四川；从 2007 年到 2012 年，我们剔除了重庆、内蒙古、吉林、陕西和四川；从 2008 年到 2013 年，我们剔除了重庆、内蒙古、吉林、陕西和四川；从 2009 年到 2014 年，我们剔除了重庆、甘肃、贵州、内蒙古、吉林、青海、四川和云南；从 2010 年到 2015 年期间，我们剔除了安徽、重庆、甘肃、贵州、内蒙古、湖南、吉林、江西、青海、山西、陕西、四川、西藏和云南。标准差在小括号中显示。***、**和*分别代表在 1%、5%和 10%水平上显著。

按照 Barro and Sala-i-Martin（1997），T 可以被设为 5 年或 10 年。

从图 9-2 可以看出，地区间不均等在经济改革开始的头几年是下降的。在 20 世纪 80 年代中期，随着改革延伸到城市部门，地区间不均等开始上升，并在 2000 年年初达到顶峰。最近几年的趋同和不均等下降的现象主要是由于城乡差距缩小造成的，这是因为城市和农村不均等在 20 世纪 90 年代中期到 21 世纪头 10 年中期期间变动很小，而从 2005 年开始，除了个别地区，中国城市和农村内部的不均等均显著下降，导致了总体区域差异的大幅度下降。

地区间不均等的趋势大体上和家庭间收入分配的趋势一致（图 9-3）。中国的基尼系数估计值在 1978 年为 0.34 左右，2014 年则为 0.4。1978 年的基尼系数其实并不像通常预想的那么低。Wan（2007）指出，城乡差异是中国总体不均等的最主要原因。如果我们仅关注农村内部和城市内部不均等，那么基尼系数的估计值会低许多（图9-3）。和大多数其他国家不同，在本研究时期内，中国城市的不均等始终不如农村那么严重。产生这一现象的最重要原因是，改革开放前仅在城市部门普遍实施平均分配制度。在中国农村，平均分配只在村一级在一定程度上发生，出了村，平均分配在农村几乎不存在。即使在同一个村内，收入（改革开放前主要以实物形式表示）主要是基于劳动投入。换句话说，中国农村从来都没有执行通常意义上的平均主义，这和许多人的认知不同。图9-3还显示，家庭间收入不均等的下降始于

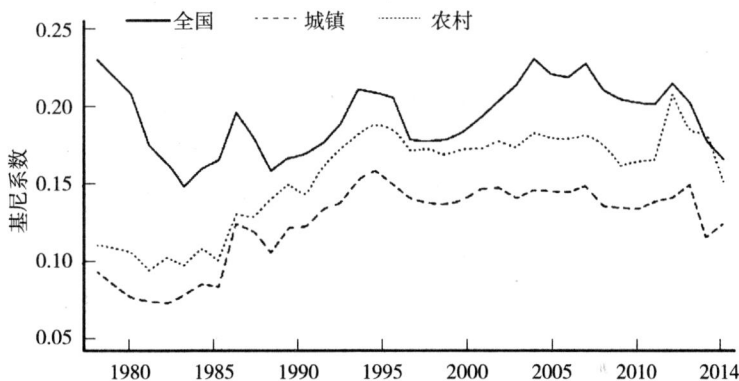

图9-2　地区间不均等（1978—2014）

数据来源：作者基于国家统计局数据计算得出。

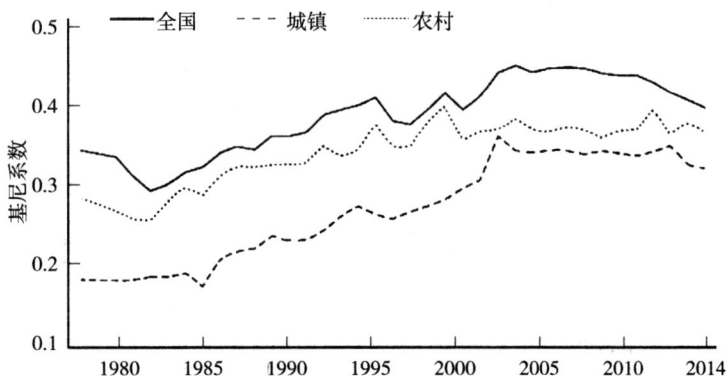

图9-3　家庭间不均等（1978—2014）

数据来源：作者基于国家统计局数据计算得出。

2003 年，这主要是由于劳动力转移和城镇化带来的（Wan，2013）。这一下降的另一原因可能由于农民工工资的上升，更为详细的分析见 Wan，Wu and Zhang（2018）。有趣的是，区域不均等和家庭间不均等都呈现倒 U 形。

每个省份内的不均等情况又是怎么样的呢？图 9-4 分别显示了那些有分组收入数据省份的基尼系数。首先，对大多数省份，不均等遵循下降—上升—下降的趋势，这种现象在前文已经讨论过。其次，不同省份的不均等水平始终存在差别，并且这一差别相当可观。举例来说，三个直辖市（北京、上海、天津）在整个时期内保持了低水平的不均等。北京的基尼系数估计值为 0.27，天津为 0.27，上海为 0.26。与之相反的是一些贫困省份一直面临持续恶化的高度不均等：如西藏的基尼系数为 0.45，新疆的基尼系数为 0.46，云南的基尼系数为 0.47。这个反差与不同省市的城乡差距紧密相关。比如，三个直辖市的农村人口占比很小，所以城乡差距对整体不均等的贡献也较小，而城市内部的不均等一般来说比农村内部低，所以城市化水平较高的省市的基尼系数会偏低。第三，几乎所有的省份经历了不均等的上升，其中安

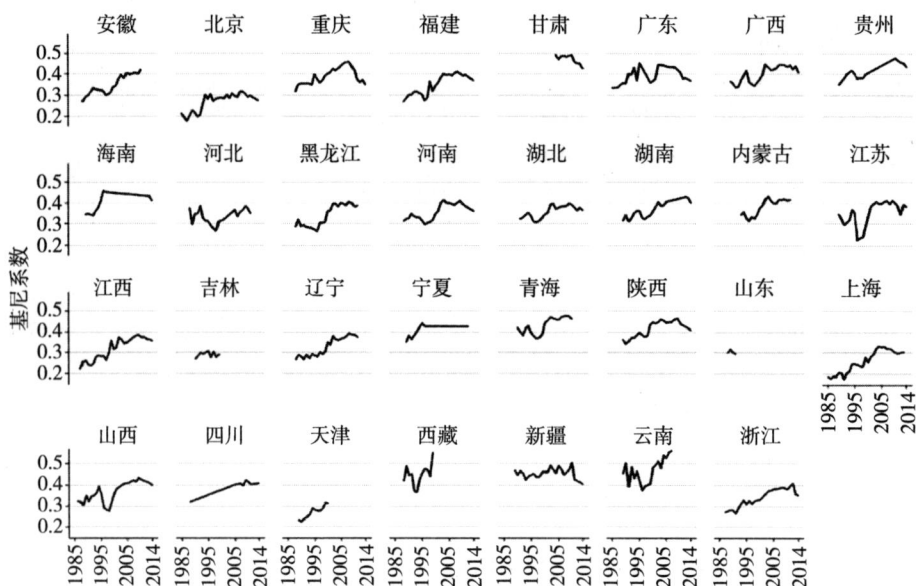

图 9-4　不同省份的基尼系数估计值（1985—2014）
数据来源：作者基于国家统计局数据计算得出。

徽、贵州和辽宁上升的幅度最大。快速上升的不均等还可能与发展水平以及省内经济结构有关。那些基尼系数维持在 0.4 及以上的省份，农业占 GDP 的比重也相对较高，在 2015 年，甚至仍然占到 GDP 的 15％以上。

数学上可以证明，贫困是平均收入和收入分布的函数。如果用平均收入去标准化的收入数据和贫困线（即将所有观察值和贫困线除以样本平均值），这时的收入分布完全可以由洛仑兹曲线来表示。接着，用标准化了的贫困线的值在 Y 轴上画一横线，该线与洛仑兹曲线的交叉点所对应的 X 值即为贫困发生率。所以说，贫困是不均等问题的一部分，可以直观地表现为洛仑兹曲线的底端。

我们把贫困人口比重作为贫困的度量指标（其他贫困指标包括贫困缺口，贫困缺口的平方等，本研究不予考虑），并且把贫困线设定为每天每人 1.9 美元,[①] 那么依据世界银行的 Povcal Net 数据库，我们就可以勾画中国的贫困状况（图 9-5）。结果表明，1981 年的中国贫困率高达 88.32％，更为惊人的是，仅仅用了 32 年的时间，中国就解决了贫困问题，其在 2013 年的贫困率已经下降到了 1.85％。[②] 值得一提的是，和其他

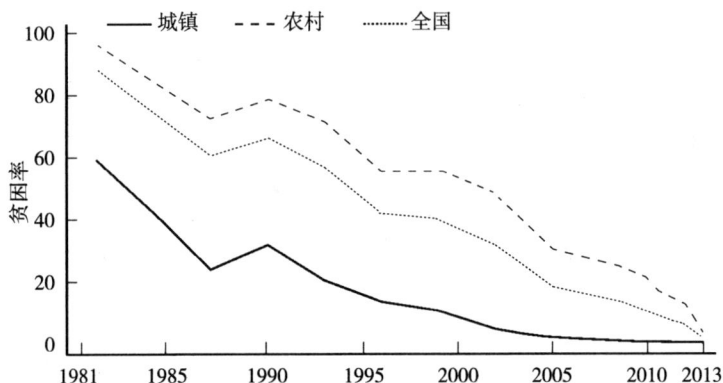

图 9-5　中国的贫困率（1981—2013）

数据来源：基于世界银行的 Povcal Net.

---

① 这个贫困线等价于用 1985、1995 和 2005 年购买力平价计算的每人每天 1、1.08 和 1.25 美元的标准。

② 根据世界银行的定义，贫困发生率低于或等于 3％即表示消除了贫困。这个 3％与自然失业率相似。

发展中国家一样,贫困一直是一个农村问题。例如,在 2012 年,赤贫人口在中国城市几乎已经消失 (0.42%),但是在农村依然是一个严重的问题 (12.98%)。

图 9-5 中的信息可以用来粗略地概算贫困的经济增长弹性,即贫困人口比例降低的百分点除以经济增长率,结果见图 9-6。图 9-6 明显地表明,这一弹性收敛于 0,意味着同样的经济增长率带来的减贫效果越来越小。这个发现,与 Ravallion (1997) 和 Fosu (2015) 的结论一致,反映了"首先摘取低处的果子"的典型现象。

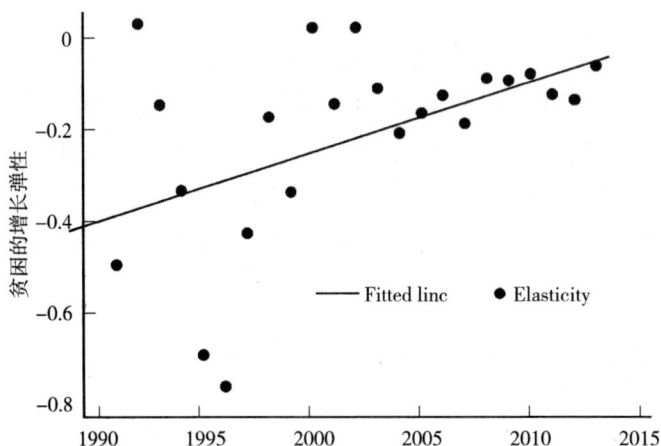

图 9-6 贫困的增长弹性 (1990—2015)
数据来源:作者根据国家统计局的数据计算得出。

图 9-7 描述了省级的贫困情况,展现了贫困在空间上的异质性。众所皆知,改革开放之前的中国是一个贫困但相对均等的国家,所以 20 世纪 80 年代早期各个省份的贫困都比较严重。甚至在改革开放和经济起飞十年之后,一些西部省份,如贵州、河南和西藏,贫困率依然很高,在 1989 年甚至超过 75%。但是到了 2013 年,21 个省份成功地消除了赤贫 (使用世界银行建议的 3% 贫困人口比率作为阈值),其中广西和江西的状况最好,他们在 1989 年的贫困率分别为 70.8% 和 67%,但到 2014 年成功地降低到了 0.8% 和 0.6%。然而,尽管中国已经在大多数省份消除了赤贫,对于内陆的甘肃 (2014 年贫困人口比为 6.6%) 和新疆 (2014 年贫困人口比为 9.2%) 来说,赤贫仍然是一个重要的挑战。

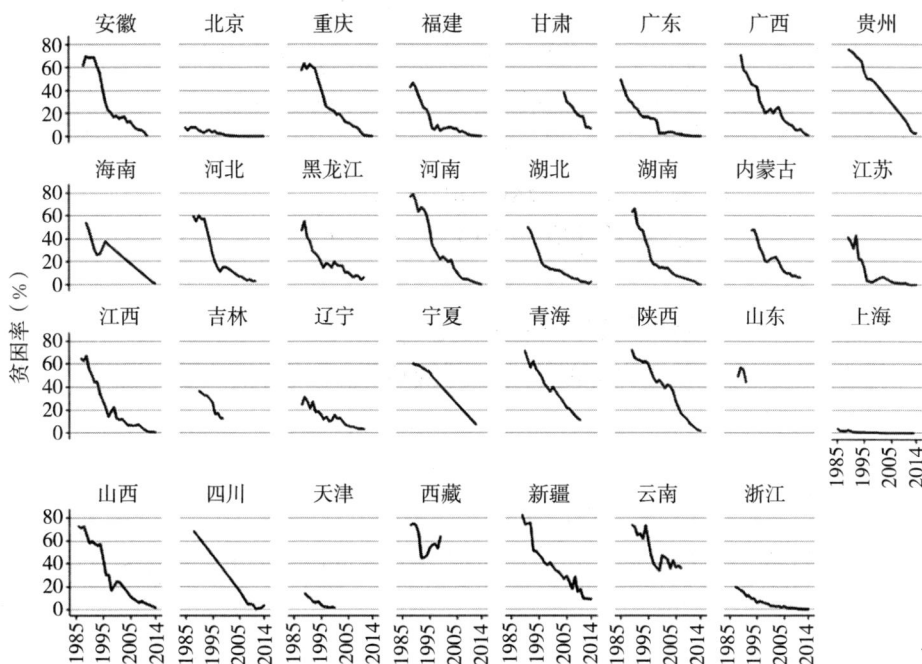

图 9-7　不同省份的贫困率（1985—2014）
数据来源：作者根据国家统计局的数据计算得出。

四、贫困—经济增长—不均等三角

上一节提供了贫困、经济增长和不均等的情况，本节将探讨贫困—经济增长—不均等的三角关系，并聚焦于减贫的本质源头。我们的研究成果提供了中国成功减贫的经验，对其他发展中国家实施扶贫开发战略具有相当的政策意义。

本研究使用的方法论来自 Zhang and Wan（2006），他们对 Datt and Ravallion（1992）所构建的分解框架作了进一步的改进。我们用 ΔP 表示贫困指数 P 的变化，并假设收入数据 Y 和贫困线 z 用真实值度量（消除了通货膨胀）。0 期和 T 期的贫困变化可以用下面的方程表示：

$$\Delta P = P(Y_T, z) - P(Y_0, z) \tag{9-3}$$

按照定义，ΔP 中的经济增长成分或效应是保持 Y 分布不变的前提下，

Y 的平均值变动导致的贫困变动，而 ΔP 中的不均等或再分配效应是在保持 Y 的均值不变的前提下，Y 的分布变动所导致的贫困的变化。令 Y (L_i, μ_j) 表示一个虚构的收入分布，它对应于 i 期的洛伦茨曲线 L_i，该分布的平均收入为 μ_j ($i=0$ 或 T, $j=0$ 或 T 且 $i \neq j$)。令 P (L_i, μ_j) 为与 Y (Li, μ_j) 对应的贫困发生率，这时 ΔP 中经济增长效应可以定义为：

$$经济增长效应 = P(Y_T, z) - P(L_T, \mu_0) \qquad (9\text{-}4)$$

或者：

$$经济增长效应 = P(L_0, \mu_T) - P(Y_0, z) \qquad (9\text{-}4\,a)$$

类似地，可以定义再分配或不均等效应为：

$$再分配效应 = P(L_T, \mu_0) - P(Y_0, z) \qquad (9\text{-}5)$$

或者

$$再分配效应 = P(Y_T, z) - P(L_0, \mu_T) \qquad (9\text{-}5\,a)$$

很明显，经济增长效应和再分配效应的不同组合可以产生四种 ΔP 的分解方法。如果使用方程 （9-4） 和方程 （9-5a），则 T 期被选为参照时期。与之相反，使用方程 （9-4a） 和方程 （9-5），则 0 期被选为参照时期。两种分解方式给出的结果不一定等同，而且增长和再分配效应的和都不等于 ΔP，说明这两种组合都不精确。如果使用方程 （9-4a） 与 （9-5a） 或 （9-4） 与 （9-5） 的组合，那么分解将是精确的，这是因为：

$$P(Y_T, z) - P(Y_0, z) = [再分配效应] + [经济增长效应]$$
$$= [P(Y_T, z) - P(L_0, \mu_T)] + [P(L_0, \mu_T) - P(Y_0, z)] \qquad (9\text{-}6)$$
$$= [P(L_T, \mu_0) - P(Y_0, z)] + [P(Y_T, z) - P(L_T, \mu_0)] \qquad (9\text{-}7)$$

然而，在方程 （9-6） 和 （9-7） 中，再分配效应和增长效应的计算分别使用了不同的参考时期，所以很可能导致不同的结论。解决时间参照点不一致问题的可行途径是取方程 （9-6） 和 （9-7） 的平均值，并且推导出：

$$\Delta P = 0.5\{[P(Y_T, z) - P(L_0, \mu_T)] + [P(L_T, \mu_0) - P(Y_0, z)]\} +$$
$$0.5\{[P(L_0, \mu_T) - P(Y_0, z)] + [P(Y_T, z) - P(L_T, \mu_0)]\}$$
$$(9\text{-}8)$$

实际上，方程 （9-8） 的分解并不只是简单的算术技巧。根据 Shorrocks (2013)、Kolenikov and Shorrocks （2005） 的研究，（9-8） 式与诺贝尔经济学奖得主 Shaply 发展的合作博弈理论完全吻合 （除了所用符号有所不同之外）。据此，我们可以把贫困变动分解成经济增长效应或成分（G），以及不均等效应或成分（I）：

$$G = 0.5\{[P(L_0,\ \mu_T) - P(Y_0,\ z)] + [P(Y_T,\ z) - P(L_T,\ \mu_0)]\}$$
$$(9-9)$$

$$I = 0.5\{[P(Y_T,\ z) - P(L_0,\ \mu_T)] + [P(L_T,\ \mu_0) - P(Y_0,\ z)]\}$$
$$(9-10)$$

需要强调，上述分解是对 Datt and Ravallion（1992）方法的改进。与后者不同的是，它既没有难以解释的残差项，也不存在路径依赖。

图 9-8 报告了基于式（9-9）、式（9-10）获得的中国贫困的分解结果。由于不均等从 20 世纪 80 年代早期到 2009 年之间一直在恶化，分配效应在大多年份导致了贫困的增加，它抵消了经济增长在减贫方面的良性作用。与我们的预期相吻合，1989—2013 年的经济增长一直使得贫困在减少，但其效应再次显示了趋向于零的趋势，这和前文提及的减贫增长弹性递减的发现相呼应（参见图 9-6）。

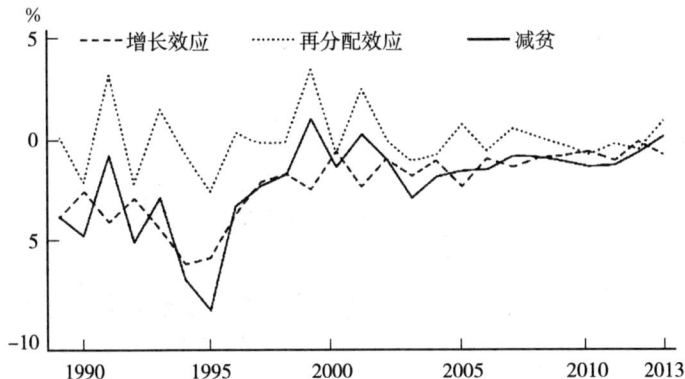

图 9-8 全国贫困下降的经济增长效应和和再分配效应（1989—2013）
数据来源：作者根据国家统计局的数据计算得出。

在 1989 年到 2013 年之间，中国的总贫困率下降了 54.78%，其中经济增长贡献了 55.75%，不均等贡献了 -0.97%。如果将这一时期分成两个子时期，从 1989 到全球经济危机前的 2006 年，17 年间总贫困率下降了 47.5%（年均高达 2.79%），其中经济增长贡献了 49.13%，不均等的恶化贡献了 -1.63%；在 2007—2013 年的后危机时期，贫困率下降了 7.28%

（年均 1.21％），其中经济增长贡献了 6.64％，不均等的改善贡献了 0.64％。如果不均等持续上升，增长的效应将会进一步削弱。

图 9-9 显示了不同省份的分解结果。显然，那些经济增长较慢省份的经济增长减贫效应更小。与之相反，那些经济增长较快的省份，经济增长对减贫的贡献要大很多。举例来说，河南省和陕西省经济增长对减贫的贡献度分别达到了 69.1％和 71.5％。对于不均等恶化最严重的省份，分配效应的负面作用非常明显，比如贵州省和云南省分别达到了−9.3％和−32.3％。

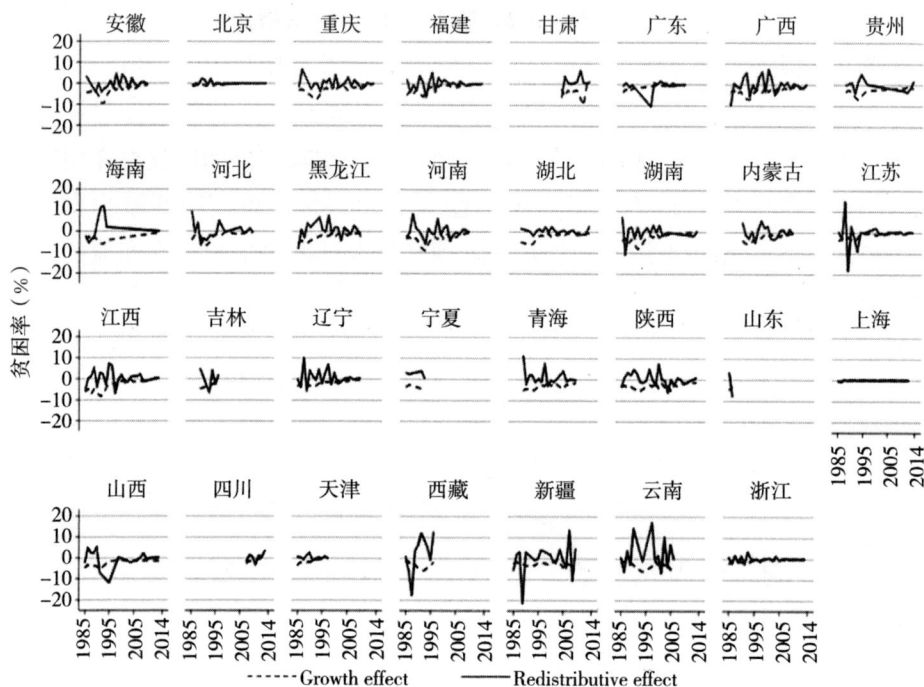

图 9-9　中国省区市贫困下降的经济增长效应和和再分配效应

数据来源：作者根据国家统计局的数据计算得出。

值得指出，同样的经济增长未必导致同样的减贫效果。经济增长的效应还取决于增长的构成。由于贫困通常来说主要是农村现象，农业部门的经济增长在减贫方面的贡献要大于城市部门的增长。当然，如果没有人口流动的限制，城市部门的经济增长可能有相同甚至更大的减贫作用。农村劳动力转移一方面使留在农村的劳动力享有更多的人均资源，还能通过汇款额外增加农村留守人口的收入。这就是为什么中国的"三农"问题可以甚至必须在城市解决的道理所在。在中国，有 2.8 亿左右的农民工不再从事农业生产活动，转而获取非农部门增长带来的利益。如果没有 20 世纪 90 年代开始的史无前例的农工潮，中国如此奇迹般的减贫成就就不会发生。

图 9-9 还显示了另外两个有趣的发现。首先，由于在绝大多数省市（特别是北京、上海、天津和相对发达的省份），赤贫已经被消除，所以近年来经济增长和不均等效应大多都接近于零。其次，也是更为重要的，绝大多数情况下的不均等效应为正，意味着它们不但直接使贫困率上升了，而且可能通过不均等对增长的负面影响，减弱了增长效应。这对于落后的内陆省份尤其明显，在这些地方，农业占据了 GDP 很大的比重，城乡差距又特别大（见前面的讨论），是总体不均等的主要构成成分。因此，中国的当务之急是聚焦城乡差距，除了通过财政转移支付继续实施"反哺"之外，贫困内陆地区向当地或沿海的城市移居也必须得到鼓励。中央政府需要与地方政府携手解决转移人口及其家人的教育医疗社会保障问题，包括向转移人口净流入城市划拨相应的公共服务费用和建设用地指标。

五、总结和结论

中国在减贫方面的成就和中国的经济增长同样伟大。然而，这一史无前例的奇迹所获得的关注却比增长要少许多，尤其是媒体关注得更少。在短短35 年里，中国成功地将贫困人口比率从改革开放前的 90% 大幅降低到 2013年的不到 2%。这意味着按照世界银行的定义，中国这样一个积贫积弱的世界人口第一大国已经消除了赤贫。

本章描述了中国及其各省市的贫困情况，以及改革开放时期的经济增长和收入分配趋势。接着，我们通过将贫困变化分解为经济增长的效应和不均等的效应，分析了贫困—增长—不均等的三角关系。我们的研究结果证实了经济增长对减贫的决定性作用，以及（直到 2009 年）不断恶化的贫富差距对减贫的负面影响。令人欣慰的是，不均等指标和收敛模型的结果，都确认了近年来中国的收入分配在改善，而且地区间的经济发展从 2002 年起开始出现趋同现象。

我们的实证分析表明，经济增长是扶贫开发最为根本的决定因素，但贫富差距对贫困的影响也不容忽视。长期以来，中国高度强调增长，在很长一段时间内没有给予分配不均问题足够的重视。否则，中国的减贫成就会更大，而且不会面临由不均等带来的诸多问题，包括犯罪、阶层固化等。这对于其他发展中国家是一个宝贵的教训。

对所有发展中国家而言，有序的转移人口和积极稳妥的城镇化应该获得高度关注，这对消除贫困远比财政转移支付来得更加有效，也更能持续，而且不会造成任何扭曲。如果没有大量的内部转移人口，中国不可能取得奇迹般的增长，其贫困和贫富差距问题也会比现状更加严峻。另外，市场一体化能够促进经济增长趋同和要素流动（包括转移人口），而这需要大力发展基础设施，通过道路、通信等建立城乡—城城—乡乡—地区之间的市场联系。尽管本文没有提及，中国大力发展基础设施对于降低不均等和贫困也起到了重要作用，这对其他发展中国家而言也是有益的经验。

≪参考文献▐

万广华，2006. 经济发展与收入不均等 ［M］. 上海：上海三联书店.

Barro R J and X Sala-i-Martin, 1992. Convergence ［J］. Journal of Political Economy, 100 (2)：223-51.

Chen F and J C Lu, 2014. Research on rural poverty reduction effect of income growth and distribution structure distortion ［J］. Jingji Yanjiu (Economic Research Journal), 49 (2)：101-14.

Datt G and M Ravallion, 1992. Growth and redistribution components of changes in poverty measures: A decomposition with applications to Brazil and India in the 1980s ［J］. Journal of Development Economics, 38 (2)：275-95.

Fosu A K, 2015. Growth, inequality and poverty in Sub-Saharan Africa: Recent progress in a global context ［J］. Oxford Development Studies, 43 (1)：44-59.

Iniguez-Montiel A J, 2014. Growth with equality for the development of Mexico: Poverty inequality, and economic growth (1992—2008) ［J］. World Development (59)：313-326.

Kolenikov S and A Shorrocks, 2005. A decomposition analysis of regional poverty in Russia ［J］. Review of Development Economics, 9 (1)：25-46.

Kuznets S, 1955. Economic growth and income inequality ［J］. American Economic Review, 45 (1)：1-28.

Lewis W A, 1955. The Theory of Economic Growth [R] . London: George Allen & Unwin.

Luo C L, 2012, Economic Growth, Inequality and Poverty in Rural China [J]. Jingji Yanjiu (Economic Research Journal), 47 (2): 15-27.

Meng X R Gregory and Y Wang, 2005. Poverty, inequality, and growth in urban China, 1986—2000 [J] . Journal of Comparative Economics, 33 (4): 710-729.

NBS (National Bureau of Statisitcs of China), 1979—2017. China Statistical Yearbook 1979—2017 [M] . Beijing: China Statistics Press (in Chinese) .

Ravallion M, 1997. Can high-inequality developing countries escape absolute poverty? [J]. Economics Letters, 56 (1): 51-57.

Shorrocks A, 2013. Decomposition procedures for distributional analysis: A unified framework based on the Shapley value [J] . Journal of Economic Inequality, 11 (1): 99-126.

Shorrocks A and G H Wan, 2009. Ungrouping income distributions: Synthesising samples for inequality and poverty analysis [M] . in K Basu and R Kanbur, eds, Arguments for a Better World: Essays in Honor of Amartya Sen (II) . Oxford: Oxford University Press.

Uhlig H, 1995. A toolkit for analyzing nonlinear dynamic stochastic models easily [R] . Discussion Paper/Institute for Empirical Macroeconomics 101, Federal Reserve Bank of Minneapolis, Minneapolis, USA.

Wan G H, 2007. Understanding regional poverty and inequality trends in China: Methodological issues and empirical findings [J] . Review of Income and Wealth, 53 (1): 25-34.

Wan G H, 2013. The urbanization-inequality nexus: Method and application to China [J] . Jingji Yanjiu (Economic Research Journal), 48 (5): 73-86.

Wan G H, Wu T and Zhang Y, 2018. Recent Declines in China's Inequality [R] . Unpublished manuscript.

Wan G H, M Lu and Z Chen, 2006. The inequality-growth nexus in the short and long run: Empirical evidence from China [J] . Journal of Comparative Economics, 34 (4): 654-667.

Xia Q and L Song, 2010. Economic growth and poverty reduction in rural China [J] . Jingjixue Jikan (China Economic Quarterly), 9 (3): 851-870.

Yao S J, Z Y Zhang and L Hanmer, 2004. Growing inequality and poverty in China [J]. China Economic Review, 15 (2): 145-163.

Zhang K Z and J C Feng. 2010. Inflation, inequality and pro-poor growth [J] . Guanli Shijie (Management World), 26 (5): 27-33.

Zhang Y and G Wan, 2006. The impact of growth and inequality on rural poverty in China [J]. Journal of Comparative Economics, 34 (4): 694-712.

第❿章

不平等之再检验*

【摘要】　本章从不平等的两个方面，即收入不平等和可行能力不平等研究了农民工福利和不平等的关系。利用 2009 年上海农民工实地调查数据，在福利分类模型的框架下对农民工福利进行了考察，研究发现：①总体而言，可行能力和收入不平等对农民工福利水平存在负向影响，但针对不同农民工群体，其影响效果和程度存在明显差异；②可行能力不平等对高收入群体的福利存在显著影响，对于第Ⅰ类农民工群体，可行能力不平等对其福利存在正向影响，而对第Ⅳ类群体的福利则存在负向影响；且可行能力不平等对第Ⅰ类和第Ⅲ类农民工群体的收入和福利关系存在显著的负调节作用；③收入不平等严重损害低收入低可行能力农民工群体的福利，而对高收入高可行能力群体福利的影响则不显著；且收入不平等对低收入（第Ⅱ类和第Ⅳ类群体）农民工的收入和福利关系存在显著的正调节作用。因此改善可行能力不平等，缩小收入差距对保护农民工福利具有重要的现实意义。

一、引　　言

　　农民工是改革开放和社会转型过程中出现的一个新型群体，为中国经济的快速发展与城市化的推进做出了巨大贡献。然而，农民工在就业、医疗、居住、生活等多方面受到不平等待遇，福利水平严重受损。根据 2009 年国

＊　本章以《不平等之再检验：可行能力和收入不平等与农民工福利》为题发表在《管理世界》2013 年第 10 期。作者：袁方、史清华。本项研究得到国家自然基金项目（71073102、71133004 和 71273171）资助。感谢南京农业大学李祥妹和浙江大学金少胜两位副教授在第十届长三角研究生"三农"论坛中提出的建设性点评；感谢上海交通大学晋洪涛和盖庆恩两位博士师兄在数据处理和论文修改中给予的帮助和建议；感谢时任亚洲开发银行主任经济学家万广华教授在论文写作中给予的中肯指导。

家统计局上海调查总队对外来在沪农民工的实地调查，农民工渴望在工资收入、劳动保障、医疗保障、子女教育、就业机会和职业培训等方面得到公平对待（顾海英等，2011）。国家统计局发布的《关于农民工调查报告》（2011）指出，新生代农民工普遍缺乏幸福感，受访者中感到"比较幸福"和"非常幸福"的分别只有 30.60% 和 5.00%，而 11.00% 的新生代农民工感觉"很不幸福"或"不太幸福"，而户籍、就业、社会保障等各种制度性歧视和不平等待遇是缺乏幸福感的根本原因。此外，不平等会阻碍人力资本的积累，降低工作质量，激化劳资矛盾，威胁社会稳定（Pfeffer，Langton，1993；Benhabib，Rustichini，1996；Perotti，1996），福利受损的农民工最终采用双脚投票的方式，从而导致东部沿海地区以"民工荒"现象频繁发生为核心的诸多社会和经济问题。由此，研究不平等与福利的关系对保护和改善农民工福利，缓解因"身份就业"引发的社会矛盾就具有重要意义。

农民工不平等和福利问题一直是学术界关注的重要课题，至今已经取得较多成果。就农民工的歧视问题，张兴华（2000）发现有四种：工资歧视、就业歧视、工种和职业歧视、人力资本投资和晋升歧视，形成歧视的根源是二元户籍制度。并认为劳动力市场上的任何歧视，都程度不同地会减少就业，降低劳动力资源的配置效率，进而减少社会福利。程名望等（2012）认为政府应该从制度设计入手，逐步实现农民工公平地享受市民待遇，取消城市劳动管理部门对农村劳动力就业的部门、工种限制，取消对农民工的制度性歧视。谢嗣胜和姚先国（2006）使用 Oaxaca-Blinder 和 Cotton 两种分解法发现：农民工和城市工的平均工资收入存在较大的差异，其中，44.8% 的工资差异是由个人特征形成，55.2% 的工资差异要归结于歧视性因素。而在歧视性因素中对农民工的直接歧视占到工资差异的 36.2%；城市工的制度性保护占到工资差异的 19.0%。李培林和李炜（2010）利用 2006 年和 2008 年"中国社会状况综合调查"资料研究表明，农民工感觉社会缺乏公平感，其中财富和收入分配方面最为突出，72.6% 的受访农民工感觉收入分配不公平。

纵观现有的研究结果，我们认为仍存在一些值得深入探讨的问题。

第一，当前关于农民工不平等问题的研究视角大多局限于收入不平等、教育不平等、政策歧视，以及户籍差异等变量的不平等程度，难以深刻认知农民工的不平等问题。包含个体的差异性和环境多样性的可行能力不平等可能是影响农民工福利的深层次因素。

第二，不平等对不同类型的农民工福利的影响可能是不同的，低收入农民工往往是收入不平等的最大受害者，而高收入农民工可能会关注其他方面的不平等。

本章利用 2009 年国家统计局上海调查总队对在沪农民工实地调查数据，试图从不平等的两个方面，即收入不平等和可行能力不平等，对不平等对农民工福利的影响作出分析。同时，考虑到个体的异质性和社会环境的差异性，本文建立了四格福利分类模型以检验不平等对不同类型农民工群体的福利影响，以期为保护农民工福利提供有益参考。

本章接下来的内容安排如下：第二部分通过综述相关文献，分析了福利的不同内涵以及不平等对福利影响的研究成果；第三部分根据个体的异质性和社会环境的差异性，以收入和可行能力为维度建立福利分类模型；第四部分阐述了农民工的福利构成和功能指标选取；第五部分介绍本研究使用的数学方法和建模过程；第六部分利用 2009 年国家统计局上海调查总队对在沪农民工实地调查数据进行实证检验；最后进行总结。

二、文献综述

长期以来，国内外学者就不平等对个人福利的影响展开了深入而广泛的研究。但对于福利这一重要概念的本质，学者们却提出了不同的解释。诺曼·巴里（2005）在其《福利》一书中提到"对于福利，也许存在某种最小程度的共识，我们进入了一个几乎无法解决的争议领域"。可见，在研究不平等与福利关系之前有必要先对福利的概念及内涵进行一些梳理。

（一）效用论

庇古（A. C. Pigou）以边沁（J. Bentham）的功利主义哲学及马歇尔（A. Marshall）等人的一般经济理论为基础，从边际效用价值论角度论述了福利的含义。认为个人的福利可以用效用来表示，效用是测量和评价福利的工具或指标，整个社会的福利应该是所有个人效用的加总。

在效用论的框架内，学者研究不平等与福利的关系。Antunes et al.（2012）以巴西为例，研究发现，在 1996—2009 年期间，工资不平等减弱会实现福利增加，其增加量相当于年消费增长 2.24%，不同群体福利变化各异，其中穷人福利改善明显，而最高收入的人群福利受到损失。赵志君（2011）借助最优化方法建立了分布不确定前提下的社会福利评价模型，并导出了社会福利函数的一般表达式，将社会福利函数表示为最低收入水平、平均水平和基尼系数的函数。Charles and Klenow（2010）构建了包含不平等的福利函数，对全球 143 个国家进行福利测量，研究显示，非洲和拉丁美洲因其严峻的不平等导致福利状况严重滞后于经济的增长。

（二）幸福论

早在两千多年前，亚里士多德（Aristotle）在其名著《尼各马可伦理学》中阐述了他的幸福观，认为人类的"一切行为和情感都伴随着快乐和痛苦"，所以"我们总是以快乐和痛苦来调节我们的行为"。这一幸福观包含快乐，认为人们是从享乐中引申出福利、至善等概念的。Yew-kwang（1983）认为，个人福利（Individual Welfare）可以被看作是个人的快乐，这种快乐包括感官的享受以及精神上的愉悦。黄有光（2005）认为福利就是快乐，因为快乐这种人的主观效用是可用基数测量的，并可以进行人际间比较；快乐是最根本的，只有能增加快乐的事物才是有价值的事物。

学者们从幸福角度展开的收入不平等和福利关系研究，并没有取得一致的结果。何立新和潘春阳（2011）从收入差距和机会不平等对中国居民的幸福感进行了考察发现：机会不平等和收入差距均对居民幸福感存在负向影响，其中收入水平、教育程度、城乡分割和政治身份是影响居民对机会不均容忍程度的内在原因。Graham and Felton（2006）在研究拉美国家中收入不平等和居民幸福的关系中发现，收入不平等对幸福感存在显著的负相关，并指出拉丁美洲严重的不平等会对穷人的福利状况造成持续性损害，然而富人却可从中获益。但也有一些学者得出了截然相反的结论。Tomes（1986）发现：加拿大地区间不平等与个人福利呈正相关，Andrew（2003）以英国为例也得出一致的结论，发现地区间的不平等和生活满意度呈正相关关系，此外，他还将不平等视为一种改变生活的机遇，并认为这种不平等能够促进收入快速增长。然而，Senik（2004）通过对俄罗斯纵向监测调查的数据研究发现，地区间的不平等与个人幸福无明显相关关系。由此可见，幸福的心理测度具有非常大的弹性，不能为福利研究提供可靠的依据，由此，需要从新的角度去准确界定福利的内涵。

（三）可行能力理论

阿马蒂亚·森（Amartya Sen）提出可行能力（Capability）理论重新解释福利的内涵，评价人们的福利水平不再根据其拥有的资源或商品多少，而通过评价功能性活动大小和自由程度来衡量福利状况。本文将通过两个步骤来理解可行能力解释福利的过程。首先，能力方法关注的最初概念是"功能"，功能反映了一个人认为值得去做或能达到的各种活动（doings）和特征（beings），例如愉悦的心情、健康的身体、充足的食物以及和谐的家庭。由于功能本身就是生活不同层面的反映，因此生活可以被看作功能性活动的集合。其次是将注意力从拥有的功能转向行使这些功能的能力。能力是功能的派生概念，功能的实现仅仅代表个人的福利成就，并不能完全反映其福利状况，还需要通过能力来考察一个人是否具有获得福利状态的机会，因此，能力反映了一个人可以获得福利的真正机会和选择的自由。通过对功能性活动评估来实现对福利的测量，既避免了由主观感觉衡量福利水平，也避免仅仅依赖收入或其他资源和条件来界定福利。

在可行能力理论基础上，Sen 提出了新的平等观，即"可行能力平等"观，认为从收入和财富中所能获得的能力的不平等和选择自由的不平等比收入和财富不平等本身更为重要。然而，当前不平等研究视角大多局限于经济不平等，这种狭隘性使我们很难从其他的角度看待不平等。更合理的公平概念要求对人们的可行能力的分布更加关注，因此有必要突破收入和财富不平等的界线，使我们可以从更接近社会正义所要求的信息层面上来看待不平等问题。Sen 的可行能力平等观超越了主流经济学的收入平等、功利主义的效用平等，以及罗尔斯基的本善平等，始终坚持人类的基本异质性，从更广泛的公平角度来探讨经济中的不平等问题，为人们勾勒出了一种全面，实质和积极的平等概念（周文文，2005）。所以，可行能力平等具有其他平等不具备的优点，为不平等研究提供了全新的视角。

事实上，众多学者在研究过程中已经直接或间接感知到可行能力不平等的重要性。吕文慧和方福前（2011）强调功能不平等不仅能避免在收入单维空间内考察不平等带来的缺陷，而且能更深入地理解不平等的现状及其原因，以便制定合理的政策来改善不平等，进而消除不平等带来的消极影响。Rawls（1971）在论述正义原则时强调了机会公平的重要性，认为应确保每个人具有与别人相同的平等的自由，即使认可社会经济方面的不平等，也必须以机会平等作为前提，尤其对社会弱势群体而言，享有机会公平是实现机会公平的重要基础。Fehr and Fischbacher（2003）设计的"最后通牒"博弈实验指出：人们对不平等的不满并非源自最终获得金钱的多少，而是源自博弈双方地位的不平等，说明人们最关心的并不是结果的公平，而是地位和过程的公平。马永华（2011）在研究中国农民问题时指出，农民在劳动就业、公共物品占有、社会保障、接受教育等多个方面均丧失了平等的权利，这种权利不平等实质上就是可行能力的不平等。机会不平等、地位不平等或权力不平等都在一定程度上反映出可行能力不平等的程度。以上这些文献均揭示了可行能力不平等对福利的负面影响。

基于上述已有的研究，本章将从以下四个方面进行改进：

第一，现有研究大多聚焦于农民工收入不平等问题，关于农民工福利方面的研究较少，且缺乏对福利清晰的定义和准确的测量。本文将运用 Sen 的可行能力理论和模糊数学方法对农民工福利进行测量，以期得到准确的结论。

第二，突破现有研究视角的局限性，从包含更多信息的可行能力平等的视角将注意力从手段平等（例如，收入平等）转向人们有理由追求的目标平等，使我们从更接近社会正义所要求的信息层面上看待不平等问题。本文将从可行能力不平等视角研究农民工不平等与福利的关系。

第三，不平等对不同类型的农民工福利的影响可能是不同的，之前的研究往往忽视农民工群体的内部差异性，所提出政策建议的有效性值得商榷。而有效的公共政策应明晰不同群体的政策效果差异性（Patton，Sawicki，1993），因此本文以收入和可行能力为维度，建立四格福利分类模型，以便更准确研究不平等对不同群体福利的影响。

第四，在具体建模过程中，多数研究只考虑不平等的主效应（Main

Effect)，缺乏将其作为调节变量的条件效应（Conditional Effect）的研究，为了深入研究不平等对福利的影响，本章在计量模型中引入交互项（Interaction Term）加以分析。

三、福利模型的建立

个体特征和所处的社会环境条件的差异不仅影响农民工的收入水平和福利状况，还会改变不平等对福利影响的内在机制。在收入不平等的社会里，穷人的预期收入往往被"锁定"在较低的水平，难以通过改变预期收入来改善福利状况，从而产生"负向隧道效应"和"相对剥夺效应"①，最终减低了穷人的福利水平；而拥有积累优势的富人群体则更容易从不平等中获益，"正向隧道效应"和"马太效应"② 使其福利状况很少受到收入不平等损害，因此收入不平等对不同群体福利的影响存在显著差异。当可行能力不平等存在时，低可行能力的群体更关注居住、温饱以及医疗等方面的平等待遇，而高可行能力群体则更注重发展自由或制度公平等更高层次的平等，即不同群体对可能性能力不平等的关注点也各不相同。因此，在不同群体中，不平等显然会对其福利产生不同强度和类型的影响。事实上，学者们已经注意到这种影响的差异性，在研究中经常采用收入水平或政治倾向等作为维度对样本进行分类。例如，Alesina et al.（2004）以收入和政治立场作为分类尺度，将美国和欧洲的受访者划分为四个群体，即穷人、富人、左派和右派。研究发现，在欧洲，政治立场为左派的穷人对不平等尤为不满；而在美国，穷人的幸福与收入不平等没有关系，而收入不平等却对富人影响显著。何立新和

① 隧道效应（Tunnel Effect）最早由赫希曼和罗思奇尔德（Hirschman and Rothschild）于1973年提出，指的是在经济发展中人们对不平等程度的忍耐力。例如在交通阻塞的双车道的隧道中，人们若发现旁边车道上的车开始向前移动，则会产生前方交通堵塞情况已经缓解的乐观预期，本文称为"正向隧道效应"，但如果旁边车道的车一直前进，而本车道的车没有前进的迹象，那么乐观的预期则会消失，人们会产生沮丧、愤怒和不满的心情，本文称为"负向隧道效应"。

相对剥夺（Relative Deprivation）最早由美国学者斯托弗（S. A. Stouffer）提出，由默顿（R. K. Merton）发展的一种关于群体行为的理论。是指当人们将自己的处境与某种参照标准相比较而发现自己处于劣势时所产生的受剥夺感，这种感觉会产生愤怒、怨恨或不满等消极情绪。

② 马太效应（Matthew Effect），指强者愈强、弱者愈弱的现象，其名字来自圣经《新约·马太福音》中的一则寓言，常用以描述社会生活领域中普遍存在的两极分化现象。

潘春阳（2011）利用"中国综合社会调查"（CGSS，2005）和 CEIC[①] 数据库（2005）的数据研究收入差距和机会不平等对不同收入阶层居民幸福感的影响，结果表明机会不均对低收入者和农村居民幸福感的损害更为严重，收入差距严重损害了低、中低和高收入者的幸福感，而对中高收入阶层的影响并不显著。Sen（1999）指出个体差异性和环境多样性会使得从收入到人们所能实现不同的"功能性活动"的转化中出现系统性差异，从而影响我们所能享有的生活方式。我们认为这些系统性差异会改变不平等对人们福利的影响，这正是公共政策制定所必须充分考虑的。因此合理判断不平等对不同群体福利影响的差异性，对于消除不平等和保护农民工福利具有重要意义。本文从农民工特征和异质性出发，将收入和可行能力作为分类维度，建立四格福利分类模型以深入探讨不平等对不同群体福利影响的差异性。图 10-1 展示了每个方格的目标，工作特征和预期关注点，图 10-2 标明样本在模型中所出现的行业，并且添加了用斜体标注的假设行业。每格中的目标，工作特征和可能的关注点在接下来将具体讨论。

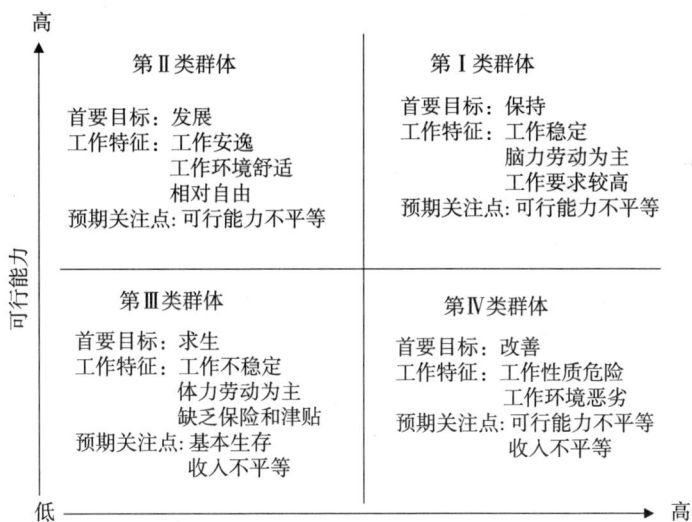

图 10-1　四格福利分类模型

第Ⅰ类群体具有受教育程度较高、渴望继续教育、城市认同感强、提升

---

① CGSS 是 China General Social Survey 的缩写，CEIC 是香港环亚经济数据有限公司，即一个公司的名称。

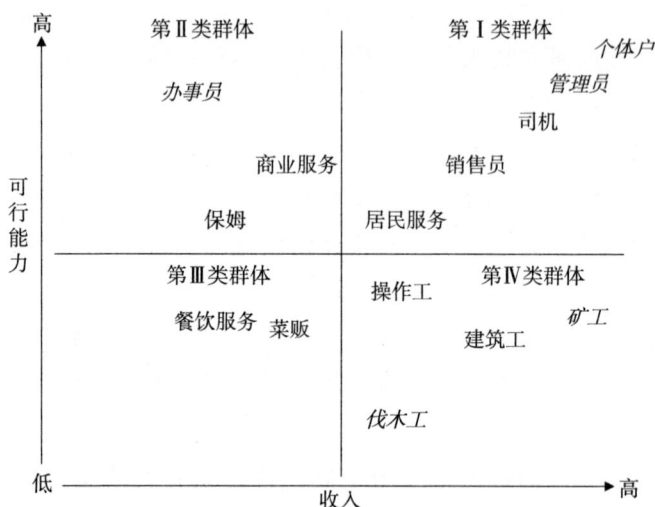

图 10-2　样本中出现的职业（假设的职业用斜体标明）

自己社会地位的迫切程度高等特点，代表的职业有司机、销售员、个体户或技术工人等。这类农民工群体大多从事工作技能要求较高的行业而拥有较高且稳定的收入，或在城市中进行自主创业并获得成功。他们对于城市的认同感强，渴望城市生活，不再满足于赚钱回农村花，而更想扎根于城市。他们的首要目标是维持现状以保护其既得利益。鉴于他们的收入可以满足其物质需求，收入再增长对其福利改善的程度有限，因此机会不公平、社会歧视、法律保护缺失等方面的可行能力不平等是损害其福利的重要因素。对于该类群体，政府应该打破户籍制度限制，修改歧视性政策，从多方面消除可行能力不平等，帮助他们更好地融入城市，实现"城市梦"。

　　第Ⅱ类群体的收入水平虽然较低，但由于舒适的工作环境，固定的工作时间，较低工作强度，他们却拥有相对较高的可行能力，代表的职业有保姆或商业服务员等。然而严重的可行能力不平等使得该类农民工群体在所处的行业中难以得到健康发展：技能培训的不足使他们既无法满足市场的要求，也限制了自身素质的提高；法律保障的缺失使他们难以享受就业、报酬、休假、劳动保护和社会保障等方面的权益；身份歧视导致他们不能获得作为劳动者的尊重。因此，这类农民工群体也渴望公平的公共政策和社会环境以帮助其收入和可行能力的进一步改善，针对该类群体的公共政策应该致力于消除歧视并建立公平合理的社会环境。

第Ⅲ类群体的职业要求低，劳动强度大且烦琐，缺乏专业技术限制，学历要求低，工作流动性大（徐晓光等，2010），代表的职业有洗碗工或清洁工等。生活在社会底层的这类群体缺乏完整的福利保障且社会地位低下，鉴于其职业的高流动性，雇主普遍不愿为其提供培训和再教育的机会。该类群体从业人员绝大部分是低学历女性或年龄偏大等就业困难的弱势群体。由于收入微薄，他们很可能无力承担食物、住房等生活基本开销，在城市中难以独立生存。因此该类群体的首要目标是求生，迫切渴望增加收入以满足生活的基本生存需求，同时他们也是不平等的最大受害者，收入不平等对他们的福利有最深刻最显著的影响。

第Ⅳ类群体有相对较高的收入，但多属高危行业，危险因素多，对身体健康和生命安全造成严重威胁，代表的职业有矿工、建筑工或操作工等。相对于其他职业，该群体拥有非常高的死亡率和伤残率。虽然伤残所造成的收入损失通常可以由津贴、保险来补偿，但残疾对生活造成的严重影响是无法弥补的，例如心灵伤害、工作能力和信心的丧失等，使其可行能力遭受的严重剥夺。此外，由于恶劣的工作环境和危险的工作性质使他们处于长期烦躁和恐惧的精神状态，更容易造成心理疾病。长期如此会对生活工作失去信心，并将这种情绪带到工作中并造成潜在的危害（吴丽娜等，2011）。综上所述，第Ⅳ类群体拥有较低可行能力，他们首要诉求是环境改善，对其所制定的公共政策目标应该是更加注重改善工作环境和福利待遇以享有更高的可行能力。此外，还应该关注其收入不平等，由于身体残疾或精神折磨，他们需要更高的收入才能达到正常人的福利水平，而身体的残疾却使其收入处于更严重的不平等中。

四、农民工福利的构成

根据 Sen 的理论，可获得的功能性活动与人的个体特征和社会环境条件紧密相关，相同的资源或商品被不同的人在不同的社会环境条件下可被转换为不同的功能性活动。人们的福利水平不再根据其拥有的资源或商品评价，而商品给人们带来什么，或人们可以从商品获得什么，即功能性活动，才会影响福利水平。因此，福利评价的实质就是对功能性活动的测量。对此，Sen（1999）提出了5种工具性自由①（Instrumental Freedoms）：政治自由、经济条件、社会机会、透明性保证和防护性保障。而在实际研究中，大多研究者通常根据研究目的和样本特征来进行相关功能的选取，并没有达成统一共识，Caterina（1997）使用1992年智利数据考察了教育、健康和儿童营养三个最重要功能的实现。Brandolini and D′alessio 使用1995年意大利银行的家庭调查数据考察健康、教育、就业、住房、社交和经济条件等6个方面的功能性活动。Alkire（2002）认为应该从生活、知识、娱乐、审美、社交、理性和宗教等7个方面考察功能性活动。Nussbauma（2003）提出了完整的可行能力清单，包括生活、身体健康、身体完整、思维、情感、理性、关系、娱乐、控制环境和其他等10个功能。尹奇等（2010）应用288户失地农民调查数据考察了成都市温江区、双流县和大邑县等地失地农民的经济状况、居住条件、社会保险、环境、发展空间和心理状况等6个方面功能的变化和实现。事实上，Sen（1999）在《以自由看待发展》中曾指出，他所提到的5种工具性自由并非是一个完整的清单，而在许多不同的功能性活动中，某些功能性比另一些功能性活动更重要，因此提出完整有效的可行能力组合对于准确测量福利至关重要。

农民工作为本研究的研究对象，他们所渴望的不仅是经济上的收入，还包括公平的社会机会、幸福的心灵感受、安全的工作环境和舒服的生活环境等，因此本研究将从6个方面考察组成农民工福利的功能性活动：一是社会机会，户籍制度的不合理和严重的政策歧视使得农民工无法公平享有社会机会，这已成为损害农民工福利的重要因素，本研究将从就业、培训和子女教育3个方面考察农民工的社会机会功能性指标。二是防护性保障，Sen（1999）指出，防护性保障是为弱势群体提供扶持的社会安全网。然而在中国，农民工被制度性排除在社会保障体系之外，完全暴露在风险之中。顾海英等（2011）研究发现，上海农民工的养老保险保障水平过低，与国家提出的农民工养老保险方案之间的差距较大，其中30.8%的

---

① 自由既是发展的首要目的，又是促进发展的重要手段，本身具有重要的工具性作用。通过实现工具性自由可以直接扩展可行能力，帮助人们按自己的意愿过有价值的生活。

受访者认为医疗保障的提供是最急需政府帮助解决的问题。在缺乏防护性保障的情况下，任何一个意外事故对农民工都有可能是致命的打击。可见，农民工防护性保障严重缺失，导致其缺乏抵御风险的能力，限制其正常的选择能力，实质上就是对农民工的可行能力的剥夺。本研究选取保险、医院、安全防护和工会四个重要指标衡量农民工防护性保障状况。三是精神感受，农民工背井离乡来到城市务工，忍受对亲人的思念和被歧视的煎熬。若缺乏合适的引导，迷茫、失落或沮丧等精神状态会严重阻碍功能性活动向可行能力的转换，最终造成农民工福利的损失。党的十六届六中全会关于《构建社会主义和谐社会若干重大问题决定》指出："注重促进人的心理和谐，加强人文关怀和心理疏导，引导人们正确对待自己、他人和社会，正确对待困难、挫折和荣誉，塑造自尊自信、理性平和、积极向上的社会心态"。精神的快乐是人性的追求，保持积极乐观的心态能有效提高工作绩效，促进人际关系和谐，在事业中更容易获得成功。因此，精神的幸福愉悦感是福利的重要组成，本研究从子女担忧、地域歧视、亲属分离、城市归属感等 4 个方面衡量农民工精神感受状况。四是经济状况，尽管收入并不能完全准确地反映福利状况，但不能否认其对福利的重要作用。Brandolini（2007）认为收入是判断一个人是否能实现其所珍视自由的关键指标，对其他功能性活动的实现存在不可忽视的影响。根据 Sen 的理论，收入是福利的物质基础，同时也是获得福利的一个重要途径。因此，农民工的贫困并不仅仅表现为收入低下，更表现为因收入的相对剥夺而导致的可行能力的绝对剥夺。考虑到中国国情和农民工现实生存状况，收入水平对于大多处于温饱状态下的农民工存在重要影响，因此本研究将经济收入作为组成农民工福利的功能性活动之一，并通过工资收入和可支配收入来具体衡量。五是生活状况，Berenger et al.（2007）认为生活状况是基于商品或服务的功能性活动组合，体现了人类选择的自由，是衡量福利水平的主要指标。本研究选取住房、娱乐和通勤等与农民工日常生活联系紧密的重要指标衡量其生活状况。六是工作满意状况，通常用工作满意度来表达。工作满意度是从劳动者的角度来反映其就业环境、劳动付出与所得报酬等状况。处于次级劳动力市场的农民工无论在工作环境、工资待遇还是适应程度都远不如一级劳动力市场的员工。人力资源是企业的第一资源，低下的工作满意度不仅会损害企业绩效的提高以及和谐社会的建设，还会限制农民工的全面发展。因此工作满意程度的大小是影响农民工福利的重要因素。本研究将从适应程度、带薪假期、工作稳定、拖欠工资和福利待遇等5个方面考察农民工工作满意状况。

五、方　　法

（一）福利测量

福利由于其特殊的模糊性无法被精确地界定。1965年，美国数控专家L. A. Zadeh 创立的模糊数学为解决此类无法明确精准界定的问题提供了一种可行方法，在实践中已经有不少实例使用此方法对福利进行测量。例如，高进云等（2007）研究表明：农地城市流转导致农民工总体福利水平略微下降，模糊评价值从0.389降到0.338。徐烽烽等（2010）对苏南农户"土地换保障"前后福利的变化进行衡量。结果显示"土地换保障"后农户总体福利水平提高明显，模糊评价值从0.293上升至0.439。袁方（2012）应用武汉江夏区五里界镇实地调研数据考察城市近郊被征地农民土地征收前后福利变化，模糊评价值从0.296上升至0.363。本文也使用模糊数学方法来度量农民工福利状况。

1. 福利的模糊函数设定

将农民工福利状况设为模糊集 X ，其中子集 W 表示农民工在城市的福利函数，则第 n 个农民工的福利函数为：$W^{(n)} = \{x, \mu_w(x)\}$ ，其中 $x \in X$ ，$\mu_w(x)$ 则是 X 对 W 的隶属度，$\mu_w(x) \in [0, 1]$ 。设定：隶属度越高，福利状况越好。隶属度为0时，福利状况最差；隶属度等于1时，福利处于最好状态。

2. 指标变量和隶属函数的设定

确定准确合适的隶属函数 $\mu_w(x)$ 是正确运用模糊数学方法的关键。不同的指标数据类型确定不同的隶属函数。一般情况下，有三种类型的指标变量：虚拟二分变量、连续变量和虚拟定性变量。

设 x_i 是初级指标 x_{ij} 决定的农民工福利的第 i 个功能子集，则第 i 个农民工福利的初级指标集合为：$x_i = [x_{i1}, \cdots, x_{in}]$

虚拟二分变量表示变量状态非此即彼的两种情况，变量的值只有 0 或 1 两种，其隶属函数为：

$$\mu_w(x_{ij}) = \begin{cases} 0, & x_{ij}=0 \\ 1, & x_{ij}=1 \end{cases} \tag{10-1}$$

例如，（10-1）式可以表示农民工参加养老保险时，x_{ij} 为 1，该指标对于第 i 个功能子集的隶属度 $\mu_w(x)$ 也等于 1；若没有参加居民养老保险时，x_{ij} 为 0，隶属度为 0。

当指标为连续变量时，其隶属函数可以定义为（10-2）式、（10-3）式。

$$\mu_w(x_{ij};\ a,\ b) = \begin{cases} 0, & 0 \leqslant x_{ij} \leqslant a \\ \dfrac{x_{ij}-a}{b-a}, & a < x_{ij} < b \\ 1, & x_{ij} \geqslant 1 \end{cases} \tag{10-2}$$

$$\mu_w(x_{ij};\ a,\ b) = \begin{cases} 1, & 0 \leqslant x_{ij} \leqslant a \\ \dfrac{b-x_{ij}}{b-a}, & a < x_{ij} < b \\ 0, & x_{ij} \geqslant 1 \end{cases} \tag{10-3}$$

其中，a 和 b 表示分别表示指标值 x_{ij} 的上限和下限。（10-2）式表示指标 x_{ij} 的值越大，则福利状况越好，（10-3）式则表示相反情况。

在现实世界中，很多问题是无法准确地定量回答，只能定性回答其程度。例如，人们会使用"非常开心""比较开心""一般""不开心""非常不开心"这类定性不确切答案形容心情。在数学运算中，这五种状态的回答被称为虚拟定性变量，并在 0 至 1 之间依次等距赋值。假设研究问题中有 m 种状态，对这 m 种状态依次等距赋值：$x_{ij} = \{x_{ij}^{(1)},\ \cdots,\ x_{ij}^{(m)}\}$。通常设：$x_{ij}^{(1)} < \cdots,\ x_{ij}^{(l)},\ \cdots,\ x_{ij}^{(m)}$。

虚拟定性变量的隶属函数为：

$$\mu_w(x_{ij};\ a,\ b) = \begin{cases} 0, & x_{ij} \leqslant a \\ \dfrac{x_{ij}-a}{b-a}, & a < x_{ij} < b \\ 1, & x_{ij} \geqslant b \end{cases} \tag{10-4}$$

（10-4）式中，a 和 b 表示分别表示指标值 x_{ij} 的下限和上限。

3. 指标的汇总

加权函数的选择对农民工可行能力计算结果存在重大影响。本文在计算指标汇总的时候使用 Chelia and Lemmi（1995）所提出的公式（10-5）确定权重，其中 $\overline{\mu(x_{ij})}$ 反映 n 个农民工第 i 个功能子集中第 j 项指标的均值。

$$w_{ij} = \ln\left[\frac{1}{\overline{\mu(x_{ij})}}\right] \qquad (10\text{-}5)$$

此公式根据指标隶属度大小确定权重，隶属度较小的指标可以获得较大的权重。该方法的优点在于，基于与多数人相关的维度来确定权重，而对多数得分都较低的维度赋予较高的权重（Decancq and Lugo，2010）。同样的物品或能力，当多数人拥有它时，未拥有它的人感受到的剥夺程度比少部分人拥有它时的强度更大，这是与事实经验基本吻合的。此外，权重的选取本质上是一种价值判断（Alkire and Foster，2011），而正确的价值判断是基于对现实问题的准确认知。本文对农民工福利情况基本认识是，其一，制度排斥、社会歧视和户籍制度使得农民工所遭受的可行能力剥夺和不平等待遇比其所能感知到的更为严重。其二，相对城镇居民而言，农民工对所遭受的剥夺和不平等有着更深刻的认知。因此，在加权指标选取上应该更加重视农民工所遭受的剥夺和不平等待遇。Chelia and Lemmi（1995）对于隶属度较小的可行能力指标给予较大的权重，这正是基于农民工现实现状所做出的较合适准确的价值判断。

在计算出初级指标隶属度和指标权重的前提下，就可以对各功能的隶属度进行计算加总，本文使用 Cerioli and Zani（1990）提出的公式（10-6）进行指标加总：

$$f(x_i) = \sum_{j=1}^{k} \overline{\mu(x_{ij})} \times \omega_{ij} \bigg/ \sum_{j=1}^{k} \omega_{ij} \qquad (10\text{-}6)$$

（二）连续变量的最大值、最小值选取

1. 收入水平

农民工由于技能水平限制和政策制度的歧视，其收入水平普遍低于城市居民收入，因此结合样本选取上海居民收入水平作为农民工收入的上限。根据《上海统计年鉴》（2011），上海居民 2010 年每月平均收入为 3 896.42 元，

若农民工的工资收入越接近上海居民平均收入水平，则收入的隶属度越高。同时设定收入最小值为 0 元。

2. 可支配收入

农民工的收入水平低于上海居民，却要承担与上海居民接近，甚至更高的生活成本，使得农民工的可支配收入低于上海居民水平，因此选取上海居民可支配收入作为农民工收入的上限。根据《上海统计年鉴》（2011），上海居民 2010 年每月可支配收入为 2 653.17 元，若农民工的可支配收入越接近上海居民水平，则可支配收入的隶属度越高。同时设定可支配收入最小值为 0 元。

3. 通勤时间

交通堵塞，通勤时间过长是大城市的普遍问题，在城市务工的农民工群体也不能避免。通勤时间越短越好，设 1 分钟为最小通勤时间，根据中国科学院《2011 年中国新型城市化报告》，上海平均通勤时间为 36 分钟，本文将此作为维持福利的中间状态，在此基础上确定最大通勤时间为 72 分钟。

4. 保险

根据上海市规定，农民工必须参加养老、医疗和工伤三项社会保险。但由于企业追求自身利益，以及相关部门缺乏严格监督使得农民工的合法权益常常受到侵害。本文设定购买三项社会保险为购买保险数目的上限，同时设定购买保险数目的最小值为 0。

（三）可行能力不平等测量

可行能力不平等是研究影响农民工福利的重要变量，本文尝试使用基尼系数度量可行能力不平等。基尼系数在经济领域中被广泛用于测量收入分配的不平等程度，具有匿名性、齐次性、人口无关性、转移性、强洛伦兹一致性和标准化等优点（万广华，2008）。学者们使用基尼系数开始对可行能力（吕文慧、方福前，2011）、教育（温娇秀、王延军，2011）、健康（Jones，Nicolás，2006）等其他领域的不平等进行测量。本文将使用基尼系数度量可行能力不平等。职业基尼系数定义如下：

$$Gini\ Coefficient = 1 + \frac{1}{n} - \frac{2}{n^2 \bar{y}}(y_1 + 2y_2 + \cdots + ny_n)$$

其中，y_1，$\cdots$，y_n 是职业 i 中按降序排列的个人收入，$\bar{y}$ 是职业 i 的收入平均值。每个职业的基尼系数分别计算，基尼系数最大值是 1，表示收入分配完全不平等，基尼系数最小值是 0，表示收入分配完全平等。

（四）回归模型设定

1. 基本模型

本研究采用如下基本模型考察不平等和个人福利之间的关系：

$$Welfare_{is} = C + \beta_1 X_{is} + \beta_2 Income_{is} + \beta_3 GI_i + \beta_4 GC_i + \varepsilon_{is}$$

其中，$Welfare_{is}$ 表示第 i 个行业中第 s 个人福利状况；X_{is} 表示第 i 个行业中第 s 个人的个人特征变量，其中包括性别、年龄、受教育程度和婚姻状况；$Income_{is}$ 表示第 i 个行业中第 s 个人收入水平；GI_i 表示第 i 个行业中收入不平等情况；GC_i 表示第 i 个行业中可行能力不平等情况；C 为截距项。

2. 扩展模型

为了深入研究不平等对福利的影响，在基本模型中引入收入不平等、可行能力不平等与福利的交互项，以检测不平等对收入和福利的调节效应。扩展模型的具体形式如下：

$$Welfare_{is} = C + \beta_1 X_{is} + \beta_2 Income_{is} + \beta_3 GI_i + \beta_4 GC_i$$
$$+ \beta_5 Income_{is} \times GI_i + \beta_6 Income \times GC_{is} + \varepsilon_{is}$$

其中，$Income_{is} \times GI_i$ 为收入和收入不平等的交互项，$Income_{is} \times GC_i$ 为收入和可行能力不平等的交互项。这里本文将采用 OLS 方法进行参数估计。

六、实证分析

（一）可行能力测量结果

表 10-1 显示了各功能函数的隶属度和权重，受访农民工福利的总模糊评价指数为 0.46。其中生活条件和防护性保障隶属度较高，到达 0.57 和 0.51，而经济状况和社会机会的隶属度较低，仅有 0.36 和 0.39。

表 10-1　各功能性活动隶属度和权重

功能性活动	隶属度	权重	权重（归一化）	功能性活动	隶属度	权重	权重（归一化）
1. 社会机会	0.39	0.93	0.20	4. 经济情况	0.36	1.02	0.22
就业	0.40	0.91	0.07	工资收入	0.50	0.69	0.08
培训	0.32	1.15	0.08	DPI	0.28	1.26	0.14
子女教育	0.52	0.65	0.05	5. 生活情况	0.57	0.55	0.12
2. 防护性保障	0.51	0.67	0.15	房屋	0.51	0.67	0.05
保险	0.45	0.81	0.05	娱乐	0.75	0.29	0.02
医院	0.56	0.57	0.03	通勤	0.56	0.58	0.05
安全防护	0.70	0.36	0.02	6. 工作环境	0.49	0.72	0.16
工会	0.46	0.77	0.05	适应程度	0.95	0.06	0.01
3. 精神感受	0.49	0.72	0.16	带薪假期	0.52	0.66	0.05
子女担忧	0.67	0.40	0.02	工作稳定	0.84	0.18	0.01
地域歧视	0.60	0.52	0.03	拖欠工资	0.95	0.05	0.01
亲属分离	0.35	1.06	0.06	福利待遇	0.36	1.02	0.08
城市归属感	0.51	0.67	0.04	总模糊指数	0.46		

表 10-2 显示了各功能函数和总体的隶属度分布。从整体水平看，78.29％的受访农民工的总福利隶属度低于 0.5，74.00％的受访者隶属度介于 0.3～0.5。从各项功能指标来看，生活条件，防护性保障和工作满意具有超过 60.00％的受访者隶属度超过 0.5，而经济条件和社会机会有超过 60.00％的受访者隶属度低于 0.5。

表 10-2　各功能性活动指标隶属度分布情况

单位：%

隶属度分布	社会机会	防护性保障	精神感受	经济情况	生活情况	工作满意	总体
<0.10	0.07	0.28	0.48	0.69	0.28	0.00	0.00
0.10～0.20	1.11	1.80	2.84	17.98	1.11	0.14	0.14
0.20～0.30	14.38	6.71	6.98	19.64	2.70	0.62	4.15
0.30～0.40	34.65	11.20	13.62	20.06	8.51	1.66	30.71
0.40～0.50	28.15	19.57	19.43	16.74	13.69	7.61	43.29
0.50～0.60	14.94	23.31	19.23	10.72	17.29	15.21	18.81

（续）

隶属度分布	社会机会	防护性保障	精神感受	经济情况	生活情况	工作满意	总体
0.60~0.70	5.95	18.33	17.63	5.67	20.95	16.18	2.77
0.70~0.80	0.62	12.24	12.52	3.80	23.37	19.85	0.14
0.80~0.90	0.14	5.19	6.02	1.80	11.55	23.65	0.00
>0.90	0.00	1.38	1.24	2.90	0.55	15.08	0.00
平均	0.41	0.54	0.53	0.39	0.61	0.72	0.43

（二）计量模型回归结果

表 10-3 给出了基本模型和扩展模型在各种设定下的全样本归回结果，可以发现：

第一，收入基尼系数（$b=-0.46$，$t=-7.99$，$P<0.01$）与个人福利负相关，即收入越不平等，个人福利水平越低。收入和收入基尼系数交互项 $b=-0.94$，$t=-3.25$，$P<0.01$）也与个人福利显著负相关，这说明收入不平等调节收入和福利之间的关系，越高的收入不平等会降低收入和个人福利的正相关性。关于收入不平等的交互作用在图 10-3 中表示。

表 10-3　全样本回归结果

变　量	模型 1		模型 2		模型 3	
Constant	0.56***	(0.01)	0.66***	(0.03)	0.54***	(0.04)
Gender	−0.02***	(0.00)	−0.01**	(0.00)	−0.01*	(0.00)
Age	0.00*	(0.00)	0.00*	(0.00)	0.00**	(0.00)
Education	0.00**	(0.00)	0.00	(0.00)	0.00	(0.00)
Marriage	0.02***	(0.01)	0.01*	(0.01)	0.01**	(0.01)
Income			0.15***	(0.01)	0.44***	(0.08)
GI			−0.46***	(0.06)	0.00	(0.15)
GC			−0.59**	(0.24)	−0.57**	(0.27)
GI×Income					−0.94***	(0.29)
GC×Income					−0.17*	(0.10)
R²	0.16		0.38		0.40	
ΔR²	0.16		0.22		0.02	
F	9.78**		35.00**		29.12**	

注：括号内为标准差，10%、5%、1%显著水平分别用*、**、***表示。下表同。

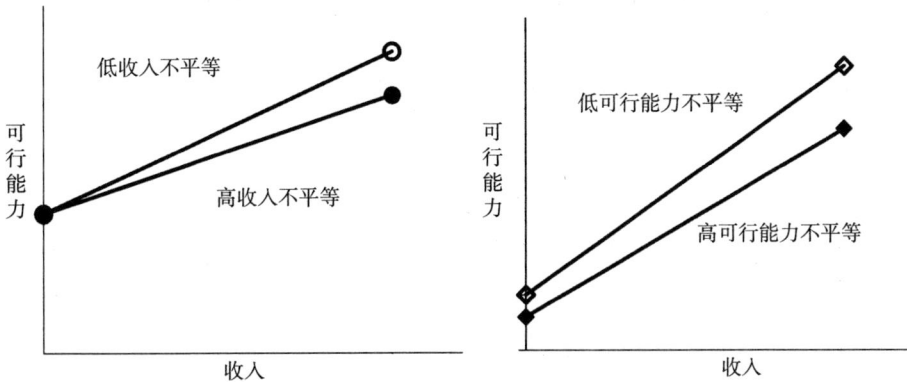

图 10-3　收入不平等和可行能力不平等对收入和福利的调节作用

第二，可行能力基尼系数（$b=-0.59$，$t=-2.46$，$P<0.01$）与个人福利负相关，即可行能力越不平等，个人福利水平越低。此外，可行能力基尼系数与收入的交互项对个人福利有较弱的副作用（$b=-0.17$，$t=-1.66$，$P<0.10$），这说明越高的可行能力不平等会降低收入和个人福利的相关性。关于可行能力不平等的交互作用在图 10-3 中表示。

（三）福利分类模型

表 10-4 给出了福利分类模型中不平等对个人福利影响的回归结果，结果显示收入对于第Ⅲ类群体的福利有显著正向影响（$b=0.33$，$t=2.26$，$P<0.05$）。而对于不同的人群，收入不平等对福利的影响效果是不一样的。对于第Ⅲ类群体而言，收入不平等（$b=-0.63$，$t=-3.15$，$P<0.01$）对福利有显著的负影响，对于第Ⅳ类群体而言，收入不平等（$b=0.16$，$t=1.78$，$P<0.10$）对福利是较弱的正相关，而对于第Ⅱ类群体而言，收入不平等（$b=-0.96$，$t=-1.78$，$P<0.10$）对福利是较弱的负相关，对于第Ⅰ类群体而言，收入不平等对其福利没有显著影响。此外，收入不平等对收入和福利存在显著的正调节作用，当收入越不平等，此正向的相关性越强，与预期相反，第Ⅲ类和第Ⅱ类群体的收入不平等交互作用分别在图 10-4 和图 10-5 中展现。

在不同的人群，可行能力不平等对福利的影响也不同。对于第Ⅳ类群体而言，可行能力不平等与其福利水平负相关（$b=-0.61$，$t=-7.42$，$P<0.01$）。对第Ⅱ类群体和第Ⅳ类群体而言，可行能力不平等对其福利水平

无影响，但对第Ⅰ类群体而言，可行能力不平等对个人福利存在正相关（$b=$ 1.15，$t=4.22$，$P<0.01$）。此外，结果显示可行能力不平等对于不同类型的人群的收入和福利的关系存在负调节作用，其中第Ⅲ类群体（$b=-4.66$，$t=-4.04$，$P<0.01$）和第Ⅰ类群体（$b=-0.87$，$t=-4.22$，$P<0.01$）均存在显著的负交互作用，即可行能力越不平等，则收入与福利的相关性越低。第Ⅲ

表 10-4 福利分类模型回归结果

变　量	模型 4	Ⅰ类群体	模型 5	Ⅱ类群体	模型 6	Ⅲ类群体	模型 7	Ⅳ类群体
Constant	0.43***	(0.08)	0.59***	(0.12)	0.31***	(0.05)	0.47***	(0.02)
Gender	−0.01*	(0.01)	−0.01	(0.01)	−0.01	(0.00)	0.00	(0.00)
Age	0.00***	(0.00)	0.00	(0.00)	0.00	(0.00)	0.00	(0.00)
Education	0.00**	(0.00)	0.00	(0.00)	0.00	(0.00)	0.00	(0.00)
Marriage	0.00	(0.01)	0.00	(0.01)	−0.01	(0.01)	0.00	(0.00)
Income	0.04	(0.13)	−0.26	(0.29)	0.33**	(0.14)	0.04	(0.04)
GI	0.23	(0.33)	−0.96*	(0.54)	−0.63***	(0.20)	0.16***	(0.09)
GC	1.15***	(0.27)	0.85	(1.16)	1.01	(0.74)	−0.61*	(0.08)
GI×Income	−0.20	(0.46)	2.45*	(1.29)	1.39**	(0.58)	−0.22	(0.15)
GC×Income	−0.87***	(0.21)	−1.67	(2.23)	−4.66***	(1.16)	−0.01	(0.07)
R^2	0.34		0.34		0.57		0.98	
F	6.72**		3.27**		27.61**		718.55**	
Df	478		225		513		190	

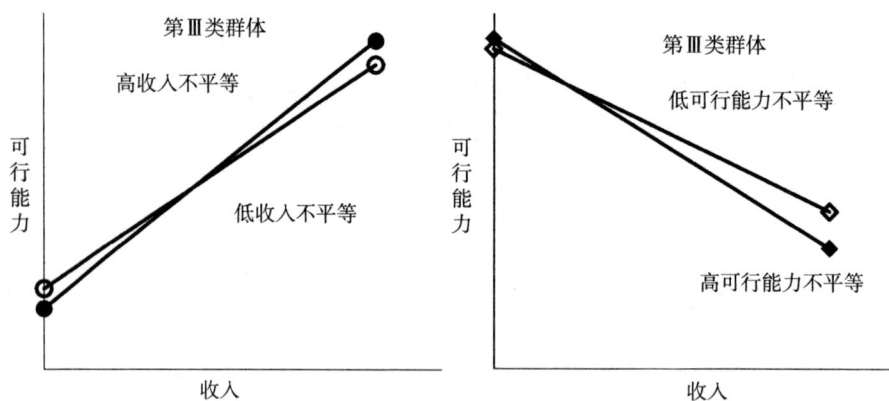

图 10-4　不平等对第Ⅲ类群体的福利和收入的调节作用

类和第Ⅰ类群体的可行能力不平等的交互作用分别在图 10-4 和图 10-5 中显示。

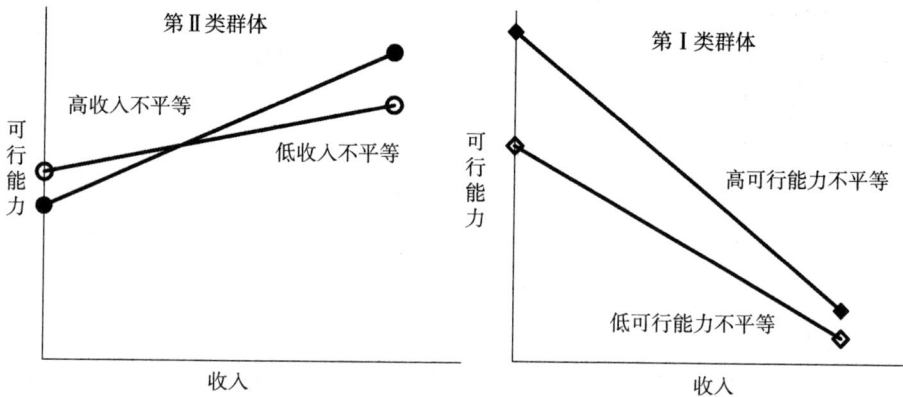

图 10-5　不平等对第Ⅰ和第Ⅱ类群体的福利与收入的调节作用

（四）结果讨论

1. 收入和福利

结果显示收入对福利存在显著的正相关，且在福利分类模型中，收入对第Ⅲ类农民工群体的福利有显著正影响。本研究建议对于低收入低福利的人群，提高收入是改善可行能力的一个有效方法，政府可以通过实施减税免税政策，制定最低工资标准以直接提高收入水平；或提供食品补助，廉价租房等补贴的方式间接改善收入状况。

2. 收入不平等和福利

收入不平等对福利的影响要比预期的更复杂。总体而言，收入不平等对个人福利是负相关，但具体效应在不同群体中各异。对于第Ⅲ类群体而言，收入不平等与福利呈显著负相关。因此对此类群体人群，政府应给与额外的关注，公共政策不仅应该努力提升其收入水平，更应该重点减少收入不均以改善福利状态。对于第Ⅰ类群体而言，收入不平等与福利不存在显著相关关系，与预期符合。对于第Ⅳ类群体而言，收入不平等与其福利水平呈正相关，并且对第Ⅲ类群体而言，收入不平等对收入和福利存在正的调节作用。结果可能暗示在低收入职业中，收入不平等会提高员工的绩效，因此产生一个正向的收入—绩效关系（Milgrom，Roberts，1988），工作中员工更好的表现将得到更高的收入，从而获得更高的福利。换句话说，收入不平等激励人们去更加努力来追求更美好的生活（Becker，Huselid，1992）。因此公共政策应该旨在于制定一个适当的收入不平等以激励人们努力工作改善其福利水平，同时也要防止收入差距过大导致可能的负面结果。

本研究还发现：对于第Ⅱ类农民工群体而言，收入不平等对其福利呈显著负相关，而不是可行能力不平等。此外，收入对收入不平等与福利存在显著的正向调节作用，即提高收入水平能够降低收入不平等对福利的负面影响。与预期相反，可行能力不平等对福利水平没有影响，且不调节收入与福利水平之间的关系。一个可能的解释是，在生活成本高昂的城市中，基本生存成为低收入农民工群体的最大挑战，收入水平对于农民工福利发挥更大的作用。因此低收入的第Ⅱ类农民工群体虽然拥有较高的可行能力，但收入不平等使得他们感受到更强烈的"负隧道效应"和"相对剥夺感"，从而严重损害其福利状况。

3. 可行能力不平等与福利

可行能力不平等与福利的关系相对清晰。对于第Ⅳ类群体，可行能力不平等对个人福利存在负相关性，对于第Ⅰ类和第Ⅲ类群体而言，可行能力不平等对收入和福利水平存在显著负调节作用，即可行能力程度越高，收入和福利的正相关性越低。收入的提高对高收入群体福利的改善影响有限，他们更加注重生活质量、工作环境、发展机会等非收入因素。公共政策应该注重其公平发展和获得可行能力的自由以进一步改善其福利水平。在工作方面立法保障工作安全，改善工作环境；在政治上充分保障其自由民主的权利；在社会上消除歧视，使其可以公平自由地发展。而对于低收入人群，公共政策应该对他们的可行能力不平等给予额外的关注。处于可行能力严重不平等的第Ⅲ类群体常常缺乏工作技能和特长，也缺乏继续培训和再教育的机会去提升自身的技能素质以改善其福利水平。即使收入水平所有改善，他们也无法拥有公平享有福利的权利。因此，只有缩小可行能力的不平等，才能真正改善第Ⅲ类群体的福利状况。针对此类群体的公共政策不仅要努力提高其收入水平，还应该改善其可行能力公平，包括完善就业服务体系、提供免费的技能培训和再教育、改善居住条件并提供保障性医疗服务等措施。

对于第Ⅰ类群体的可行能力不平等效应是本研究中最令人困惑的。我们认为可行能力不平等对个人福利存在负相关，且可行能力不平等对收入和福利存在负调节作用。然而，结果仅支持了后半部分的假设，与前半部分的假设相反。可行能力不平等对收入和福利的负调节作用是可以理解的，第 I 类农民工群体已经拥有足够的收入维持生存，收入已经不再是他们关注的重点。政府应该努力改善可行能力不平等，打破户籍制度限制、修改歧视性政策、消除该类农民工群体融入城市的障碍，帮助他们实现"城市梦"。对于可行能力不平等与福利正相关的结果，一个可能的解释是，"马太效应"使得第 I 类农民工群体事实上成为可行能力不平等的受益者。相对于其他类型的农民工群体，具有积累优势和先入优势的他们最有可能融入城市，成为真正的"城市人"。例如，二元户籍制度是农民工群体所面对的最大的可行能力不平等，中国现有户籍政策规定可以通过购房、缴纳足够年限的税或社保等方式获得城市户口，而第 I 类农民工群体是唯一有可能满足条件获得城市户口的群体。作为"准城市人"的第 I 类农民工群体，可行能力不平等实际上保护了其福利状况，而其他三类农民工群体成为可行能力不平等的严重受害者。因此以"牺牲"其他三类农民工福利作为代价，可行能力不平等提高了第 I 类农民工群体的福利水平。

七、结论与建议

本研究从不平等的两个方面，即收入不平等和可行能力不平等，探索了农民工的不平等与福利之间的关系。我们认为可行能力不平等不仅是影响农民工福利的重要因素，还会调节收入与福利的关系。本研究还以收入和可行能力为维度建立四格福利分类模型，以深入分析不同群体对不平等感知的差异性。我们至少发现了三个重要结论：

第一，总体而言，可行能力和收入不平等与农民工福利存在负向影响，但在不同农民工群体中，这种关系存在显著差异。

第二，可行能力不平等对高收入群体的福利存在显著影响，对于第 I 类农民工群体，可行能力不平等对其福利存在正向影响，而这恰会严重损害第 IV 类农民群体的福利。可行能力不平等对"最顶层"（第 I 类）和"最底层"（第 III 类）群体的收入和福利关系存在显著的负调节作用，"最底层"农民工关注的是医疗、教育或居住等基本可行能力平等，而"最顶层"农民工关心的是制度公平，消除歧视等可行能力的平等。

第三，收入不平等严重损害低收入低可行能力农民工群体的福利，而对高收入高可行能力群体福利的影响则不显著。此外，收入不平等对低收入（第Ⅱ类和第Ⅳ类群体）农民工群体的收入和福利关系存在显著的正调节作用，即暗示着收入不平等会激发低收入群体更努力工作以提高福利水平。

上述结论的政策含义在于：改善可行能力不平等，缩小收入差距对保护农民工福利具有重要的现实意义。针对不同群体，政府需制定对应的政策以消除不平等并改善福利水平。对于低收入低福利群体，政策不仅要关注增加收入和改善收入差距以提高福利水平，还要重视其可行能力不平等对其福利的影响。随着收入的提高和福利的改善，政策应该旨在建立公平自由的制度以保证全面发展。

≪参考文献

程名望，史清华，潘烜，2012. 工作时间、业余生活与农民工城镇就业——基于上海市1 446个调查样本的实证分析 [J]. 农业经济问题（5）：47-52.

高进云，乔荣锋，张安录，2007. 农地城市流转前后农户福利变化的模糊评价——基于森的可行能力理论 [J]. 管理世界（6）：45-55.

顾海英，史清华，程英，等，2011. 现阶段"新二元结构"问题缓解的制度与政策——基于上海外来农民工的调研 [J]. 管理世界（11）：55-65.

何立新，潘春阳，2011. 破解中国的"Easterlin 悖论"：收入差距，机会不均与居民幸福感 [J]. 管理世界（8）：11-22.

黄有光，2005. 社会福祉与经济政策 [M]. 北京：北京大学出版社.

李培林，李炜，2010. 近年来农民工的经济状况和社会态度 [J]. 中国社会科学（1）：119-131.

林燕玲，2007. 论消除农民工就业歧视的国家担当 [J]. 中国劳动关系学院学报，21（2）：5-10.

吕文慧，方福前，2011. 中国城镇居民功能不平等计量分析——基于阿马蒂亚·森的能力方法 [J]. 中国人民大学学报（6）：81-90.

马永华，2011. 森的可行能力理论及其农民问题 [J]. 常州大学学报（社会科学版），12（2）：25-28.

诺曼·巴里，2005. 福利 [M]. 长春：吉林人民出版社.

万广华，2008. 不平等的度量与分解 [J]. 经济学（季刊），8（1）：347-368.

温娇秀，王延军，2011. 我国教育不平等与收入分配差距扩大的动态研究——一项基于各地区教育基尼系数的实证 [J]. 成都理工大学学报（社会科学版），19（1）：5-10.

吴丽娜，张鹤，王鹤龄，等，2011. 井下矿工主观幸福感与社会支持之间的关系 [J]. 中国健康心理学杂志，19（5）：544-546.

谢嗣胜，姚先国，2006. 农民工工资歧视的计量分析 [J]. 中国农村经济（4）：49-55.

徐烽烽，李放，唐焱，2010. 苏南农户土地承包经营权置换城镇社会保障前后福利变化的模糊评价——基于森的可行能力视角 [J]. 中国农村经济（8）：67-79.

徐晓光，肖文平，罗伟春，等，2010. 北京市石景山区食品从业人员现况调查 [J]. 首都公共卫生，4（1）：9-11.

尹奇，马璐璐，王庆日，2010. 基于森的功能和能力福利理论的失地农民福利水平评价[J]. 中国土地科学，24（7）：41-46.

袁方，蔡银莺，2012. 城市近郊被征地农民的福利变化测度——以武汉市江夏区五里界镇为实证 [J]. 资源科学，34（3）：449-458.

张兴华，2000. 对外来工的政策歧视：效果评价与根源探讨 [J]. 中国农村经济（11）：41-45.

赵志君，2011. 收入分配与社会福利函数 [J]. 数量经济技术经济研究（9）：61-74.

周文文，2005. 新的平等：阿马蒂亚·森的"可行能力平等"[J]. 理论界（1）：87-88.

Alesina A，Tella R D，Macculloch R，2004. Inequality and happiness：are Europeans and Americans different? [J]. Journal of Public Economics，88（9-10）：2009-2042.

Alkire S，2002. Valuing freedoms：sen's capability approach poverty reduction [M]. New York：Oxford University Press.

Alkire S，Foster J，2011. Counting and multidimensional poverty measurement [J]. Journal of Public Economics，95（7）：476-487.

Andrew E C，2003. Inequality-aversion and income mobility：a direct test [R]. Paris，France：DELTA Working paper.

Antunes A，Cavalcanti T，Guimaraes J，2012. Less inequality，more welfare? a structural quantitative analysis for Brazil [R]. Cambridge：Faculty of Economics，University of Cambridge.

Becker B E，Huselid M A，1992. The incentive effects of tournament compensation systems [J]. Administrative Science Quarterly，37（2）：336-350.

Benhabib J，Rustichini A，1996. Social conflict and growth [J]. Journal of Economic Growth，1（1）：125-142.

Berenger V，Verdier-chouchane A，2007. A multidimensional measures of well-being：

standard of living and quality of Life across countries [J] . World Development, 35 (7): 1259-1276.

Brandolini A, 2007. On synthetic indices of multidimensional well-being: health and income inequalities in France, Germany, Italy and the United Kingdom [R] . Roma: Bank of Italy, Economic Research Department.

Brandolini A, Dalessio G, 1998. Measuring Well-Being in the functioning space [R] . Rome: Banca d' Italia, mimeo.

Caterina R L, 1997. Poverty and its Many Dimensions: The Role of Income as an Indicator [J] . Oxford Development Studies, 25 (3): 345-360.

Cerioli A, Zani S, 1990. A fuzzy approach to the measurement of poverty [M] . C. Dagum M. Zenga, eds. , Income and Wealth Distribution, Inequality and Pov. Berlin: Springer Verlag: 272-284.

Charles I J, Klenow P J, 2010. Beyond GDP? Welfare across countries and time [R]. Mimeo: Stanford University.

Cheli B, Lemmi A, 1995. A 'totally' fuzzy and relative approach to the multidimensional analysis of poverty [J] . Economic Notes, 24 (1): 115-133.

Decancq K, Lugo M A, 2011. Weights of multidimensional indices of well-being: an overview [R] . Econ. Rev.

Fehr E, Fischbacher U, 2003. The Nature of human altruism [J] . Nature (425): 785-791.

Graham C, Felton A, 2006. Inequality and happiness: Insights from Latin America [J] . Journal of Economic Inequality, 4 (1): 107-122.

Jones A M, Nicolás Á L, 2006. Allowing for heterogeneity in the decomposition of measures of inequality in health [J] . Journal of Economic Inequality, 4 (3): 347-365.

Milgrom P, Roberts J, 1988. An economic approach to influence activities in organizations [J] . American Journal of Sociology (94): 154-179.

Nussbauma M, 2003. Capabilities as fundamental entitlements: Sen and social justice [J] . Feminist Economics, 9 (2/3): 33-59.

Patton C V, Sawicki D S, 1993. Basic methods of policy analysis and planning [M] . New Jersey: Prentice Hall.

Perotti R, 1996. Growth, income distribution, and democracy: what the date say [J] . Journal of Economic Growth, 1 (2): 149-187.

Pfeffer J, Langton N, 1993. The effect of wage dispersion on satisfaction, productivity, and working collaboratively: evidence from college and university faculty [J] . Administrative Science Quarterly, 38 (3): 382-407.

Rawls J, 1971. A theory of justice [M] . Cambridge: MA: Harvard University Press.

Sen A, 1999. Development as freedom [M] . Oxford: Oxford University Press.

Senik C, 2004. When information dominates comparison: Learning from Russian subjective panel data [J] . Journal of Public Economics, 88 (9/10): 2099 - 2123.

Tomes N, 1986. Income distribution, happiness, and satisfaction: A direct test of the Interdependent Preference Model [J] . Journal of Economic Psychology (7): 425 - 446.

Yew-kwang N, 1983. Welfare economics: Introduction and development of basic concepts [R] . London: Macmillan.

文献综述篇

第 **11** 章

贫困问题的研究
进展及未来方向*

一、研究背景和意义

贫困是人类社会面临的严峻挑战之一，一直受到广泛关注。中国共产党和中国政府高度重视扶贫开发工作，将消除贫困作为其社会经济发展的重要任务之一。除党的十五大首次提出、十八大重申"两个一百年"奋斗目标之外，十八大报告中提出了中低阶层居民的"收入倍增计划"，十九大报告进一步明确了到 2020 年消除现行标准下农村贫困的目标。当前，扶贫攻坚已经成为全面建成小康社会的底线任务和标志性指标，被纳入"五位一体"总体布局和"四个全面"战略布局。同时，国际社会也极为重视贫困问题，减贫是千禧年发展目标（MDGs）和 2030 年可持续发展议程（SDGs）里第一个也是最为重要的指标。另一方面，目前的逆全球化浪潮几乎肯定影响国际扶贫开发，甚至威胁 SDGs 的进程。

特别值得指出的是，2016 年 7 月《Science》创刊 125 周年之际，杂志社总结并公布了科学界当前面临的 125 个最具挑战性问题，其中第 119 个问题是"为什么改变撒哈拉地区贫困状态的努力几乎全部失败？"。与此形成鲜明对比的是，中国的减贫成就举世瞩目，书写了人类反贫困斗争史上"最伟大的故事"。采用世界银行最新的每天 1.9 美元和 3.2 美元（以 2015 年购买力平价计算）的标准，中国的贫困发生率分别从 1981 年的 43.19% 和

﹡ 本附录以同题分"上"和"下"两部分发表在《新疆农垦经济》2019 年第 1 期和第 2 期。作者：史清华；魏霄云，上海交通大学安泰经济与管理学院硕博士连读生；万广华（通讯作者）。研究得到国家自然科学基金（71833003、71773076 和 71673186）的支持与资助。

63.43％下降到 2013 年的 0.35％和 2.13％。根据亚洲开发银行的报告
（ADB，2014），在千禧年发展目标执行期间（2000—2015），全球贫困发生
率减半的目标得以实现完全依赖于中国。换言之，如果把中国排除在外，这
个指标就不会完成。事实上，改革开放以来中国对全球减贫的贡献率高达
80％，而对全世界增长的贡献率大致在 30％～50％。可见，中国的减贫成
就远超过其增长奇迹。这也是为什么国际社会包括联合国、世界银行以及亚
洲开发银行等机构期待中国就减贫问题发出自己的声音，贡献自己的智慧和
方案。

　　长期以来，对贫困问题的研究文献如汗牛充栋，但缺乏系统性的文献回
顾。本文从贫困的识别、致贫因素、减贫政策等方面，对贫困的定义、起
因、现状及应对进行了较为系统的整理，以期从既往研究中对贫困问题做一
详细梳理，并发现贫困问题的未来研究方向。

二、贫困的识别

（一）贫困的识别和度量

　　要确定个人或家庭是否处于贫困中，就需要识别贫困，就需要有一个识
别贫困的度量标准，因此，贫困的度量是贫困问题研究的起点。相对而言，
收入或消费贫困的度量研究比较成熟。Sen（1976）首先提出了度量贫困的
公理化指标——S 指数（Sen index），之后学者相继提出了其他公理化指标
如 Ta 指数（Takyama index）、T 指数（Thon index）、K 指数（Kakwani
index）和 SST 指数（Sen-Shorrocks-Thon index）。除了沿着公理化方向发
展之外，贫困指标还沿着其他方向发展，如以 FGT 指数（Foster et al.，
1984）为代表的可分解贫困指数和以 Ha 指数（Hagenaars index）为代表的
道德贫困指标。

　　采用不同的贫困线标准就会计算出不同的贫困指标，因而后续的实证
结论也不相同。但贫困线设定问题一直没有一个统一的结论。例如，
Bradshaw and Finch（2003）采用三种不同贫困线（绝对贫困线、主观贫困
线和相对贫困线）对英国同一时间段相同样本的贫困进行度量，结果显示
三种贫困线识别出的贫困人口基本不存在重合。陈立中和张建华（2006）

的研究结果显示，1986—2000 年期间中国城镇绝对贫困人口呈现上升趋势，而夏庆杰等（2007）的研究表明，1998—2002 年中国城镇绝对贫困人口呈现出下降的趋势。目前学术界关于贫困的确定标准主要有绝对贫困线、相对贫困线、多维贫困、福利贫困和幸福贫困等。Rowntree（1901）在对约克镇的研究中提出了绝对贫困概念，即家庭总收入不足以维持其成员正常身体功能的最低数量的生活必需品的状态（陈宗胜等，2013），因此贫困状况就取决于维持基本生存所需要的消费水平。20 世纪中期，一些学者考虑到贫困者的社会需求，若一个人使用的资源远远低于一般个人或者家庭支配的资源量，那么他将不能正常参加社会活动和享受正常生活方式，即处于被剥夺的状态，也被称作相对贫困。陈宗胜等（2013）利用历年《中国农村住户调查年鉴》20 组分组数据，详细分析了 20 世纪 80 年代以来中国农村贫困变动状况，结果表明虽然中国的绝对贫困在不断缓解，然而相对贫困却在提高，因此提出要通过设定相对贫困线来提高扶贫力度。

收入或消费指标往往不能全面反映贫困状态和精准识别贫困个体。所以，Sen（1999）提出了可行能力理论，通过评价功能性活动能力来界定贫困，而不再根据收入或其他资源或标准。根据 Sen 的理论，袁方和史清华（2014）度量并分析了上海农民工的贫困问题，研究发现：①在沪的农民工遭遇严峻的福利贫困问题，高达 26.76% 的农民工处于贫困状态；②随着农民工教育程度的提高，贫困情况逐渐改善；③对贫困贡献率最大的三个可行能力指标分别是可支配收入、福利待遇和保险。

Alkire and Foster（2011）提出了基于 FGT 指数的 A—F 多维贫困测量方法。目前多维贫困的测度成为学界主流。多维贫困意味着贫困不仅仅在于以货币衡量的满足基本生活需求的收入水平，而是更注重教育、文化和卫生等各方面的福利变化。孙咏梅（2016）运用 A—F 方法对全国五个不同省份的建筑行业农民工的福利贫困进行研究，使用物质、权利、精神、能力和福利五个维度共 32 个指标作为整体多维贫困的衡量标准，结果表明福利贫困在多维贫困中占有重要地位，收入水平不能涵盖个体幸福水平的各个因素。联合国开发计划署（UNDP）从 2013 年起发布的《人类发展报告》就采用了三个维度下 10 个指标构成的多维贫困指标体系作为衡量国家发展水平的指标体系之一。三个维度分别是健康、教育和生活水平，其中健康和教育各包括 2 个指标，生活水平包括 6 个指标。Laba and Bresson（2011）利用 CHNS 数据从收入、教育、健康三个维度对中国中部和东部 7 个省份的贫困程度进行了探究，结果表明经济增长有效减少了贫困人口数量。张全红和周强（2015）也利用 CHNS 1991—2011 年的调查数据，在五个维度上（共 12 个指标）分析了中国多维贫困的广度、深度（贫困缺口）和强度（不平等），并进行了城乡结果的分解和对比。结果表明中国多维贫困的下降主要发生在 2001—2011 年，相对于贫困广度而言，贫困深度和贫困强度的改善程度更大，同时城市和农村的多维贫困都明显下降，但城乡不平衡仍然存在。刘艳华和徐勇（2015）通过建立农村多维贫困测度指标体系和运用地理识别方法，进行了中国农村县域尺度的贫困地理识别，结果表明有 71.79% 的国家重点贫困县与识别结果重合，并且贫困地区空间分布集中连片特征显著，青藏高原及其周边的南疆三地州、黄土高原西部、滇西—川西高山峡谷区为最大的连片贫困区。在微观层面，丁冬等（2013）利用 2009 年河南焦作、开封两地的农户入户调查数据，从网络规模、公共参与、人际关系三个维度考察了社会资本、农家福利、农村贫困三者之间的相关关系。结果表明，社会资本较高的家庭，更容易获得较高的经济福利，同时也能在一定程度上帮助农户规避风险，降低陷入贫困的概率。杨龙和汪三贵（2015）利用 2010 年中国农村贫困监测调查数据分析了农村多维贫困，结果显示低收入农户的多维贫困更为严重，低收入农户和中等偏下农户贫困状况对贫困线变动更为敏感，同时贫困线的提高显著地增加了中等偏下组农户的贫困发生率。

也有学者研究了老人、儿童、大学生等特殊困难群体的贫困问题。王小林等（2012）通过对 2006 年 CHNS 调查数据进行测算，发现中国农村老年人收入贫困发生率为 9.7%，而农村老年人和城市老年人的主观福利贫困达到了 16.2% 和 11.5%。家庭收入、子女的资源供给等家庭禀赋因素以及公共养老金、公共医疗服务可及性都会显著影响农村老年贫困的发生（乐章和刘二鹏，2016）。张克云（2012）以四川、贵州和宁夏的三个国家级贫困县 6 个村所获取的访谈和问卷资料为基础，探究了中西部贫困农村地区儿童福利的现状和需求。家庭贫困、社区政策等因素使得贫困区儿童福利需求多方面得不到满足，贫困地区的儿童在基本生活、教育、医疗、心理健康等方面都面临巨大的困境。除了针对贫困地区学龄前儿童的福利研究之外，一些学者也对高校贫困生的教育福利进行了探讨。王宇（2012）基于某所高校的调查数据，从学生个人、公平角度、制度层面分析了中国高等教育福利存在的问题，结果显示中国的高等教育福利存在区域、校际之间以及贫困生认定标准方面的不公平，国家奖学金覆盖面较窄、国家助学金助贫力度有限、国家助学贷款供需结构不合理、勤工助学岗位有限等问题。家庭经济地位、自我接纳、被接纳感与外显自尊会独立影响大学生幸福感（丁凤琴和王勇慧，2011）。

近年来，对贫困的识别完成了由收入和消费的单一维度到教育、文化、健康等多维度覆盖，也由表及里，对人类生活中的贫困问题进行了更为深入的挖掘。很多学者从生活满意度或幸福感入手，进一步审视贫困问题。Knight et al.（2009）利用 2002 年中国社会科学院经济研究所提供的涵盖 22 个省份的全国居民调查数据，运用快乐程度、生活条件满意度、家庭收入满意度测量居民的主观幸福指数。结果表明：收入的提高能提升幸福感，但二者相关度不高；从农村迁移到城市的居民可能由于身边参考群体的改变导致幸福感降低。与预期不同的是，教育本身并不能提高幸福感，可能由于教育程度的提高会激发人的欲望，同时城乡交流的改善、媒体的报道传播等也有类似影响。陈前恒等（2011）运用河北、山西、安徽等 9 个省份 19 个国家级贫困县 152 个贫困村和 2 254 个农户的调查资料，通过生活满意度法测度农户的幸福指数，结果发现农户到最近的小学和初中的距离对农户主观幸福感具有显著的负面影响。王晗等（2017）以河北围场县两个贫困村为例，从居住、就业和空间行为能力三个层面构建幸福指数探究农户幸福指数与生计活动的关系。结果显示，农户幸福指数的提升与其所从事的生计活动有着极为密切的关联，因此提出扶贫帮扶应以深入调研分析农户家庭和社会经济特征为基础，寻找低幸福指数农户生计活动转变的契机。基于资产所有权的生活水平（Living Standards）指数越来越多地被用来描述发展中国家的贫困状况，然而该指标很少采用有经济意义的权重指标来构建。Ngo（2018）以边际效用为权重生活水平指标，对马拉维（2004，2010，2013），尼加拉瓜（1998，2001，2005）和保加利亚（1995，1997，2001）的数据进行估算，结果发现效用权重和大多数物品的价格正相关但非线性增长。

（二）贫困的瞄准

贫困度量标准和指标确定后，就要考虑如何识别和瞄准真正的贫困人口。Coady et al.（2004）将瞄准方法分为三大类六种模式，并比较了它们的优劣。第一类为个人/家庭评价法，包括收入财富核算法（Means Test）和财富收入代理变量核算法（Proxy Means Test）两种；第二类为分类瞄准法，包括社团瞄准法（Community-Based Targeting）、区域瞄准法（Geographical Targeting）和人口特征瞄准法（Demographical Targeting）；第三类为自我瞄准法（Self-Targeting）。在分析了 48 个中低收入国家1985—2002 年所实施的 122 个扶贫项目后，他们发现其中有 52 个项目采用了区域瞄准法，是被采用最广泛的瞄准模式。但不同国家瞄准的区域大小范围差异很大，例如印度尼西亚瞄准村和省，中国早期也采取区域瞄准法，瞄准的却是县。区域瞄准是中国早期扶贫的主要特征之一，2001 年中央政府制定和发布了《中国农村扶贫开发纲要（2001—2010）》，扶贫瞄准单位从贫困县变为贫困村以期提升扶贫精度，但是瞄准偏差仍然存在，比如，汪三贵等（2007）发现，西部地区相比其他地区更为有效地实现了贫困瞄准，而非西部地区和非贫困县在村级瞄准方面的表现不尽如人意。另外，Park and Wang（2001）研究了中国贫困估算可能发生偏误的各种因素，并综合不同的结果发现，20 世纪 90 年代中国农村贫困发生率显著低于儿童营养不良率，表明官方低估了真实的贫困状况。

近年来中国推动的精准扶贫框架下的"两不愁、三保障"，可以说是个人/家庭瞄准法和人口特征瞄准法的结合，瞄准主体为个人或家庭。究竟采用什么瞄准方式，本质上需要在瞄准效率和瞄准成本之间进行权衡。

由于信息不对称以及数据不可得等原因，贫困瞄准往往是个很大的挑战。现有文献发现中国的瞄准偏差问题较为突出。例如，朱梦冰和李实（2017）发现，不论是依照收入还是多维贫困标准，农村低保的瞄准率都偏低；根据刘凤芹和徐月宾（2016）的研究，使用社区瞄准机制是导致农村低保制度实际救助对象与政策规定目标人群相背离的一个主要原因，真正需要扶助的贫困人口仅占低保人群的 31.86%，相当一部分救助资源分配给了非目标人群。在农村扶贫贴息制度改革后，尽管扶贫贴息贷款规模有所增加，金融机构寻租问题得到缓解，但是贫困农户和农业产业受到排斥、贫困瞄准目标偏离等问题依然存在（吴本健等，2014）。杨龙等（2015）研究建档立卡政策的瞄准效果后发现，中国农村扶贫制度的"政策规定的贫困人口"和"实际识别的贫困人口"存在 37％～50％的偏差。

由此可见，贫困瞄准问题仍将是未来贫困研究的一个重要问题。

三、慢性贫困与贫困的脆弱性：动态的视角

贫困问题的一个前沿领域是动态贫困分析，这包括慢性贫困、暂时性贫困和贫困脆弱性研究。相对于静态地根据已经实现了的生活水平（如收入、消费等）去识别和展开救助，动态贫困分析具有更高的科学性、针对性和主动性。家户可能在贫困与非贫困之间跨期转换或延续，经历脱贫、陷贫、持续贫困和绝不贫困四种动态过程（叶初升等，2013）。Bigsten and Shimeles（2008）利用生存分析（Survival Analysis）方法研究了 1994—2004 年埃塞俄比亚城市和农村贫困状态的转换和持续，认为贫困作为一种状态，具有很强的惯性。当面板数据缺乏时，研究中常常采用让受访者回顾过去生活，并与当前生活状况进行比较的定性研究方法，例如："进展阶段方法"①（Stages of Progress Method）（Krishna，2006，2010）和"生活史"（Life-History）（Davis and Baulch，2011）。

在对贫困的动态研究中，需要判断长期贫困和短期贫困，以及家户在未来陷入贫困的可能性。前者是贫困的动态变化的结果，是对贫困的事后的动态测度；而后者是将贫困观测由事后测度推进到事先预测，并提出了贫困脆弱性概念及其测度方法。长期以来，贫困理论把研究的焦点聚集在已经发生的、静态的贫困事实上，不同程度地忽视了动态贫困问题（叶初升等，

---

① 该方法将马斯洛的需求层次理论与参与式方法结合起来，要求村民以社区为单位集中讨论家户在脱贫的过程中，随着收入的不断增加，不同阶段主要增加的消费项目是什么？调查表明，只有当家户跨过了食物、住房、还债、衣着这几个基本需求的层次，才被公认为实现了脱贫。然后，回顾25年前所处的消费层次并与当前家户所处的消费层次比较，由此分析家户所处消费层次的变化以及贫困的动态变化。

2013)。

（一）事后动态贫困的测度——暂时性贫困与持久性贫困

章元等（2013）将研究慢性贫困和暂时性贫困的文献概括为三类：第一类研究直接根据个人或家庭在一段时间内经历贫困的时间长短来判断其属于慢性贫困或暂时性贫困。第二类方法则是对一定时间段内的贫困进行纵向加总，克服了第一类方法忽视陷入贫困程度的局限性。第三类度量方法由 Foster（2007）提出，其在纵向加总慢性贫困时使用了两条标准线：第一个是贫困线，用来判断家庭或个人在某个时点是否贫困；第二个是持续时间标准线（Duration Cutoff），指一个人被划分为慢性贫困时必须达到的处于贫困线以下的最低时间比例。

Wan and Zhang（2013）基于 Rodgers J.（1993）的研究构建了一个新方法，可以加总家庭在一定时间段内的总贫困，并将其分解为暂时性贫困和慢性贫困成分。将该方法运用于中国 5 省份 1995—2005 年的农户面板数据后发现，农户总贫困的下降主要来自于暂时性贫困成分而非慢性贫困成分；慢性贫困在总贫困中的比重远远高于暂时性贫困成分；家庭成员数量与总贫困、暂时性和慢性贫困正相关；人力资本、政治资本和金融资本都能显著降低总贫困和慢性贫困，但低水平的人力资本（拥有初中教育水平的劳动力数量）和金融资本并不能降低暂时性贫困；特别地，更多地经营耕地会显著增加暂时性贫困。

Jalan and Ravallion（1998，2000）利用广东等 4 省份的面板数据，讨论了农村贫困中的暂时性贫困与持久性贫困的构成以及影响因素差异，发现 4 省份暂时性贫困占总体贫困的 49.39%；但省份之间具有较大的差异性，如广东的农村贫困中 84.21% 是暂时性贫困，而贵州则只有 42.80%。岳希明等（2007）利用 1997—2001 年中国 592 个贫困县 16 000 个农户的面板数据，发现暂时性收入贫困占总体贫困的比重达 91.34%（贫困线为 2000 年人均年收入 625 元）或 76.86%（贫困线为 2000 年人均年收入 874 元），并讨论了各因素对这两类贫困的不同影响。Duclos et al.（2010）对总体贫困分解为暂时性贫困与持久性贫困提供了一种新的分解方法，发现中国农村暂时性贫困占总体贫困的比重达 75%。总体而言，在关于贫困动态的研究中，大多认为农村贫困中暂时性贫困占主导，大部分家庭陷入贫困是由于暂时性的外生冲击造成的。大多数国内外文献按照家庭或个人经历贫困时间的长短来判断其属于慢性贫困还是暂时性贫困，并得出大部分贫困为暂时性贫困的结论（章元等，2013；Gustafsson and Ding，2009）。

与长期贫困（Chronic Poverty）密切相关的是贫困代际传递，这一概念是由美国经济学家在研究贫困阶层长期性贫困的过程中发现并于 20 世纪 60 年代提出的。在国际上，贫困的代际传递一般看成是长期贫困最具实质性的界定，它不但被看作是长期贫困的特征，还被看作是造成长期贫困的原因之一（祝建华，2016）。贫困代际传递是指贫困以及导致贫困的相关条件和因素在家庭内部由父母传递给子女，使子女在成年后重复父母的境遇，继承父母的贫困和不利因素并将贫困和不利因素传递给后代这样一种恶性遗传链；也指在一定的社区或阶层范围内，贫困以及导致贫困的相关条件和因素在代际之间延续，使后代重复前代的贫困境遇（李晓明，2006）。

从现有文献来看，绝大多数关于贫困代际传递的研究都以发达国家为研究对象，且主要以美国为主（张立冬，2013）。在贫困代际传递的家庭内部因素的研究中，已有成果广泛涉及收入、父母素质与父母受教育程度、性别与营养投资、基因遗传与疾病等方面（Baulch and McCulloch，1998；Quisumbing，1997；Yaqub，2001；Yamano et al.，2005）。在贫困代际传递的家庭外部因素的研究中，已有成果广泛涉及种族与种族划分、社会等级制度、家族集团与家族荣誉、国籍与民族以及宗教和信仰等方面（Behrman et al.，1995）。

2015 年 4 月，习近平总书记在中央全面深化改革领导小组会议上明确指出要阻止贫困现象代际传递；2014 年 3 月，李克强总理在政府工作报告中明确提出"要继续向贫困宣战，决不让贫困代代相传"。这表明，中国政府已将防止贫困代际传递作为扶贫战略的新目标，中国扶贫事业由关注贫困本身进入到关注贫困代际传递的新阶段。

目前，国内已有学者利用 CHNS 数据对中国农村贫困代际传递进行了分析，基本结论包括：第一，中国农村地区居民收入代际继承性强，流动性弱，子女容易受到上一代经济劣势的影响，即存在明显的贫困代际传递现象（方鸣和应瑞瑶，2010；林闽钢和张瑞利，2012；张立冬，2013），并且绝大多数父辈贫困的子女在脱离贫困后并没有实现收入地位的实质性改善，仍然有较大的可能性重新返回到贫困的境地之中（张立冬，2013）。第二，人力资本积累（邹薇，2005；邹薇和方迎风，2011，2012；Zou and Liu，2010；张立冬，2013）、非农就业（张立冬，2013）对于破除贫困代际传递具有重要的积极作用。邹薇和郑浩（2014）构建了人力资本代际传递的模型，并利用 1989—2009 年 CHNS 数据，从教育投资的风险和决策的角度解释相比于高收入家庭，为什么低收入家庭不愿意、或者无法选择让自己的子女继续接受教育。研究表明，相对于高收入家庭来说，风险使得低收入家庭更容易放弃让孩子接受教育的机会，即对于初始财富水平较低的家户来说，在教育投资无风险时，由于家贫导致的风险溢价会成为其投资中的一项额外成本，削弱教育投资的吸引力；在教育投资有风险时，教育的机会成本和未来收益的不确定性会影响教育投资的决策。

（二）事前动态贫困的测度——脆弱性贫困

脆弱性与贫困的概念紧密联系但不完全相同。有些人并不贫困但脆弱，有些人不脆弱但贫困（Gaiha and Imai，2008）。贫困是一种事后的可观察到的状况，脆弱性是未来陷入贫困的概率，是对贫困的事前测度，具有前瞻性。已有研究认为：在受到风险冲击时，农户一般会就当期的消费需求与将来的福利进行动态决策以平滑其消费，也可以通过信贷等措施来保持现有的福利水平，而贫困人口往往会被迫减少食物摄入量或选择劣等食物来替代，或出卖牲畜、家产，甚至使子女辍学等来维持极低的生活水平，这就进一步使他们丧失了在冲击过后很快恢复的可能（韩峥，2004）。世界银行（2001）在《世界发展报告 2000/2001：与贫困作斗争》中正式提出了脆弱性（Vulnerability）概念，即"对冲击的复原性的测度，冲击造成未来福利下降的可能性"。该报告还对风险、风险暴露、脆弱性等概念进行了区分：风险包括那些降低家户福利的不确定的事件，例如生病的风险，发生干旱的风险等；风险暴露测量某一特定风险发生的概率；而脆弱性是指外部冲击导致福利水平下降的可能性。近年来，以脆弱性贫困为视角的研究迅速成为发展经济学的一个研究热点。

定义和测量脆弱性主要有以下三种思路：

第一，预期的贫困脆弱性（Vulnerability as Expected Poverty，VEP）。该测量方法由 Pritchett et al.（2000）；Harrower and Quisumbing（2003）；Chaudhuri（2001，2002）提出，由 Dutta et al.（2011）和 Calvo and Dercon（2005）进行了拓展。传统的 VEP 是基于以消费测量的福利水平和给定的消费贫困线，将家户在 t 期的脆弱性水平定义为该家户在 t+1 期的收入（或消费）水平可能低于贫困线的概率。其基本逻辑是，用可观测到的变量和冲击因素对收入（或消费）进行回归以得到未来收入（或消费）的表达式，进而假设收入（或消费）的对数服从正态分布或者 Logistic 分布，由此得到未来收入（或消费）低于某一值（通常是贫困线）的概率，这个概率就被称为脆弱线（Pritchett et al.，2000；Chaudhuri，2002）。当然，这个概率临界值不是由最优规划求解出来的，而是根据研究对象所处的宏观经济环境、当地经济环境、平均个人禀赋以及资源状态决定的（Klasen and Waibel，2015）。从测量结果可以看出，Pritchett et al.（2000）只能对家户是否是贫困脆弱给出定性判断，并不能反映每个家庭脆弱至贫的深度。因此，Hoddinott and Quisumbing（2003）对以上模型进行了修正，将贫困脆弱性定义为不同状态下损失程度的期望值，而这种不同状态包括：家庭成员变化冲击、农作物收成冲击以及社会结构变化的冲击等。该定义使得不同家户的贫困脆弱性程度可以度量和比较，显示出不同的家户陷入贫困的深度的差异，有助于定位那些对扶贫政策需求最迫切的贫困人口，有利于提高政策的针对性效果。另一种较有影响力的测量方法来自于 Chaudhuri（2001，2002）。他提出了一种在面板数据期数有限、数量较少的情况下，利用单期截面数据对下一期贫困脆弱性进行估计的方法。Chaudhuri et al.（2002）提出的测度脆弱性框架，被后来学者们大量使用（杨龙和汪三贵，2015；樊丽明和解垩，2014）。如：杨龙和汪三贵（2015）采用预期贫困的脆弱性测量方法，首次利用中国农村贫困监测调查53 271个农户微观数据测量贫困地区农户脆弱性，结果表明，高度脆弱农户具有家庭规模较大、人力资本不足、病人数量多、抚养比高、资产价值少的家庭特征，且更可能分布在山区、革命老区、陆地边境和少数民族聚居地等特殊类型贫困地区。不同类型地区农户脆弱性的影响因素存在差异，但冲击性事件是主要影响因素。叶初升等（2014）使用 1996—2008 年间 5 轮中国营养健康调查（CHNS）和俄罗斯纵列监测调查（RLMS）数据，测量了中俄农村家户脆弱性水平及其长期变动趋势，并在分解贫困脆弱性的基础上探寻了两国不同类型的经济转型对农村家户福利水平的长期影响。

进一步地，Dutta et al.（2011）提出了考虑贫困线水平以及目前生活水平的一种复合的测量方法。在此基础上，将贫困脆弱性程度定义为下一期生活水平相对于基准线的偏离程度，基准线（Reference Line）是在结合了个人目前的生活水平和社会的标准贫困线而设定的复合标准。模型中用基准线代替贫困线的衡量方法强调了社会贫困线和家户当期的生活水平两个方面对未来贫困脆弱性程度的综合影响，体现出福利状况的跨期自影响（Intertem-Poral Self-Influence），使脆弱性的度量更具有动态性（蒋丽丽，2017）。Calvo and Dercon（2005）在测度贫困脆弱性时将人们面对未来贫困冲击的心理成本考虑进来，认为脆弱性不仅指较低的预期福利水平，还包含了不确定性所带来的心理成本，即人们面对风险的态度是影响个体贫困脆弱性大小的关键因素，因此把贫困脆弱性的研究引向了心理学领域。Celidoni（2013）通过对相同的数据库使用不同的 VEP 测量方法进行比较，结果发现：Calvo and Dercon（2005）提出的绝对风险密度（Absolute Risk Density）的贫困脆弱性测量方法和 Dutta et al.（2011）提出的考虑当前生活水平的测量方法在预测贫困水平方面有更高的准确性。

Günther and Harttgen（2009）利用分层线性模型研究了马达加斯加住户的脆弱性，其将消费冲击分解成社区层面和家庭层面，家庭层面的冲击构成了城市脆弱性的主因，农村脆弱性更易受社区层面冲击。其他学者也比较了社区层面冲击和家庭层面冲击对脆弱性的差异（Harrower and Hoddinott，2004；Christiaensen and Subbarao，2004）。最新的研究试图将资产贫困概念融入基于期望贫困的脆弱性测量。在 Chiwaula et al.（2011）对喀麦隆和尼日利亚渔民的研究中，家户的期望收入由他们的资产存量决定，当存在风险时，该家户收入将会围绕该期望收入水平发生随机变动，因而可以根据这个由资产决定的收入水平和收入波动的方差来预测家户未来陷入贫困的概率。

由于 VEP 方法是在充分考虑了可观测和不可观测特征后对未来贫困概率的估计，同时对数据的要求相对较低，因此在之后的研究中得到了较多的应用（蒋丽丽，2017；叶初升等，2014）。

第二，低的期望效用脆弱性（Vulnerability as Low Expected Utility，VEU）。该测量方法由 Ligon and Schechter（2003）提出，这种脆弱性测量方法将反映个人偏好的效用函数引入贫困脆弱性测度中，将贫困脆弱性定义为消费水平的期望效用低于确定性等值效用（贫困线代表的消费水平）的程度（蒋丽丽，2017）。该方法需要计算出贫困线所代表的效用水平与人们消费的期望效用水平之差，若家庭消费的期望效用水平位于贫困线效用水平之上，则不存在贫困脆弱的问题；若家庭的期望消费效用水平低于贫困线所代表的期望效用水平，则家庭此时陷入贫困，二者之差为其脆弱性程度。Ligon and Schechter（2003）选取保加利亚1994年调查的面板数据，基于家户效用测度处于风险环境中的家户脆弱性，进而将家户脆弱性分解为贫困、协同性风险、异质性风险、未解释的风险及测量误差等四部分，并评估每一部分对家户脆弱性的影响。在最近的研究中，Klasen and Waibel（2015）对东南亚以及 Grech（2015）对欧洲的研究都得出了类似的结论。这一类研究方法的争论在于选择什么样的时间跨度和什么频率的数据。

第三，风险暴露脆弱性（Vulnerability as Low Uninsured Expected to Risk，VER）。该测量方法由 Dercon and Krishnan（2000）提出，其基本逻辑是家庭在面临风险时如何选择消费使得其效用最大化。他们运用埃塞俄比亚农村家庭连续三期的半年度数据研究表明，除了种植风险和家畜的特殊性风险外，季节因素对贫困脆弱性的影响很大，由于家庭缺乏有效的风险管理措施，因此在风险冲击造成家庭福利损失的时候，家庭当期的消费水平会受到一定程度的影响。这种消费水平的变动一定程度上也是家户暴露在不确定性风险之下的后果，被称为风险暴露的贫困脆弱性测量方法。

一方面，与 VEP 和 VEU 不同的是，VER 并不直接估计总的脆弱性水平，而是通过反映消费水平对风险冲击下的收入变动水平的敏感程度来反映脆弱性程度，实质上就是用消费变动来反映负向冲击下的福利变动，是一种事后判断（黄承伟等，2010）。如果家户在遭受负面收入冲击时，消费的降幅很大，就认为这个家户是高脆弱的（Gaiha and Imai，2008；Kurosaki，

2006)。另一方面，该方法对消费平滑的应用可能产生误导。消费对收入冲击的敏感度虽然能够反映家庭的脆弱性程度，但是，这种脆弱性程度的高低与家庭是否是贫困并非具有高度一致性。比如，一个农村家庭获得大麦收成，并还清麦青季节的债务，其消费与收入高度相关，然而如果大麦收成不好，略小于均值水平，这一家庭可能因为还不上债务而使当期消费大受影响（蒋丽丽，2017）。

从上述研究过程可以看到，贫困脆弱性的测度方法关注的方向不断增多，由只关注消费、收入等单一维度，扩展到关注人们的效用水平、风险偏好、抵御风险的能力、目前生活状态、健康水平等多个维度（Novignon et al.，2012）。蒋丽丽（2017）从理论和实证方面对国外最新研究进行梳理和归纳，讨论了如下三个问题：如何测量贫困脆弱性、贫困脆弱性理论的公共政策含义以及未来的发展方向。其指出在公共政策含义方面，经济学家针对暂时性贫困脆弱性提出了精准帮扶措施，针对结构性贫困脆弱性问题提出了宏观经济管理系统完善措施。关于贫困脆弱性未来努力方向有：进一步丰富测算贫困人口福利的维度，获得贫困人口福利的最佳分布函数；深入探索脆弱性贫困的发生机制和理论基础；对贫困脆弱性的实证研究方法进行比较，以获得较为可靠的对贫困脆弱性的测度标准。

(三) 动态贫困的影响因素

在贫困的动态转换中，还值得注意的是，哪些因素可能有利于贫困家庭脱贫？哪些非贫困户又易于陷入贫困状态？罗楚亮（2010）利用 2007—2008 年住户追踪调查数据，考察中国农村贫困的变动特征，即在相邻年份贫困状态的转换及其影响因素。结果表明，包括外出务工收入在内的工资性收入增长对于农户脱离贫困状态具有重要的贡献，经营收入的波动是农户陷入贫困状态的重要因素，另外，身体健康程度较差的家庭成员人数及其变化对贫困发生率及其转换具有显著的影响。樊丽明和解垩（2014）利用两轮微观调查面板数据实证检验中国公共转移支付对家庭贫困脆弱性的影响，结果发现，无论贫困线划在何处，公共转移支付对慢性贫困和暂时性贫困的脆弱性没有任何影响。但随着贫困线标准的提高，贫困发生率与脆弱性之间的差异越来越小；教育程度、家庭规模、就业状态、工作性质及地区变量同时同方向地影响到贫困及脆弱性。Bourguignon and Goh（2004）使用重复的截面数据构造了伪面板数据[①]并与实际的面板数据分析结果相对照，表明这两类数据的实证结果基本相同，失业是导致脆弱性最重要的因素。Jha et al.（2009）分析了印度对工作补助和对食品补助两种公共政策在缓解贫困、营养不良、脆弱性中的作用，倾向值匹配和处理效应模型方法得到的结论是，加入两种公共政策的个体的贫困、营养不良和脆弱性均有显著降低。方迎风和邹薇（2013）研究发现，受到财富约束的个体在面临冲击以致收入下降时，会偏重当期消费、能力投资不足；在面对健康冲击时，个体的劳动所得下降，非劳动所得则因转移收入增加而增加，但面对社区总体冲击时，非劳动所得与劳动所得都将显著下降。健康冲击会导致生产性支出与健康投资下降，原因是健康冲击严重影响个体的收入和财富约束，使得个体偏重当期消费；有医疗保险的个体面对健康冲击时收入或支出的波动相对较大，但是贫困人群或地区具有医疗保险的比率更低，健康冲击加剧了贫困的脆弱性。

（四）动态贫困的预防与应对

贫困动态形式不同，相应地要求实践中实施的反贫困策略也有所不同。一般而言，家户可以通过储蓄、非正规的信贷交易（Fafchamps and Lund，2003）、出售更具有流动性的资产（如谷物）(Udry，1995；Kazianga and Udry，2006)、甚至变卖像耕牛一类生产性资产（Rosenzwig and Wolpin，1993），或者使子女辍学等方法来实现风险分担和跨期消费平滑。McCulloch and Baulch（2000）通过观测 1986—1991 年间巴基斯坦农村家户收入发现，80% 的家户是暂时贫困。他们对反贫政策的评估结果表明，在短期可以通过增强家户跨期平滑收入的能力来降低总贫困，而提高人力资本和物质资本的反贫政策能够有效地减缓长期贫困。Carter and Lybbert（2012）指出经典的消费平滑假说并不总是成立。他们进一步用门槛模型的估计表明，在经历恶劣气候冲击时，那些位于资产门槛之上的家户能平滑消费，而那些位于资产门槛之下的家户则不能。

---

① 伪面板数据也称为轮换面板数据 pseudo-panels，是指长期跟踪调查时部分个体流失，而后按照个体特征进行一定数量的替换补充后形成的面板数据。也就是面板数据的个体数量保持一定，但个体本身进行了替换。Bourguignon and Goh（2004）按照年龄段对观测对象进行随机分组，创建了伪面板数据。

由于缺乏正式的保险制度和完善的信用市场，而非正式的风险分担和储蓄也仅仅能够实现部分消费平滑，发展中国家的低收入家户无力应对较大的风险冲击。这时，家户为了避免遭受持续的破坏，往往会在冲击发生之前主动通过风险管理来平滑收入（叶初升等，2013）。

一方面，风险管理可以实现收入多元化。即那些暴露于农业风险的家户可以通过增加更多的非农劳动供给，以免受到更大的损失（Zimmerman and Carter，2003；Lybbert and Barrett，2011）。有效的风险应对策略和风险管理策略能够降低家户的脆弱性水平、阻止家户频繁陷入贫困（Ito and Kurosaki，2009）。另一方面，风险管理通过事先选择低风险的技术和资产组合来避免遭困，而自发的平滑消费和平滑收入的机制并不能实现完全的保险功能，尤其是那些面临贫困威胁的低收入家户。因而，在政府的反贫行动中，除了提高贫困人口的教育、健康和收入水平等传统的扶贫措施，还需要通过社会安全网的建立来帮助家户防范风险，比如，在贫困地区建立并完善信贷市场和保险市场，推广社会保障政策等（叶初升等，2013）。

四、致贫因素

关于致贫因素的研究，可以概括为两条主线：一是宏观视角，从经济增长、收入差距、全球化、政府政策等来分析贫困成因；二是微观视角，从农户的人力资本、政治资本、社会资本、物质资本等方面来分析贫困成因。

基于宏观角度的文献，主要着眼于经济增长和收入差距对贫困的影响，一个基本的结论甚至共识：经济增长有助于减缓贫困，而收入差距扩大对减贫起反作用。例如，万广华和张茵（2006）分析了 20 世纪 90 年代收入增长和收入差距变化对中国贫困的影响。他们发现，90 年代前半期农村减贫的成功主要归因于收入的增长和收入不平等的下降，而 90 年代后半期，农村和城市由于收入不平等的快速上升和收入的缓慢增长，导致这段时间的减贫速度下降，甚至贫困有所增加。胡兵等（2007）也指出，1985—2003 年间中国的经济增长使农村居民收入增加，大幅度减少了贫困，但是农村居民的收入差距不断拉大，收入不平等加剧部分地抵消了经济增长的减贫成效。杨颖（2010）通过分析 2002—2007 年间中国的贫困情况，发现收入分配恶化在不断抵消经济增长的减贫效应，收入分配恶化不仅在城乡间存在，在农村内部更为突出。罗楚亮（2012）发现，收入不均等对贫困减缓的不利影响正在逐渐上升，并且贫困标准越低，收入不均等的增加越不利于减贫。此外，万广华和张茵（2008）考察了中国沿海和内地贫困发生率的差异，并量化其决定因素；万广华和张藕香（2008）分解了不同变量对中国农村贫困的贡献；张茵和万广华（2006a）解析了中国城镇的致贫因素；张茵和万广华（2006b）详细考察了全球化对贫困的影响。随着研究的深入，研究者们进一步讨论了导致经济增长和收入不均的因素。在收入差距方面：宏观上的区域差异是造成收入差距的首要因素（程名望等，2016）；而教育、在职培训、健康等人力资本方面的微观因素是拉大农户收入差距的主要原因（高梦滔等，2006；徐舒，2010），其中健康的作用更为明显（程名望等，2014）；而土地等物质资本、金融资产、家庭特征、制度与政策、政治与社会资本等因素对农户收入差距的影响有限（高梦滔等，2006；程名望等，2016）。在研究经济增长的影响因素时，王弟海（2012）验证了健康对经济增长的重大作用。在可行能力不平等的视角下，袁方等（2013）发现，总体而言，可行能力和收入不平等对农民工福利水平存在负效应，但两者的主要损害对象有所不同：可行能力不平等对高收入群体的福利存在显著影响，而收入不平等则严重损害低收入低可行能力的农民工群体的福利。同时，随着中国扶贫工作的进行，社会救助型的扶贫政策已经逐渐凸显其局限性，重构农村反贫困政策势在必行（徐月宾等，2007）。

基于微观角度的研究，主要集中在农户的人力资本、政治资本、社会资本、物质资本、心理资本等方面。比如，社会网络和社会信任等社会资本能够显著地减少贫困（张爽等，2007）；受教育程度、健康等人力资本对贫困也有显著影响（王美艳，2014）；而物质资源、户籍制度、农户家庭特征等都能在不同程度上解释贫困发生率（郭熙保，2016）。章元等（2013）发现人力资本、政治资本和金融资本都能显著降低总贫困和慢性贫困成分，但低水平的人力资本（拥有初中教育水平的劳动力数量）和金融资本并不能降低暂时性贫困成分。而袁方等（2014）发现在沪农民工遭遇严峻的福利贫困问题，对福利贫困贡献率最大的三个可行能力指标分别是可支配收入、歧视、保险。若将微观致贫因素再分类，可以看到，传统的致贫因素如人力资本、社会资本、家庭特征等已不再是研究的主要内容，随着社会的发展与研究的深入，心理资本（如歧视等）、金融资本等因素也逐渐成为了学者所关注的内容。

基于动态视角下的贫困问题主要包括脆弱性贫困、暂时性贫困和慢性贫困。罗楚亮（2010）利用 2007—2008 年住户追踪调查数据，考察了中国农村贫困的变动特征，结果表明，包括外出务工收入在内的工资性收入增长对于农户脱贫具有重要贡献，经营性收入的波动是农户陷入贫困的重要因素，家庭中健康状况较差的成员人数及其变化对贫困发生率具有显著的影响。方迎风和邹薇（2012，2013）发现，受到财富约束的个体在面临冲击以致收入下降时会偏重当期消费；健康冲击会导致生产性支出与健康投资下降；贫困人群有医疗保险的比率更低，因此健康冲击加剧了贫困脆弱性。

贫困的代际传递与慢性贫困密切相关，消除贫困的代际传递也是减贫工作必经之路。故有大量文献对贫困代际传递的影响因素进行了深入研究，包括收入、父母素质（受教育程度）、性别与营养投资、基因遗传与疾病等，也有研究涉及种族与种族划分、社会等级制度、家族集团与家族荣誉、国籍与民族以及宗教和信仰等因素的影响。国内学者利用 CHNS 数据对中国农村贫困代际传递进行了分析，结论包括：中国农村地区居民收入代际继承性强，流动性弱，子女容易受到上一代经济劣势的影响，即存在明显的贫困代际传递现象（方鸣和应瑞瑶，2010；张立冬，2013）。还有研究发现，人力资本积累、非农就业对于破除贫困代际传递具有积极作用（邹薇和方迎风，2011，2012；Zou and Liu，2010；张立冬，2013）。

五、反贫政策

对贫困的定义、识别和瞄准以及对致贫因素的分析，其最终目的都在于研究反贫政策，减少甚至消除贫困。通过经济体制改革和专项扶贫开发，中国贫困人口大规模减少，取得举世瞩目的减贫成就。贫困人口从 1978 年的 2.5 亿，下降到 2015 年的 5 575 万，贫困发生率从 30.7% 下降到 5.7%。然而，贫困问题依然是当前中国经济社会发展中最突出的"短板"，截至 2015 年年底，中国仍有 5 630 万农村建档立卡贫困人口，主要分布在 832 个国家扶贫开发工作重点县、集中连片特困地区县和 12.8 万个建档立卡贫困村，多数西部省份的贫困发生率在 10% 以上，民族 8 省区贫困发生率达 12.1%[①]。党的十八届五中全会明确到 2020 年中国现行标准下农村贫困人口实现脱贫，贫困县全部脱贫，解决区域性整体贫困。要实现习近平总书记提出的到 2020 年全面建成小康社会，扶贫任务依然艰巨。

近年来，中共中央办公厅、国务院办公厅逐步印发了《关于加大脱贫攻坚力度支持革命老区开发建设的指导意见》《关于进一步加强东西部扶贫协作工作的指导意见》《关于建立贫困退出机制的意见》《脱贫攻坚责任实施办法》等脱贫指导意见。2016 年 11 月国务院印发《"十三五"脱贫攻坚规划》，按照精准扶贫精准脱贫基本方略要求，因地制宜，分类施策，从 8 个方面推出了扶贫政策：产业发展脱贫、转移就业脱贫、异地搬迁脱贫、教育扶贫、健康扶贫、生态保护扶贫、兜底保障和社会扶贫。在脱贫路径和方法上，现有文献的研究方向也基本围绕以上八个方面，故本文借此对现有文献中关于脱贫方式的研究进行了梳理。

（一）产业发展脱贫

对于产业的划分，各国不尽相同，中国将其分为以农业为主的第一产业，以工业为主的第二产业以及以服务业为主的第三产业。产业发展与经济增长有着密不可分的联系，产业的升级和转型亦被众多学者视作经济增长的动力所在。

以加工制造为主的第二产业在三大产业中占据绝对优势，故大部分文献的研究重点多集中于工业部门的结构、布局以及相关政策，而较少关注农业和服务业，因此对产业发展的研究区域也多集中于城市。事实上，产业发展对农村经济增长和农村脱贫同样具有重大意义。Ravallion and Datt（1996）的研究表明，农村的发展相较于城市发展而言，对减贫的作用更大。利用产业发展带动农村脱贫的路径主要有农业生产、科技、农村金融、旅游、电商等。

---

① 《"十三五"脱贫攻坚规划》。民族 8 省区指的是少数民族人口相对集中的内蒙古、广西、西藏、宁夏、新疆 5 个自治区和贵州、云南、青海 3 个省份。

农业发展对脱贫的作用也是众多学者关注的焦点。Dercon（2009）认为，农业生产率的提高能够降低贫困消费者的获得食物的成本，从而对减贫有重要作用；但有些学者对此提出挑战，认为非农业部门在减贫中的作用与日俱增，如 Christiaensen et al.（2011），Ivanic and Martin（2018）研究了农业、工业和服务业的生产率进步对全球贫困的影响，发现在贫穷国家，农业生产率的提升对减贫的作用显著高于工业和服务业，而随着人均收入的提高，这一影响在减弱，其中部分是由于随着收入提高，农业占比下降，部分由于农业生产率提高本身对脱贫的影响。他们也指出，中国和印度作为人口大国，在全球减贫中起着举足轻重的作用。张凤华和叶初升（2011）采用跨越"八七扶贫攻坚"期间和 21 世纪"农村扶贫开发"两个发展时期的省级面板数据，通过实证分析表明，经济增长在农村减贫中具有重要作用，第一产业在农村减贫中的地位有所下降，而第二三产业在减贫中的地位有所上升。

虽然有研究表明随着农业占比下降，农业发展在农村脱贫中的作用式微，但提高农业生产效率仍然是依靠农村自身发展潜力脱贫的重要方式。农业产业化实质上是使农业走上工业化道路，即改变原有的自给自足的家庭经营模式，实现专业化、规模化生产的现代化生产经营形式。2007 年中央 1 号文件首次提出要发展"现代农业"，包括推进农业科技创新，健全现代农业的产业体系等，在此后的中央 1 号文件中，这一精神被不断加强。聂辉华（2012）分析了中国农业产业化模式，即"农户＋市场""龙头企业＋农户""龙头企业＋农场"，并从不完全契约理论出发，论证了在多起条件下，若贴现率足够低，则"龙头企业＋农户"模式和"龙头企业＋农场"模式均可以实现效率最优，但在市场价格波动较大的情况下，仅"龙头企业＋农场"模式能够实现效率最优，而"农户＋市场"模式则在任何情况下都会造成效率损失。该研究从侧面论证了农业产业化在农业发展中的优势。蔡海龙（2013）总结了中国农业产业化的经营组织形式，认为应当进一步壮大经营主体的规模，以降低交易费用，因此其认为现代农业产业联合体是未来农业产业化经营组织形式的发展方向。

另外，科技投入和资本支持对农业生产和农业企业发展也具有十分重要的意义。经典的索洛模型（Solow Growth Model）中，技术进步是影响经济增长的重要变量，这也为科技扶贫奠定了理论基础。李俊杰（2014）通过案例研究，对典型的"太行山道路"与"宁夏模式"进行比较分析，从农民经济行为角度探讨了扶贫效果和主要影响因素，发现科技扶贫的关键在于与贫困地区农民经济行为特征的契合度。在农业生产方面，陆文聪和余新平（2013）对中国"七五"至"十一五"期间农业科技进步与农民农业收入及非农业收入增长的关系，发现农业科技进步对农民农业收入的增长在长期和短期内均存在正向效应，且对非农业收入的增长也有一定促进作用。吴林海和彭宇文（2013）利用1986—2011年中国农业科技投入与农业经济增长的相关数据进行实证检验，建立了向量自回归模型，发现相较于片面增加农业科技投入，优化农业科技资源配置对农业经济增长意义更大。沈能和赵增耀（2012）基于1998—2009年的省级面板数据，综合采用空间面板回归和门槛面板回归，对农业科研投资与农村减贫的非线性空间联系进行了检验，发现农业科研投资的减贫效应明显。在农业企业的发展方面，严方超（2014）从农业企业成长的视角探讨科技扶贫的作用，以武陵山地区为对象。研究发现，科技扶贫在实践过程中应该为从内部为农业企业的发展提供所需要的资金、技术、人才等资源，同时，通过科技扶贫的开展在外部为农业企业的发展构造良好的环境。另外，科技的推广对贫困地区生产生活的诸多方面都能够产生重要影响，形成脱贫的重要动力。靳拥军（2011）以重庆石柱县科技扶贫取得的成效进行定量评价，认为科技扶贫模式应重视脱贫与扫盲相结合，特别是通过农业、教育、科研相结合的形式；不仅需要向贫困地区输送人才和技术，还需要建立健全的农村网络教育，针对贫困农民展开各种培训，尤其是让贫困农民学习互联网以了解信息技术。聂培亮（2015）以山西阳泉的科技扶贫模式创新实践为切入点，通过对实际案例与实地调研，发现农村科技扶贫模式创新主要面临资金、人才、市场以及农民思想等方面的障碍。郭学雨（2016）通过以陕西扶风为对象，结合"三区科技人才支持计划"扶贫项目进行科技扶贫推广模式的探索与实践发现，通过政府主导、农户为基础、大学等专家为科技人才牵头的三方有效连接，当地做到了精准扶贫、持续扶贫和有效扶贫，最终从根本上摆脱贫困，避免返贫。

农村经济的长期发展和农村脱贫离不开金融的支持，现有文献的研究表明，农村金融对农业技术的普及和农业生产，以及中小企业的发展有重要作用，进而促进了贫困的减少和经济的发展。肖干和徐鲲（2012）研究了农村金融发展对农业科技进步的贡献率，发现农村金融发展的结构、规模和效率与农业科技进步贡献率呈正相关。Abate et al.（2016）的研究则发现，获得金融支持会显著提高农户对农业技术的采用。Beck et al.（2013）对中国农村家庭调查数据进行实证检验，发现融资对创业和小企业的成长至关重要，从而对发展中国家的减贫以及经济增长有重大影响，但该研究也指出，正规的金融机构对中国农村发展的影响甚微。因此，信贷扶贫的重要性日益凸显。信贷扶贫需要农业银行和农发行、农信社、村镇银行等的配合和合作，针对农民的不同金融需求开发金融扶贫产品，积极推进小额扶贫信贷模式。该模式是将组织制度创新和金融创新的信贷活动与扶贫到户项目有机结合成一体的活动，也是一种具有经济发展和社会发展功能相融合的发展工具（朱文明，2012）。在扶贫实践中，信贷扶贫以其先进的理念和创新的模式为脱贫事业开辟了独特的路径。李罕（2017）以甘肃的"政银合作"扶贫模式，浙江的"丽水模式"以及贵州的"产金互促 541"模式为例总结了扶贫小额信贷模式的成功原因，主要有：以"政府协助，银行主导"为原则，建立风险补偿基金以及小额信贷保险来保住贫困农户增信分散银行经营风险；充分利用当地的优势产业，为农户提供专项贷款增加抵押物。贵州的"产金互促 541"项目国家"精扶贷"政策，以村集体代表贫困户与当地企业签订入股协议，结合当地产业发展和金融扶贫扩展企业的融资渠道，以增加贫困户收入。信贷扶贫开发方式以市场为导向，克服了财政扶贫政策的时滞性，对弥补扶贫资金不足，发挥扶贫资金杠杆效应，促进农村扶贫事业的发展具有重要作用。

电商的发展与科技和金融的发展息息相关。近年来，电商对农村发展和农村减贫的作用也得到了广泛重视。电商作为农业现代化和乡村振兴的重要措施，亦被写入 2017 年中央 1 号文件中，但有关涉农电商的文献仍较为匮乏。聂凤英和熊雪（2018）对涉农电商的减贫机制进行了分析，认为涉农电商在促进农民创业就业、倒逼产业转型升级和改善农村经济结构等方面具有颠覆性的作用。

20 世纪 90 年代后期，中国开始将旅游业发展与农村扶贫联系起来，提出了"旅游扶贫"的概念（Zeng and Ryan，2012）。随着现代农业的发展趋势，近年来乡村旅游的热度逐渐增加，被纳入乡村振兴战略中。Zeng and

Ryan（2012）系统梳理了国内外"旅游扶贫"（Tourism-Assisting the Poor）的相关文献，并在此基础上分析了其政策含义、政府角色、地方参与度及农村、自然和文化资源在 TAP 中的贡献，同时也指出，已有文献在对 TAP 政策所针对的贫困人口的微观分析、案例分析、人类学分析以及数量分析等方面尚有欠缺。Su（2011）对"农家乐"这一乡村旅游方式做了较为详尽的考察和表述，并指出农家乐是促进农村经济多元化发展的有效方式，但仍存在农户经验不足、教育水平低下等诸多问题。Gao and Wu（2017）对陕西袁家村乡村旅游的案例进行了分析，并在此基础上提出了基于传统乡村振兴的乡村旅游模型，研究表明，从物质、社交与精神三个层面出发的乡村旅游是乡村振兴的有效路径。邓小海等（2015）则从精准扶贫出发，阐述了旅游精准扶贫的概念，并提出了旅游扶贫目标人群识别的市场甄别机制和"意愿—能力"识别模型及旅游扶贫识别项目的 RHB 框架。

（二）转移就业脱贫

中国经济目前已进入工业化中后期，中东部地区二元结构趋于城乡一体化，劳动力市场正跨越了刘易斯转折点（蔡昉等，2012）。但是，中国农村贫困地区受自然和市场环境制约仍存在着较明显的二元经济结构，农村依旧存在着大量剩余劳动力，促进农村劳动力转移就业以提高农民的收入成为当下脱贫的重要措施之一。

中央政府对此高度重视，先后出台了一系列新的政策措施。如《国务院关于进一步做好为农民工服务工作的意见》（国发〔2014〕40 号）、《国务院关于进一步做好新形势下就业创业工作的意见》（国发〔2015〕23 号）、《国务院办公厅关于支持农民工等人员返乡创业的意见》（国办发〔2015〕47 号）以及《关于大力推进大众创业万众创新若干政策措施的意见》（国办发〔2015〕32 号）等，促进农村劳动力转移就业的政策制度进一步健全。促进农村贫困人口转移就业，需要充分发挥公共就业服务机构特别是基层平台的作用，主动为建档立卡农村贫困劳动力提供政策咨询、岗位信息、职业指导和职业介绍等服务。依托东西扶贫协作等机制，加强输出地与输入地的劳务协作，完善"培训—就业—维权"三位一体的工作模式（邱小平，2016）。

　　农村劳动力转移就业成为增加农村家庭收入的重要途径。在理论研究方面，学者们探讨了农村劳动力转移就业影响家庭收入的机理。一方面，农村劳动力转移就业可以提高家庭成员的专业化水平，进而提高他们的农业劳动生产率，从而增加收入。另一方面，通过家庭成员职业的多样化，劳动力转移到边际生产率更高的职业领域，进而增加家庭成员的收入（向国成和韩绍凤，2005；向国成等，2013）。

　　在实证研究方面，传统的方法是基于数据的描述性统计，即通过比较农户的非农业收入、工资性收入来反映劳动力转移就业的收入效应（段庆林，2002）。后来的学者们逐步使用计量实证方法来分析农村劳动力流动对农民收入（包括农业经营收入、非农经营收入、工资收入和其他收入）增长的影响（马忠东等，2004；李实，1999）。蒲艳萍（2010）利用西部地区 289 个自然村的调查数据及 2000—2007 年西部地区各省份的面板数据，发现农村劳动力流动导致西部地区农民人均纯收入增长。向国成等（2013）使用中国家庭收入项目（CHIP）调查数据，运用匹配估计量方法，考虑农村家庭异质性，估计劳动力转移就业对农村家庭收入的影响。研究发现，就全国平均水平来说，农村家庭劳动力转移就业可使家庭人均收入提高 10.6%；在东部、中部和西部三大区域中，西部地区农村家庭劳动力转移就业的收入效应最大，这与已有的研究结论正好相反。杨昕（2015）探讨二元户籍制度下农村劳动力流动对劳动收入占比变动的影响，结果表明，由于农村转移劳动力的价格大大低于正常的市场价格，在控制其他变量后，农村转移劳动力越多，国民初次分配中劳动收入占比会越低。

　　学者们还探讨了劳动力转移影响贫困的机制。方迎风和张芬（2016）采用中国健康与营养调查（CHNS）1991—2011 年共 8 年的面板数据，使用非线性的两阶段面板 Probit 模型，研究邻里效应作用下的人口流动与中国农村贫困的动态变迁。研究发现，邻里效应是一种通过影响贫困者行为进而影响贫困动态的传导机制之一，邻里效应对个体的流动决策与贫困的动态变迁具有非常显著的作用力，即村中人口流动状况对个体决定是否流动具有显著的影响，只有当村流动人口比例超过某个临界值时，个体才会选择流出，且人口流动会降低贫困发生的可能性。村级或家户的贫困程度越高，个体流出的可能性越低。进而，邻里效应传导作用下的低人口流动和高贫困之间的相互影响导致了地区贫困的持久性与贫困聚集现象。国外学者较早地开展了关于将邻里效应作为贫困聚集与否的传导途径的研究（Ludwig et al.，2013；Dahl et al.，2013；Fang and Zou，2014）。

学者们在关注农村剩余劳动力转移就业对脱贫的重要性以外，对劳动力转移的原因和影响因素也做了大量分析。在理论研究方面，包括刘易斯模型、费景汉·拉尼斯模型和乔根森模型，以及基于新古典主义方法的托达罗模型和基于行为主义方法的斯塔克相对贫困理论（程名望，2013a）。在实证研究方面，学者们发现有多种因素对农村劳动力转移决策有显著影响，能够促进或制约农村劳动力转移，包括个人特征、家庭特征（程名望和史清华，2010a）；就业风险、就业环境、就业条件等就业状况（程名望和史清华，2010b）；城镇生活适应性、技能型收益和精神收益等非经济因素（程名望，2013a）；外出从业收入与费用、农业产出与投入等经济因素（程名望，2013b）；城市适应性、进城农民工的生活满意度（Knight and Gunatilaka，2010）；制度因素（李晓春和马轶群，2004；姚先国和赖普清，2004；Ahituv and Kimhi，2002）；城镇歧视（Majunmdar et al.，2004；Demurger et al.，2009；李培林和李炜，2010）。学者们探讨影响劳动力转移的各种因素，有利于农村劳动力转移就业政策的制定。一些学者试图对劳动力转移的就业质量进行评价。如：谢小青和吕珊珊（2015）以湖北鄂西为例，构建贫困地区农村剩余劳动力转移就业质量评价指标体系，检验了该地区农村剩余劳动力转移就业质量，结果表明，当前贫困地区农村剩余劳动力转移就业质量评价总体水平较低，主要反映在农村剩余劳动力转移就业整体工作条件差、劳动关系不和谐、薪酬福利水平较低、职业发展不理想、个人薪酬福利满意度低等方面。

（三）异地搬迁脱贫

易地扶贫搬迁起源于 20 世纪 80 年代，主要是通过改变阻碍贫困人口脱贫的环境因素来推动扶贫工作，解决了许多贫困户的生存问题，被证明是在保护环境基础上解决贫困问题的有效途径之一。中国最早开始搬迁移民的是"三西"（甘肃的定西和河西，宁夏的西海固）扶贫工程。地理性因素在空间贫困研究者看来，早已超越贫困者个人及其家庭的因素（Ravallion and

Chen，2007），由此形成了空间贫困理论、贫困地理学理论（陈全功和程
蹊，2011）、空间贫困陷阱理论（The World Bank，2007）等。搬迁移民扶
贫在一定程度上是空间贫困理论的政策衍生，而对照空间贫困的概念和理
论，就能够对当前的搬迁移民扶贫进行反思和评价（邢成举，2016）。邢成
举（2016）指出现阶段的搬迁扶贫工作仍面临多方面的困境，主要表现为搬
迁移民安置空间的困境、迁入地社会支持的困境和移民可持续生计的困境。
充分发挥搬迁移民扶贫工作的价值，需要对搬迁扶贫工作进行优化和升级，
重点是从经济、政治和社会空间等多元角度对移民迁入地进行重塑，鼓励行
政区域间进行扶贫移民的合作，鼓励移民跨区域流动。

（四）教育扶贫

教育属于人力资本的范畴，它会影响受教育者的劳动生产率
（Behrman，1990），或通过扩展农户的非农就业机会（Kurosaki and Khan，
2001），作用于收入，对消除贫困起着积极的作用（刘修岩等，2007；刘欢，
2017）；教育扶贫通过切断贫困的恶性循环链，继而成为阻断贫困代际传递
的重要手段（张琦和史志乐，2017；Currie and Moretti，2003）。

教育扶贫始于 20 世纪 60 年代，针对贫困地区的贫困人口进行教育投
入和教育资助服务，使贫困人口掌握脱贫致富的知识和技能，通过提高当
地人口的科学文化素质以促进当地的经济和文化发展，并最终摆脱贫困的
一种扶贫方式（谢君君，2012）。世界银行（1980）指出，教育、医疗卫
生和营养等方面的改善，尤其是对人力资本的投资，有助于铲除贫困之
根源。

众多学者关注了人力资本对收入水平及增长的决定性作用，积累了十分
丰富的文献。首先，学者们从理论角度论证了以基础教育为核心的人力资本
对收入增长的作用机理，最具代表性的是内生增长理论（Schultz，1961；
Becker，1966；Romer，1986；Lucas，1988），并提出了一些有益的分析视
角或方法（Blinder，1973；Oaxaca and Michael，1994）。大量的实证研究表
明教育投资具有较高的回报率。Mincer（1974）的研究发现，美国 1959 年
收入差异的 33% 可由教育和工作经历给予解释；Psacharopoulos（1985）对
60 多个国家教育收益率的估算表明，发展中国家的低层级教育的收益率一

般都在15%以上，远高于物质资本投资的收益率，Schoellman（2012）的研究也支持该结论。世界银行在1996年《世界发展报告》指出，东亚国家的经济在过去几年中取得了飞速发展，其中一个重要原因就是东亚国家进行了大量的物质资本和人力资本投资，特别是在开发整个人口的人力资源上。

樊胜根（2002）指出教育投资对减少农村贫困的影响远大于农业研发、道路、电力和通信等投资的影响。Cheng et al.（2002）根据中国的数据对各种公共投资的扶贫效应进行了计量检验，结果表明，在政府的各种投资中，教育投资的扶贫效应是最显著的。徐舒（2010）建立了一个技能偏向型的一般均衡模型，表明教育回报率是引起中国农户收入水平变化的重要原因。单德朋（2012）发现平均受教育年限对西部农村减贫的影响存在"门槛"效应。高梦滔和姚洋（2006）、王海港等（2009）认为教育和在职培训体现出的人力资本是影响农户收入水平的核心因素，其中以职业教育为核心的技能培训多为一些实用技能教育，其对农户收入的报酬率高于基础教育。

然而也有相当一部分研究对教育反贫困的效果提出质疑。杨国涛等（2005）的研究指出，不能证明教育对经济发展的贡献是积极的。也有一些学者研究发现教育是致贫的主要因素（曹海娟，2010；田晓红和李涛，2011）。毛伟等（2014）研究发现，教育质量对农村居民贫困的影响在统计上不显著，教育数量能对农村居民贫困发生率、贫困深度和贫困强度产生显著影响，并恶化农村贫困状态，而非抑制贫困。对于教育益贫还是致贫尚未达成一致意见，可能是由于研究对象、理论基础、数据来源及处理方法、样本范围和定量分析方法等方面的差异。

自2010年以来，新一轮扶贫开发攻坚战聚焦"教育扶贫"问题，指出教育扶贫是当前中国阻断贫困代际传递、摆脱贫困的根本之策（张琦和史志乐，2017）。不管是2010年制定的《中国农村扶贫开发纲要（2011—2020）》、《国家中长期教育改革和发展规划纲要（2010—2020）》，还是2015年通过的《关于打赢脱贫攻坚战的决定》，再到2016年公布的《"十三五"脱贫攻坚规划的通知》，都一致强调了实施教育扶贫工程、加强教育脱贫的重要性。习近平总书记提出了"精准扶贫"的指导思想，强调"扶贫必扶智"。在这样的背景之下，国家适时实施了三大专项招生计划[①]，黄巨臣（2017）指出三大专项招生计划的创新之处在于：理论转变——从制度转向个体；理念转变——从效率转向人本；对象转变——从普惠转向精准，但也指出了其局限之处：缺乏扶贫立法保障，教育扶贫的定位不明；强调高等教育入学，忽视不同对象的需求；注重事后救济功能，缺少贫困的事先预防。李延平和陈琪（2017）从"互联网＋"的思路出发，探索出一种落实精准扶贫战略的西部农村职业教育制度，即建立以职业教育统筹多元主体协同的网络扶贫运行和管理机制；开发独具西部农业特色的网络培训课程；打造一支专业化、本土化、信息化的教师队伍；建立健全基于大数据支持的农村职业教育精准扶贫评价机制。

张琦和史志乐（2017）从四个方面对教育扶贫的实施效果做出了评价：第一，贫困地区教育经费投入增多，截至 2014 年，中国财政性教育经费达 2.64 万亿元人民币，中央财政教育转移支付资金 90％用于支持中西部，重点向农村地区、民族地区、连片特困地区倾斜，涉及贫困家庭学生资助、国培计划、乡村劳动力技能培训等。第二，贫困地区学生获资助的规模和受益人数明显扩大，根据《教育规划纲要（2010—2014）》中期评估报告显示，全国累计资助学前教育、义务教育、中职教育、普通高中、高等教育等各教育阶段学生（幼儿）达 4.1 亿人次（不包括义务教育免费教科书项目），年均资助 8 201.26 万人次。第三，贫困地区教育水平得以快速提升，截至 2014 年，扶贫重点县劳动力中，初中及以下教育程度占到 89.5％[②]。第四，教育提升对收入水平提高的作用开始显现。2014 年中国贫困地区的农村常住居民人均可支配收入为 6 851.4 元[③]，高于中国贫困标准（2014 年根据物价水平调整后的贫困标准是 2 800 元）。

---

① 三大专项招生计划，包括农村贫困地区定向招生专项计划、农村学生单独招生以及地方重点高校招收农村学生专项计划，主要面向农村地区贫困家庭学子，通过相应的录取方式并可给予一定的降分进行招录。

② 国家统计局住户调查办公室，《中国农村贫困监测报告 2015》，中国统计出版社，第 34 页，2015 年。

③ 国家统计局住户调查办公室，《中国农村贫困监测报告 2015》，中国统计出版社，第 29 页，2015 年。

（五）健康扶贫

提高贫困人口的人力资本有助于其摆脱贫困陷阱，提高其获得收入的能力。人力资本的构成是多重维度的，不仅包括教育，还包括营养和健康等。对贫困人口健康方面的援助是政府减贫工作的重要内容。Mushkin（1962）认为健康和教育同为重要的人力资本。按照 Sen（1981）基于生存能力的定义，提高营养、健康状况以及教育水平是脱离贫困的应有之义。孟庆国和胡鞍钢（2000）认为健康贫困作为一种机会丧失和能力剥夺，是由于经济发展水平低下、支付能力不足所导致的参与医疗保障、卫生保健和享受基本公共卫生服务的机会丧失，所造成的健康水平下降。健康水平的相对下降又导致收入水平的进一步下降，以及由此带来的享受医疗服务机会的丧失。这种循环作用的结果最终加剧了健康贫困的发生。

从宏观视角来看，部分研究（Van and Muysken，2001；Hemmi et al.，2007；王弟海，2012）发现了营养和健康对降低贫困的重要性，认为健康人力资本可以避免农户陷入贫困陷阱。从微观层面来看，程名望等（2016）研究发现健康和基础教育是影响农户收入的核心人力资本变量，总贡献率为38.57%；并且单从收入差距缩小视角看，健康对农村减贫的作用比教育更为显著（程名望等，2014）。张车伟（2003）运用中国贫困农村的数据，发现营养和健康对农村的劳动生产率有显著影响。

农村经济改革以来，虽然大部分农村人口解决了温饱问题，但农村居民的卫生保健情况令人担忧（李卫平等，2003）。农村卫生保健存在政府投入不足、欠缺公平和服务水平低下等方面的问题。张天舒（2015）以内蒙古 9个国家级贫困旗县为例，对当地基本公共卫生服务与扶贫开发进行了梳理，进一步提出积极构建基本公共卫生服务体系、提升卫生人才素质与能力等建议，以提高卫生扶贫开发效果。赵忠（2006）发现农村人口的健康状况存在各方面的异质性，比如居住地的不同、家庭规模大小等方面对健康有不同的影响。减贫工作更应该体现精准。

（六）生态保护扶贫

作为中央提出脱贫"五个一批"① 工程中的一项重要内容，意味着在扶贫攻坚的大背景下，生态补偿被赋予了新的使命。探索贫困地区现有生态补偿政策的扶贫效果，对于进一步完善中国生态补偿的机制构建具有重要意义。

国内外学者对生态保护进行付费在一定程度上有助于缓解贫困已有共识。Richard（1997）认为对于较为贫困及偏远的地区，生态系统服务市场能够比产品市场提供更大的机会，有助于地区的经济发展，降低贫困程度。Pagiola et al.（2004）通过分析来自拉丁美洲的相关文献数据，发现向贫困的自然资源管理者付费可以减少贫穷，从而生态保护和消除贫困的这两个目标就有可能得到协同实现。吴乐等（2018）基于 2016 年 7 月贵州三个贫困县的实地调研数据，运用均值回归和分位数回归方法对调研区域内生态补偿的现金直接补偿和公益岗位间接补偿方式的扶贫效果进行了实证分析。结果表明：在现金直接补偿项目中，退耕还林项目对中高收入群体有显著的正向影响，生态公益林项目对不同收入群体没有显著的影响；而公益岗位型间接补偿项目对低收入农户家庭收入有较大影响，退耕还林补偿和公益岗位型补偿具有一定的互补性。这意味着只有基于农户的异质性特点对生态补偿机制进行精心设计，发挥不同生态补偿项目的协同作用，才能更好地实现生态保护和缓解贫困两个目标。刘慧和叶尔肯·吾扎提（2013）从西部贫困地区与生态脆弱区和重要生态功能区空间分布的关联性以及地区贫困对生态环境的影响等方面深入解析了西部地区贫困和生态环境互为因果的耦合机理；分析了当前西部地区扶贫开发面临的生态环境、资金、人力资本、管理体制等方面的严峻挑战；提出了生态扶贫的概念和基本内涵，即生态建设与扶贫开发同步进行，生态恢复与脱贫致富相互协调；设计了原地扶贫和离地扶贫两大生态扶贫模式，并提出了不同生态扶贫模式的特点、实施范围和基本内容。原地扶贫通过创造生态管护就业岗位，发展当地特色生态绿色

---

① 扶贫的"五个一批"是指：发展生产脱贫一批、易地扶贫搬迁脱贫一批、生态补偿脱贫一批、发展教育脱贫一批、社会保障兜底一批。

产业体系，实现贫困人口在当地就业，增加贫困人口的收入。同时，通过拓展整村推进和本地教育工程，改善贫困地区生产、生活条件，提高贫困人口稳定脱贫能力。离地扶贫则以生态移民为主，并结合城镇化战略，引导贫困地区劳动力向城镇和东部沿海地区转移，通过异地就业、生活实现脱贫。

另外，一些实践案例也表明，生态补偿项目在减贫方面取得了一些成果，如退耕还林项目，根据国家林业局国家林业重点工程社会经济效益评估组 2014 年的报告表明，退耕监测农户累计获得的退耕补助平均占农户人均纯收入的 14.36%，退耕区贫困发生率从 1998 年的 36.14% 降低到 2011 年的 6.65%。当然也有一些学者就生态补偿项目对缓解贫困持怀疑态度（Wunder，2008）。

（七）兜底保障

在中国，社会保障是包括社会保险、社会救助、社会福利和社会安抚在内的完整体系。其中，社会保险又包括养老保险、医疗保险、失业保险和工伤保险等，社会救助包括互助和对五保户、贫困户以及残疾人在内的社会救济。近年来，中国各类社会保险的参保人数均有不同程度的上升，其中医疗保险上升幅度较大。在社会救助方面，截至 2016 年年底，全国有农村低保对象 2 635.3 万户，4 586.5 万人。全年各级财政共支出农村低保资金 1 014.5 亿元。2016 年全国农村低保平均标准 3 744.0 元/（人·年），比上年增长 17.8%。全国农村特困人员救助供养 496.9 万人，比上年减少 3.9%。全年各级财政共支出农村特困人员救助供养资金 228.9 亿元，比上年增长 9.0%①。

众多研究表明，社会保障体系对促进收入再分配、改善贫困人口生活产生了深远影响。Schwarcz（2012）研究了匈牙利农村社会保障中的贫困问题，并对贫困的民族差异进行了探讨。Lowder et al.（2017）分析了世界范围内的社会保障，贫困与农业生产的数据，认为相对于社会保险，社会救济对减贫具有更为直接和重要的作用；以农业为主的农村地区，贫困发生率显著高于城市，而对农业生产进行补贴（如对种子、化肥进行补贴等）对减贫

---

① 数据来源：2016 年度《社会服务发展统计公报》。

也有一定作用。Kunze（2012）利用世代交叠模型（Overlapping Generation Model）研究了社会保障基金与经济增长。王延中等（2016）从社会保险入手，利用城乡入户问卷调查数据对社会保障的收入再分配效应进行了宏观理论分析和实证分析，发现中国社会保障在调节收入分配方面的作用较为显著，社会保障制度总体趋向于缩小收入差距。穆怀中等（2013）研究发现，适度农村社会养老金及家庭养老年均提升全国养老保险和社会保障水平的幅度分别为 4.78% 和 3.81%。农村养老保险适度水平的发展能够在一定程度上缩小城乡差距，提高社会保障水平。除养老保险外，农村医疗保险的建立和健全也深刻影响着农村贫困家庭的经济状况，因病致贫成为一部分农户陷入长期贫困的重要原因。根据国务院扶贫办的数据显示，目前全国因病致贫、因病返贫贫困户有 1 256 万户，约占登记贫困户总数的 42.4%。中国新型农村合作医疗制度的全面建立后，大病救助制度覆盖面扩大，贫困地区群众看病难、看不起病和地方病多发等问题正在得到进一步缓解（叶龙杰，2016）。但是边远地区由于经济发展水平、人才引进机制、就业环境等方面因素，卫生人才的问题仍然制约当地卫生事业发展（王叶震，2014）。

社会保障对农村经济发展产生重大影响的同时，也进一步影响了农村社会生活的诸多方面。郑风田等（2010）的研究表明新农合的开展能够有效地降低农村宗教信仰的增长速度，即农村社会保障水平能够对信仰量变有显著影响，这主要是由于社会保障水平能够有效降低农村家庭所面临的风险。王天宇和彭晓博（2015）则研究了新农合对生育意愿的影响，发现新农合的对生育意愿有挤出效应，即参加新农合使居民想再要孩子的意愿下降了 3%～10%。

（八）社会扶贫

1984 年中国出台了《帮助贫困地区改变面貌的通知》，是国家开发式扶贫的开端，社会组织开始参与农村扶贫。20 世纪 90 年代《国家八七扶贫攻坚计划》提出动员社会各界力量积极参与农村扶贫，此后社会组织对农村扶贫的参与程度开始加深，影响也逐步扩大。2011 年颁布的《中国农村扶贫纲要（2011—2020）》进一步指出，要加强定点扶贫，推进东西部扶贫协作，发挥军队和武警部队的作用，以及动员企业和社会各界参与扶贫等。《纲要》进一步为社会组织参与扶贫明确了具体的操作空间。

国内外对社会扶贫的文献较少。黄林和卫兴华（2017）对中国社会组织参与农村精准扶贫的历史发展和现状进行了系统梳理，认为与市场和政府相比，社会组织参与扶贫能够克服市场的偏好，且在一定程度上弥补政府配置资源的效率损失。

六、反贫政策效果

评估中国扶贫政策效果往往面临两大数据难题：贫困率的面板数据缺失，以及各种扶贫资金的投放和落实情况信息缺失。这严重制约了对中国扶贫政策效果的评价（Park and Wang，2010；Meng，2013；贾俊雪等，2017）。国外对于扶贫效果评估是随着社会影响评估的兴起、发展而逐步受到重视的。其中使用最广泛的贫困评价指标体系主要有以下几种：联合国社会经济发展与人类发展评价体系、世界银行反贫困监测和评价体系和亚洲银行反贫困监测和评价体系。近年来，中国从中央到地方建立了完善的扶贫机制，如"财政信贷扶贫""教育卫生扶贫""产业扶贫"等机制，促进了贫困人口的减少和贫困区的发展。然而对于不同扶贫机制的有效性以及扶贫效果的评估，国内并未形成统一理论体系。

扶贫政策的实施往往需要大量财政投入，即主要通过向贫困地区增加转移支付，以及建立财政专项扶贫资金进行。中国财政专项扶贫资金不断增加，从1980年的刚成立时的5亿元到2016年1 067亿元，增长了212倍（陈文美和李春根，2017）。财政专项扶贫资金主要包括发展资金、以工代赈资金、少数民族发展资金、"三西"农业建设专项补助资金、国有贫困农场扶贫资金、国有贫困林场扶贫资金和扶贫贷款贴息资金7大类。财政扶贫的发展资金主要投向国家确定的连片特困地区和扶贫开发工作重点县、贫困村（李苗和崔军，2017）。张迪（2018）指出中国历年中央财政扶贫资金的增长主要体现在发展资金上，如以工代赈资金、少数民族发展资金、"三西"资金等。朱玲和蒋中一（1994）分析了"以工代赈"对缓解贫困的影响，他们认为"以工代赈"政策把救济、增长和发展有机地联系在了一起。该政策以劳动密集型技术为特征，发挥了贫困地区劳动力资源丰富的优势，有助于改善贫困地区的基础设施和社会服务，同时增加贫困者的就业和收入。刘冬梅（2001）通过对开发式扶贫资金投放效果进行实证研究发现，扶贫资金的投入有助于改善贫困地区落后状况；信贷扶贫资金和以工代赈扶贫资金的投资效果要好于财政扶贫资金。曹洪民等（2003）分析发现，信贷扶贫资金和以工代赈扶贫资金的投资效果要好于财政扶贫资金，而且扶贫贴息贷款所扶持的工业项目的扶贫效果较差，投放到种植业的扶贫资金对促进贫困地区农户人均纯收入增长的效果明显优于其他方面。

在扶贫项目和政策的有效性方面，李佳路（2010）采用 S 省 30 个国家扶贫开发重点县 2009 年的农村贫困监测数据对扶贫开发项目减贫效果进行评估，发现参加扶贫项目农户净收入平均增加 55.7%，并认为应通过多维贫困方法识别贫困户，提高扶贫开发项目对扶贫户的瞄准度。刘洋和张波（2017）选取河北 39 个国家级贫困县的面板数据，利用合成控制法对连片开发扶贫试点政策的实施效果进行评估。结果表明，连片开发扶贫试点县政策实施总体有效，农村居民人均纯收入增长幅度达 21%。

但也有一些研究对扶贫政策的实际作用提出质疑。Rozelle et al.（2002）运用四川和陕西的数据分析了贫困率降低的原因，他们发现：贫困率的绝大部分变化能够用经济增长来解释，而扶贫政策对缓解贫困几乎没有作用。且即便对同一扶贫政策的实施效果，现有研究的评估结果也未能取得共识。王艺明和刘志红（2016）基于 Hsiao et al.（2012）提出的基于面板数据的政策效应评估方法，选取了 1978—2012 年的样本数据评估了"八七计划"对贵州等四省区各贫困县的政策效应。结果发现各省区总体实施绩效均比较显著，约有 61% 的贫困县的政策效应具有长期持续性。而 Meng（2013）采用断点回归方法评估了"八七计划"对 170 个贫困县区的影响，发现在 1994—2000 年期间该计划使农民人均纯收入在短期内增长 38%，但其长期政策效应并不显著。樊丽明和解垩（2014）利用两轮微观调查面板数据检验中国公共转移支付对家庭贫困脆弱性的影响，结果发现无论贫困线划在何处，公共转移支付对慢性贫困和暂时性贫困的脆弱性没有任何影响。但随着贫困线的提高，贫困发生率与脆弱性之间的差异越来越小；教育程度、家庭规模、就业状态、工作性质及地区变量都影响贫困及其脆弱性。就中国而言，从政府层面看，贫困资金投向的针对性较弱；从农户角度看，"输血式"的直接资金投入易产生依赖性（唐阳孝等，2017）。

近年来还有文献从瞄准精度的角度展开政策评估，大多得出扶贫投入精度不高的结论，例如 Park and Wang（2010）利用 1981—1995 年的县级面板数据，研究了 1986 年开始的国定贫困县制度的效果，并利用瞄准缺口（Targeting Gap）和瞄准误差（Targeting Error）来评价该政策的精确性，结果发现政治因素（是否为革命老区以及是否为少数民族地区）对于一个县能否被列为贫困工作重点县具有非常重要的影响；在样本时间段内，贫困政策的覆盖面上升了，但是漏出率也上升了。同时，在政府对贫困地区实施的贴息贷款、以工代赈、发展资金（或者财政转移支付）三项政策中，只有发展资金明显具有累进性，而瞄准的不精确性可能是导致该问题的重要原因。

此外，Golan et al.（2017）利用 CHIP 2007—2009 年数据和倾向得分法发现农村低保政策存在较大的瞄准误差。韩为华和高琴（2017）利用 2012 年中国家庭追踪调查（CFPS）数据考察了农村低保的瞄准效果，结果表明漏保率在 70% 以上。显然，低保瞄准效率的低下严重弱化了该政策对低收入或贫困农户的减贫作用（Park et al.，2002）。

七、贫困问题的研究方向

要取得减贫工作的成功，就需要全面理顺贫困问题的总体逻辑，就需要至少四个回答问题：何为贫困，即贫困的识别和测度；贫困如何发生，即贫困的产生机制；为何扶贫，即贫困的影响；以及如何减贫，即寻找有效的扶贫策略等诸多重大问题。

国内外关于贫困的研究皆高度聚焦在贫困的识别和测度（包括贫困标准的确定）、贫困瞄准以及减贫政策举措评估。现有的国内研究尚存在一些亟待解决的问题。其一，对贫困标准的制定还没有达成共识，不同视角下的贫困测量方法（如绝对贫困、相对贫困、多维贫困和福利贫困等）和不同的测量指标对贫困程度的估计存在较大差异；其二，要精准扶贫，贫困标准的确定和贫困的瞄准缺一不可，而贫困的瞄准较为复杂，现有文献也尚未有定论，中国贫困瞄准偏差的问题仍较为突出；其三，在扶贫政策的效果评估方面，尽管中国长期以来制定了一系列扶贫政策，然而扶贫政策对减贫的效果如何仍众说纷纭，中国取得的巨大减贫成就，是得益于经济增长还是扶贫政策，颇有争议。在长达半个多世纪中，尽管中国的扶贫道路艰难曲折：先后从救济式扶贫到改革推动式扶贫；从（县）区域瞄准为主的开发式扶贫到扶贫对象向村级转移；从参与式扶贫到今天的精准扶贫，做出了多种方式的扶贫探索，扶贫也由注重收入水平保障转向到科技、文化、卫生全方位发展，扶贫工作取得举世瞩目的成就。

　　长期以来，国内外的学术界对中国的减贫关注远远不如对中国的增长关注，其后果之一是，系统全面地解析中国扶贫开发的学术成果相对较少，更没有形成相关的理论构建。概括而言，归纳总结中国扶贫开发实践的经验与教训，并将之上升到理论高度或层面的研究很少。对扶贫政策的效果评估，不仅是中国制定扶贫政策的理论基础和有力背书，更势必将成为这一领域的一个重要研究方向。要对扶贫政策的效果进行评估，就需要对扶贫政策的作用机制进行探讨，而现有文献在机制研究方面还较为薄弱。

　　在贫困所产生的影响方面，现有文献尚存在两大重要缺口：第一，关于贫困的政治社会经济（如对人力资本积累、社会稳定、内需、吸引投资等）影响的规范性成果较为鲜见。第二，关于贫困对整个社会（全球、某个国家或地区）及其对其他国家或地区的福利影响的研究完全缺失。这两个缺口恰恰是扶贫开发理论不可或缺的重要组成部分。这也势必将成为这一领域的又一个重要研究方向。

　　除理论构建和探索更为严谨的实证研究方法外，我们还急需探讨扶贫政策的新方式，也需要更深入挖掘能有效作用于贫困人口的传导机制和途径的政策。这不仅可以丰富发展经济学，助力国内外反贫困和推进全球 2030 年可持续发展议程，而且能够增强中国在国际上的话语权和影响力。

《参考文献

蔡昉，杨涛，黄益平，2012. 中国是否跨越了刘易斯转折点 ［M］. 北京：社会科学文献出版社.

蔡海龙，2013. 农业产业化经营组织形式及其创新路径 ［J］. 中国农村经济 (11).

曹海娟，2010. "教育致贫" 问题探析 ［J］. 教育发展研究 (11).

曹洪民，2003. 中国农村开发式扶贫模式研究 ［D］. 北京：中国农业大学。

陈立中，张建华，2006. 中国转型时期城镇贫困变动趋势及其影响因素分析 ［J］. 南方经济
(8).

陈前恒，林海，郭沛，2011. 贫困地区农村基础教育可及性与农民的主观幸福感 ［J］. 中国
人口科学 (5).

陈全功，程蹊，2011. 空间贫困理论视野下的民族地区扶贫问题 ［J］. 中南民族大学学报
(人文社会科学版) (1).

陈文美，李春根，2017. 财政专项扶贫资金监管：问题与建议 ［J］. 财政监督 (23).

陈宗胜，沈扬扬，周云波，2013. 中国农村贫困状况的绝对与相对变动——兼论相对贫困线
的设定 ［J］. 管理世界 (1).

程名望，Jin Yanhong，盖庆恩，史清华，2016. 中国农户收入不平等及其决定因素——基于
微观农户数据的回归分解 ［J］. 经济学 (季刊) (3).

程名望，Jin Yanhong，盖庆恩，史清华，2014. 农村减贫：应该更关注教育还是健康？——
基于收入增长和差距缩小双重视角的实证 ［J］. 经济研究 (11).

程名望，史清华，潘烜，2013. 城镇适应性、技能型收益、精神收益与农村劳动力转移——
基于2 291份调查问卷的实证分析 ［J］. 公共管理学报 (1).

程名望，史清华，潘烜，2013. 农村剩余劳动力转移的一个动态搜寻模型与实证分析 ［J］.
管理评论 (1).

邓小海，曾亮，罗明义，2015. 精准扶贫背景下旅游扶贫精准识别研究 ［J］. 生态经济
(4).

丁冬，王秀华，郑风田，2013. 社会资本，农户福利与贫困——基于河南省农户调查数据
［J］. 中国人口·资源与环境 (7).

丁凤琴，王勇慧，2011. "经济贫困" 还是 "心理贫困"：幸福感悖论新解 ［J］. 青年研究
(2).

段庆林，2002. 劳务经济与中国农民收入增长问题研究 ［J］. 农业经济问题 (2).

樊丽明，解垩，2014. 公共转移支付减少了贫困脆弱性吗？［J］. 经济研究 (8).

方鸣，应瑞瑶，2010. 中国农村居民代际收入流动性研究 ［J］. 南京农业大学学报 (社会科
学版) (2).

樊胜根，2002. 经济增长、地区差距与贫困——中国农村公共投资研究 ［M］. 北京：中国
农业出版社.

方迎风，张芬，2016. 邻里效应作用下的人口流动与中国农村贫困动态 ［J］. 中国人口·资
源与环境 (10).

方迎风，邹薇，2013. 能力投资、健康冲击与贫困脆弱性［J］. 经济学动态（7）.

高梦滔，姚洋，2006. 农户收入差距的微观基础：物质资本还是人力资本？［J］. 经济研究（12）.

郭熙保，周强，2016. 长期多维贫困、不平等与致贫因素［J］. 经济研究（6）.

郭学雨，2016. "三区"科技扶贫推广模式的探索与实践［D］. 杨凌：西北农林科技大学.

韩华为，高琴，2017. 中国农村低保制度的保护效果研究——来自中国家庭追踪调查（CFPS）的经验证据［J］. 公共管理学报（2）.

韩峥，2004. 脆弱性与农村贫困［J］. 农业经济问题（10）.

胡兵，赖景生，胡宝娣，2007. 经济增长、收入分配与贫困缓解——基于中国农村贫困变动的实证分析［J］. 数量经济技术经济研究（5）.

黄承伟，王小林，徐丽萍，2010. 贫困脆弱性：概念框架和测量方法［J］. 农业技术经济（8）.

黄巨臣，2017. 农村地区教育扶贫政策探究：创新，局限及对策——基于三大专项招生计划的分析［J］. 贵州社会科学（4）.

黄林，卫兴华，2017. 新形势下社会组织参与精准扶贫的理论与实践研究［J］. 经济问题（9）.

贾俊雪，秦聪，刘勇政，2017. "自上而下"与"自下而上"融合的政策设计——基于农村发展扶贫项目的经验分析［J］. 中国社会科学（9）.

蒋丽丽，2017. 贫困脆弱性理论与政策研究新进展［J］. 经济学动态（6）.

靳拥军，2011. 重庆市农村科技扶贫模式创新研究［D］. 重庆：西南大学.

乐章，刘二鹏，2016. 家庭禀赋、社会福利与农村老年贫困研究［J］. 农业经济问题（8）.

李佳路，2010. 扶贫项目的减贫效果评估：对 30 个国家扶贫开发重点县调查［J］. 改革（8）.

李苗，崔军，2017. 供给侧改革背景下的财政专项扶贫资金使用问题研究［J］. 财政监督（22）.

李培林，李炜，2010. 近年来农民工的经济状况和社会态度［J］. 中国社会科学（1）.

李实，1999. 中国农村劳动力流动与收入增长和分配［J］. 中国社会科学（2）.

李卫平，石光，赵琨，2003. 我国农村卫生保健的历史、现状与问题［J］. 管理世界（4）.

李晓春，马轶群，2004. 我国户籍制度下的劳动力转移［J］. 管理世界（11）.

李晓明，2006. 贫困代际传递理论述评［J］. 广西青年干部学院学报（2）.

李延平，陈琪，2017. 西部农村"互联网＋"职业教育精准扶贫的制度创新［J］. 电化教育研究（12）.

李云森，2013. 自选择、父母外出与留守儿童学习表现——基于不发达地区调查的实证研究［J］. 经济学（季刊）（3）.

林闽钢，张瑞利，2012. 农村贫困家庭代际传递研究——基于 CHNS 数据的分析 [J]. 农业技术经济（1）.

刘冬梅，2001. 中国政府开发式扶贫资金投放效果的实证研究 [J]. 管理世界（6）.

刘凤芹，徐月宾，2016. 谁在享有公共救助资源？——中国农村低保制度的瞄准效果研究 [J]. 公共管理学报（1）.

刘欢，2017. 人力资本投入对农村贫困家庭的减贫效应分析——基于健康、教育、社会保险、外出务工比较视角 [J]. 经济经纬（5）.

刘慧，叶尔肯·吾扎提，2013. 中国西部地区生态扶贫策略研究 [J]. 中国人口·资源与环境（10）.

刘修岩，章元，贺小海，2007. 教育与消除农村贫困：基于上海市农户调查数据的实证研究 [J]. 中国农村经济（10）.

刘艳华，徐勇，2015. 中国农村多维贫困地理识别及类型划分 [J]. 地理学报（6）.

刘洋，张波，2017. 连片开发扶贫效果评估——基于合成控制法的河北省试点实证研究 [J]. 经济论坛（7）.

陆文聪，余新平，2013. 中国农业科技进步与农民收入增长 [J]. 浙江大学学报（人文社会科学版）（4）.

罗楚亮，2010. 农村贫困的动态变化 [J]. 经济研究（5）.

罗楚亮，2012. 经济增长，收入差距与农村贫困 [J]. 经济研究（2）.

马忠东，张为民，梁在，崔红艳，2004. 劳动力流动：中国农村收入增长的新因素 [J]. 人口研究（3）.

毛伟，李超，居占杰，2014. 教育能缓解农村贫困吗？——基于半参数广义可加模型的实证研究 [J]. 云南财经大学学报（1）.

孟庆国，胡鞍钢，2000. 消除健康贫困应成为农村卫生改革与发展的优先战略 [J]. 中国卫生资源（6）.

穆怀中，沈毅，樊林昕，施阳，2013. 农村养老保险适度水平及对提高社会保障水平分层贡献研究 [J]. 人口研究（3）.

聂凤英，熊雪，2018. "涉农电商"减贫机制分析 [J]. 南京农业大学学报（社会科学版）（4）.

聂辉华，2013. 最优农业契约与中国农业产业化模式 [J]. 经济学（季刊）（1）.

聂培亮，2015. 农村科技扶贫模式创新研究 [D]. 合肥：安徽农业大学.

蒲艳萍，2010. 劳动力流动对农村居民收入的影响效应分析——基于西部 289 个自然村的调查 [J]. 财经科学（12）.

邱小平，2016. 积极促进农村贫困人口转移就业 [J]. 行政管理改革（7）.

沈能，赵增耀，2012. 农业科研投资减贫效应的空间溢出与门槛特征 [J]. 中国农村经济

（1）．

孙咏梅，2016. 我国农民工福利贫困测度及精准扶贫策略研究［J］．当代经济研究（5）．

唐阳孝，罗新星，唐启亮，杨春燕，2017. 金融扶贫机制创新的实践与探索——以四川省达州市金融扶贫为例［J］．农村金融研究（7）．

田晓红，李涛，2011. 民族地区"教育致贫"发生机制与"教育治贫"对策——基于三个民族地区的对比研究［J］．中南民族大学学报（人文社会科学版）（6）．

万广华，张藕香，2008. 贫困按要素分解：方法与例证［J］．经济学（季刊）（3）．

万广华，张茵，2006. 收入增长与不平等对我国贫困的影响［J］．经济研究（6）．

汪三贵，Albert Park，Shubham Chaudhuri，Gaurav Datt，2007. 中国新时期农村扶贫与村级贫困瞄准［J］．管理世界（1）．

王弟海，2012. 健康人力资本、经济增长和贫困陷阱［J］．经济研究（6）．

王海港，黄少安，李琴，罗凤金，2009. 职业技能培训对农村居民非农收入的影响［J］．经济研究（9）．

王晗，房艳刚，赵伟，2017. 农户幸福指数与农户生计研究——基于河北省围场县两个贫困村的调查［J］．资源开发与市场（10）．

王美艳，2014. 农民工的贫困状况与影响因素——兼与城市居民比较［J］．宏观经济研究（9）．

王天宇，彭晓博，2015. 社会保障对生育意愿的影响：来自新型农村合作医疗的证据［J］．经济研究（2）．

王小林，尚晓援，徐丽萍，2012. 中国老年人主观福利及贫困状态研究［J］．山东社会科学（4）．

王延中，龙玉其，江翠萍，徐强，2016. 中国社会保障收入再分配效应研究——以社会保险为例［J］．经济研究（2）．

王叶震，2014. 浅析某扶贫开发工作重点县卫生人才队伍建设［J］．人力资源管理（12）．

王艺明，刘志红，2016. 大型公共支出项目的政策效果评估——以"八七扶贫攻坚计划"为例［J］．财贸经济（1）．

王宇，2012. 我国高校贫困学生的教育福利问题研究［D］．北京：首都经济贸易大学．

吴本健，马九杰，丁冬，2014. 扶贫贴息制度改革与"贫困瞄准"：理论框架和经验证据［J］．财经研究（8）．

吴乐，孔德帅，靳乐山，2018. 生态补偿对不同收入农户扶贫效果研究［J］．农业技术经济（5）．

吴林海，彭宇文，2013. 农业科技投入与农业经济增长的动态关联性研究［J］．农业技术经济（12）．

夏庆杰，宋丽娜，Simon Appleton，2007. 中国城镇贫困的变化趋势和模式：1988—2002

［J］．经济研究（9）．

向国成，曾小明，韩绍凤，2013. 农村家庭异质性、转移就业与收入回报——基于匹配估计量的经验分析［J］．中国农村经济（11）．

向国成，韩绍凤，2005. 农户兼业化：基于分工视角的分析［J］．中国农村经济（8）．

肖干，徐鲲，2012. 农村金融发展对农业科技进步贡献率的影响——基于省级动态面板数据模型的实证研究［J］．农业技术经济（8）．

谢君君，2012. 教育扶贫研究述评［J］．复旦教育论坛（10）．

谢小青，吕珊珊，2015. 贫困地区农村剩余劳动力转移就业质量实证研究——以鄂西为例［J］．中国软科学（12）．

邢成举，2016. 搬迁扶贫与移民生计重塑：陕西省证据［J］．改革（11）．

徐舒，2010. 技术进步、教育收益与收入不平等［J］．经济研究（9）．

徐月宾，刘凤芹，张秀兰，2007. 中国农村反贫困政策的反思——从社会救助向社会保护转变［J］．中国社会科学（3）．

严方超，2014. 科技扶贫与农业企业成长的关系研究［D］．重庆：西南大学．

杨龙，李萌，汪三贵，2015. 我国贫困瞄准政策的表达与实践［J］．农村经济（1）．

杨龙，汪三贵，2015. 贫困地区农户脆弱性及其影响因素分析［J］．中国人口·资源与环境（10）．

杨昕，2015. 二元户籍制度下农村劳动力转移对劳动收入占比变动的影响［J］．人口研究（5）．

杨颖，2010. 经济增长，收入分配与贫困：21世纪中国农村反贫困的新挑战——基于2002—2007年面板数据的分析［J］．农业技术经济（8）．

姚先国，赖普清，2004. 中国劳资关系的城乡户籍差异［J］．经济研究（7）．

叶初升，赵锐，李慧，2014. 经济转型中的贫困脆弱性：测度、分解与比较——中俄经济转型绩效的一种微观评价［J］．经济社会体制比较（1）．

叶初升，赵锐武，孙永平，2013. 动态贫困研究的前沿动态［J］．经济学动态（4）．

叶龙杰，2016. 卫生扶贫要扶到"穷根"上［J］．中国卫生（4）．

袁方，史清华，2013. 不平等之再检验：可行能力和收入不平等与农民工福利［J］．管理世界（10）．

袁方，史清华，卓建伟，2014. 农民工福利贫困按功能性活动的变动分解：以上海为例［J］．中国软科学（7）．

岳希明，李实，王萍萍，关冰，2007. 透视中国农村贫困［M］．北京：经济科学出版社．

张车伟，2003. 营养，健康与效率——来自中国贫困农村的证据［J］．经济研究（1）．

张迪，2018. 财政扶贫资金绩效评价的现状、问题及对策［J］．郑州航空工业管理学院学报（1）．

张凤华，叶初升，2011. 经济增长、产业结构与农村减贫——基于省际面板数据的实证分析［J］. 当代财经（12）.

张克云，2012. 中西部农村贫困地区的儿童福利现状及需求分析［J］. 中国农业大学学报（社会科学版）（4）.

张立冬，2013. 中国农村贫困代际传递实证研究［J］. 中国人口·资源与环境（6）.

张琦，史志乐，2017. 我国教育扶贫政策创新及实践研究［J］. 贵州社会科学（4）.

张全红，周强，2015. 中国贫困测度的多维方法和实证应用［J］. 中国软科学（7）.

张苏，曾庆宝，2011. 教育的人力资本代际传递效应述评［J］. 经济学动态（8）.

张天舒，2015. 少数民族地区贫困县基本公共卫生服务与扶贫开发联动——以内蒙古自治区9 个国家级贫困旗县为例［J］. 中国管理信息化（9）.

章元，万广华，史清华，2013. 暂时性贫困与慢性贫困的度量、分解和决定因素分析［J］. 经济研究（4）.

赵忠，2006. 我国农村人口的健康状况及影响因素［J］. 管理世界（3）.

郑风田，阮荣平，刘力，2010. 风险、社会保障与农村宗教信仰［J］. 经济学（季刊）（3）.

朱玲，蒋中一，1994. 以工代赈与缓解贫困［M］. 上海：三联书店上海分店，上海人民出版社.

朱梦冰，李实，2017. 精准扶贫重在精准识别贫困人口——农村低保政策的瞄准效果分析［J］. 中国社会科学（9）.

祝建华，2016. 贫困代际传递过程中的教育因素分析［J］. 教育发展研究（3）.

邹薇，2005. 传统农业经济转型的路径选择：对中国农村的能力贫困和转型路径多样性的研究［J］. 世界经济（2）.

邹薇，方迎风，2011. 中国农村多维贫困的动态测度［J］. 中国人口科学（6）.

邹薇，方迎风，2012. 中国农村区域性贫困陷阱研究——基于"群体效应"的视角［J］. 经济学动态（6）.

邹薇，郑浩，2014. 贫困家庭的孩子为什么不读书：风险，人力资本代际传递和贫困陷阱［J］. 经济学动态（6）.

张茵，万广华，2006a. 我国城镇贫困地区差异之研究［J］. 管理世界（10）.

张茵，万广华，2006b. 全球化加剧了城镇贫困了吗［J］. 经济学季刊（10）.

Abate G T, Rashid S, Borzaga C and Getnet K, 2016. Rural Finance and Agricultural Technology Adoption in Ethiopia: Does the Institutional Design of Lending Organizations Matter? ［J］. World Development（84）：235-253.

Ahituv A and Kimhi A, 2002. Off-Farm Work and Capital Accumulation Decisions of Farmers Over the Life-Cycle: The Role of Heterogeneity and State Dependence ［J］. Journal of

Development Economics, 68 (2): 329-353.

Alkire S and Foster J, 2011. Counting and Multidimensional Poverty Measurement [J]. Journal of Public Economics, 95 (7): 476-487.

Baulch B and Mcculloch N, 1998. Being Poor and Becoming Poor: Poverty Status and Poverty Transitions in Rural Pakistan [J]. Journal of Asian & African Studies, 37 (2): 168-185.

Becker G S and Chiswick B R, 1966. Education and the Distribution of Earnings [J]. American Economic Review, 56 (1/2): 358-369.

Bedi T, Coudouel A, Simler K and Bank W., 2013. More than a Pretty Picture: Using poverty Maps to Design Better Policies and Interventions [R]. World Bank Publications.

Behrman J R, 1990 The Action of Human Resources and Poverty On One Another: What we Have Yet to Learn [R]. World Bank: 91-92.

Behrman J R, Pollak R A and Taubman P, 1996. From Parent to Child: Intrahousehold Allocations and Intergenerational Relations in the United States [J]. Chicago Illinois/ London England University of Chicago Press (5): 620-622.

Bigsten A and Shimeles A, 2008. Poverty Transition and Persistence in Ethiopia: 1994—2004 [J]. World Development: 36 (9): 1559-1584.

Blinder A S, 1973. Wage Discrimination: Reduced Form and Structural Estimates [J]. Journal of Human Resources, 8 (4): 436-455.

Bourguignon F, Goh C and Kim D I, 2004. Estimating Individual Vulnerability to Poverty with Pseudo-Panel Data [M]. Social Science Electronic Publishing.

Bradshaw J and Finch N, 2003. Overlaps in Dimensions of Poverty [J]. Journal of Social Policy, 32 (4): 513-525.

Calvo C and Dercon S, 2005. Measuring Individual Vulnerability [R]. Economics Series Working Paper No. 299 Department of Economics, University of Oxford.

Carter M R and Lybbert T J, 2012. Consumption Versus Asset Smoothing: Testing the Implications of Poverty Trap Theory in Burkina Faso [J]. Journal of Development Economics, 99 (2): 255-264.

Celidoni M, 2013. Vulnerability to Poverty: An Empirical Comparison of Alternative Measures [J]. Applied Economics, 45 (12): 1493-1506.

Chaudhuri S, 2001. Empirical Methods for Assessing Household Vulnerability to Poverty [R]. Discussion Paper No: 0102-52 Department of Economics Columbia University.

Chaudhuri S, Jalan J and Suryahadi A, 2002. Assessing Household Vulnerability to Poverty From Cross-Sectional Data: A Methodology and Estimates From Indonesia [R]. Discussion Papers.

Cheng H, Ching H S and Wan S K, 2012. A Panel Data Approach for Program Evaluation: Measuring the Benefits of Political and Economic Integration of Hong Kong with Mainland China [J]. Journal of Applied Econometrics, 27 (5): 705-740.

Christiaensen L, Demery L and Kuhl J, 2006. The (Evolving) Role of Agriculture in Poverty Reduction—an Empirical Perspective [J]. Journal of Development Economics, 96 (2): 239-254.

Christiaensen L J and Subbarao K, 2010. Towards an Understanding of Household Vulnerability in Rural Kenya [J]. Policy Research Working Paper, 14 (4): 520-558.

Coady D, Grosh M E and Hoddinott J, 2004. Targeting of Transfers in Developing Countries: Review of Lessons and Experience [R]. World Bank: 117-118.

Currie J and Moretti E, 2003. Mother's Education and the Intergenerational Transmission of Human Capital: Evidence from College Openings [J]. Quarterly Journal of Economics, 118 (4): 1495-1532.

Dahl GB L K V M, 2014. Peer Effects in Program Participation [J]. American Economic Review, 104 (7): 2049-2074.

Davisa P and Baulch B, 2011. Parallel Realities: Exploring Poverty Dynamics Using Mixed Methods in Rural Bangladesh [J]. Journal of Development Studies, 47 (1): 118-142.

Démurger S, Gurgand M, Shi L and Yue X, 2009. Migrants as Second-Class Workers in Urban China? A Decomposition Analysis [J]. Journal of Comparative Economics, 37 (4): 610-628.

Dercon S, 2009. Rural Poverty: Old Challenges in New Contexts [J]. World Bank Research Observer, 24 (1): 1-28.

Dercon S and Krishnan P, 2000. Vulnerability Seasonality and Poverty in Ethiopia [J]. Journal of Development Studies, 36 (6): 25-53.

Duclos J Y, Araar A and Giles J, 2010. Chronic and Transient Poverty: Measurement and Estimation with Evidence From China [J]. Journal of Development Economics, 91 (2): 266-277.

Dutta I, Foster J and Mishra A, 2011. On Measuring Vulnerability to Poverty [J]. Social Choice & Welfare, 37 (4): 743-761.

EthanLigon L S, 2003. Measuring Vulnerability [R]. The Economic Journal 113 (March): C95-C102.

Fang C, Zhang X and Fan S, 2002. Emergence of Urban Poverty and Inequality in China: Evidence From Household Survey [J]. China Economic Review, 13 (4): 430-443.

Fafchamps M and Lund S, 1998. Risk-Sharing Networks in Rural Philippines [J]. Social

Science Electronic Publishing, 71 (2): 261-287.

Fang Y and Zou W, 2014. Neighborhood Effects and Regional Poverty Traps in Rural China [J] . China & World Economy, 22 (1): 83-102.

Foster J E, 2007. A Class of Chronic Poverty Measures [R] . Vanderbilt University Department of Economics Working Papers: 59-77.

Foster J, Greer J and Thorbecke E, 1984. A Class of Decomposable Poverty Measures [J] . Econometrica, 52 (3): 761-766.

Gaiha R and Imai K, 2008. Measuring Vulnerability and Poverty: Estimates for Rural India [R] . Wider Working Paper.

Gao J and Wu B, 2017. Revitalizing Traditional Villages through Rural Tourism: A Case Study of Yuanjia Village Shaanxi Province China [R] . 63: 223-233.

Golan J, Sicular T and Umapathi N, 2017. Unconditional Cash Transfers in China: Who Benefits from the Rural Minimum Living Standard Guarantee (Dibao) Program? [R] . World Development: 93.

Grech A, 2015. Evaluating the Possible Impact of Pension Reforms on Elderly Poverty in Europe [J] . Social Policy & Administration, 49 (1): 68-87.

Günther I and Harttgen K, 2009. Estimating Households Vulnerability to Idiosyncratic and Covariate Shocks: A Novel Method Applied in Madagascar [J] . World Development, 37 (7): 1222-1234.

Gustafsson B and Ding S, 2010. Temporary and Persistent Poverty Among Ethnic Minorities and the Majority in Rural China [J] . Review of Income & Wealth, 55 (s1): 588-606.

Hemmi N, Tabata K and Futagami K, 2007. The Long-Term Care Problem Precautionary Saving and Economic Growth [J] . Journal of Macroeconomics, 29 (1): 60-74.

Hoddinott J, Quisumbing A, Bank T W, Hoddinott J. and Quisumbing A. , 2003. Data Sources for Microeconometric Risk and Vulnerability Assessments [J] . Social Protection Discussion Paper Series No. 0324 The Work Bank.

Ito T and Kurosaki T, 2009. Weather Risk Wages in Kind and the Off-Farm Labor Supply of Agricultural Households in a Developing Country [J] . 697-710.

Ivanic M and Martin W, 2018. Sectoral Productivity Growth and Poverty Reduction: National and Global Impacts [J] . World Development (109): 429-439.

Jacob N, Justice N, Richard M. and Chiwaula L. S. , 2012. Health and Vulnerability to Poverty in Ghana: Evidence From the Ghana Living Standards Survey Round 5 [J] . Health Economics Review, 2 (1): 11.

Jalan J and Ravallion M, 2000. Is Transient Poverty Different? Evidence for Rural China [J] .

Journal of Development Studies，36（6）：82-99.

Jalan J and Ravallion M，1998. Transient Poverty in Postreform Rural China ［J］. Journal of Comparative Economics，26（2）：338-357.

Jha R，Imai K S and Gaiha R，2010. Poverty Undernutrition and Vulnerability in Rural India：Public Works Versus FoodSubsidy ［J］. Working Papers，58（35）：págs.

Jr R E L，1988. On the Mechanics of Economic Development ［J］. Journal of Monetary Economics，22（1）：3-42.

Kazianga H and Udry C，2006. Consumption Smoothing? Livestock Insurance and Drought in Rural Burkina Faso ［J］. Journal of Development Economics，79（2）：413-446.

Klasen S and Waibel H，2015. Vulnerability to Poverty in South-East Asia：Drivers Measurement Responses and Policy Issues ［J］. World Development（71）：1-3.

Knight J，Song L and Gunatilaka R，2009. Subjective Well-Being and its Determinants in Rural China ［J］. China Economic Review，20（4）：635-649.

Krishna A，2006. Pathways Out of and Into Poverty in 36 Villages of Andhra Pradesh India ［J］. World Development，34（2）：271-288.

Krishna A，2010. Who Became Poor Whose Escaped Poverty and Why? Developing and Using a Retrospective Methodology in Five Countries ［J］. Journal of Policy Analysis & Management，29（2）：351-372.

Kunze L，2012. Funded Social Security and Economic Growth ［J］. Economics Letters，115（2）：180-183.

Kurosaki T，2003. Measurement of Chronic and Transient Poverty：Theory and Application to Pakistan ［J］. The Journal of Economic Inequality，4（3）：325-345.

Kurosaki T and Khan H，2001. Human Capital and Elimination of Rural Poverty：A Case Study of the North-West Frontier Province Pakistan ［R］. Discussion Paper.

Labar K and Bresson F，2011. A Multidimensional Analysis of Poverty in China From 1991 to 2006 ［J］. China Economic Review，22（4）：646-668.

Lowder S K，Bertini R and Croppenstedt A，2017. Poverty Social Protection and Agriculture：Levels and Trends in Data ［J］. Global Food Security（15）：94-107.

Ludwig J，et al.，2013. Long-Term Neighborhood Effects On Low-Income Families：Evidence From Moving to Opportunity ［J］. American Economic Review，103（3）：226-231.

Lybbert T J and Barrett C B，2011. Risk-Taking Behavior in the Presence of Nonconvex Asset Dynamics.［J］. Economic Inquiry，49（4）：982-988.

Majumdar S，Mani A and Mukand S W，2004. Politics Information and the Urban Bias ［J］. Journal of Development Economics，75（1）：137-165.

Mcculloch N and Baulch B, 2000. Simulating the Impact of Policy upon Chronic and Transitory Poverty in Rural Pakistan [J] . Econometrics, 36 (6): 440-445.

Meng L, 2013. Evaluating China's Poverty Alleviation Program: A Regression Discontinuity Approach [J] . Journal of Public Economics, 101 (1): 1-11.

Mincer J, 1974 Schooling, Experience, and Earnings, National Bureau of Economic Research: distributed by Columbia University Press: 218-223.

Mushkin S J, 1962. Health as an Investment [J] . Journal of Political Economy, 70 (5): 129-157.

Ngo D K L, 2018. A Theory-Based Living Standards Index for Measuring Poverty in Developing Countries [J] . Journal of Development Economics (130): 190-202.

Oaxaca R L and Ransom M R, 1994. On Discrimination and the Decomposition of Wage Differentials [J] . Journal of Econometrics, 61 (1): 5-21.

Osberg L and Sen A, 2001. Development as Freedom [J] . Journal of Public Health Policy, 22 (4): 484-486.

Pagiola S G P, 2004. Payments for Environmental Services: From Theory to Practice. Initial Lessons of Experience [R] . WashingtonDC: WorldBank.

Park A and Wang S, 2001. China's Poverty Statistics [J] . China Economic Review, 12 (4): 384-398.

Park A and Wang S, 2010. Community-Based Development and Poverty Alleviation: An Evaluation of China's Poor Village Investment Program [J] . Journal of Public Economics, 94 (9): 790-799.

Park A, Wang S and Wu G. , 2002. Regional Poverty Targeting in China [J] . Journal of Public Economics, 86 (1): 123-153.

Psacharopoulos G, 1985. Returns to Education: A Further International Update and Implications [J] . Journal of Human Resources, 20 (4): 583-604.

Quisumbing A R, 1997. Better Rich Or Better there? Grandparent Wealth Coresidence and Intrahousehold Allocation [R] .

Ravallion M and Chen S, 2004. China's (Uneven) Progress Against Poverty [J] . Journal of Development Economics, 82 (1): 1-42.

Ravallion M and Datt G, 1996. How Important to India's Poor is the Sectoral Composition of Economic Growth? [J] . World Bank Economic Review, 10 (1): 1-25.

Richards M, 2010. Common Property Resource Institutions and Forest Management in Latin America [J] . Development & Change, 28 (1): 95-117.

Rodgers J R and Rodgers J L, 1993. Chronic Poverty in the United States [J] . Journal of

Human Resources，28 (1)：25-54.

Romer P M，1986. Increasing Returns and Long-Run Growth [J] . Journal of Political Economy，94 (5)：1002-1037.

Rosenzweig M R and Wolpin K I，1993. Credit Market Constraints Consumption Smoothing and the Accumulation of Durable Production Assets in Low-Income Countries：Investments in Bullocks in India [J] . Journal of Political Economy，101 (2)：223-244.

Rowntree B S and Hunter R，1902. Poverty：A Study of Town Life [J] . Charity Organisation Review，11 (65)：260-266.

Rozelle S Zhang L and Huang J，2002. Growth Or Policy? Which is Winning China's War On Poverty [R] . Working Papers.

Schoellman T，2012. Education Quality and Development Accounting [J] . Review of Economic Studies，79 (1)：388-417.

Schwarcz G，2012. Ethnicizing Poverty through Social Security Provision in Rural Hungary [J] . Journal of Rural Studies，28 (2)：99-107.

Schultz T W，1961. Investment in Human Capital [J] . Economic Journal，82 (326)：787.

Sen A，1981. Poverty and Famines. An Essay On Entitlement and Deprivation [Incl. Case Studies of Famines in Bengal Ethiopia Sahel and Bangladesh [J] . Journal of Economic History，42 (4)：991.

Sen A P，1976. An Ordinal Approach to Measurement [J] . Econometrica，44 (2)：219-231.

Su B，2011. Rural Tourism in China [J] . Tourism Management，32 (6)：1438-1441.

Pritchett L，Suryahadi A，Sumarto S，2016. Quantifying Vulnerability to Poverty：A Proposed Measure Applied to Indonesia [R] . Social Science Electronic Publishing.

Udry C，1995. Risk and Saving in Northern Nigeria [J] . American Economic Review，85 (5)：1287-1300.

Waibel H，2011. An Asset-Based Approach to Vulnerability：The Case of Small-Scale Fishing Areas in Cameroon and Nigeria [J] . Journal of Development Studies，47 (2)：338-353.

Wan G and Zhang Y，2013. Chronic and Transient Poverty in Rural China [J] . Economics Letters，119 (3)：284-286.

Wunder S，Engel S and Pagiola S，2008. Taking Stock：A Comparative Analysis of Payments for Environmental Services Programs in Developed and Developing Countries [J] . Ecological Economics，65 (4)：834-852.

Yamano T，Alderman H and Christiaensen L，2005. Child Growth Shocks and Food Aid in Rural Ethiopia [J] . American Journal of Agricultural Economics，87 (2)：273-288.

Zeng B and Ryan C，2012. Assisting the Poor in China through Tourism Development：A

Review of Research [J] . Tourism Management，33 (2)：239-248.

Zimmerman F J and Carter M R，2003. Asset Smoothing Consumption Smoothing and the Reproduction for Inequality under Risk and Subsistence Constraints [J] . Journal of Development Economics，71 (2)：233-260.

Zon A V and Muysken J，2001. Health and Endogenous Growth [J] . Journal of Health Economics，20 (2)：169-185.

Zou W and Liu Y，2010. Skilled Labor Economic Transition and Income Differences：A Dynamic Approach [J] . Annals of Economics & Finance，11 (2)：247-275.

图书在版编目（CIP）数据

中国扶贫理论研究/万广华等著.—北京：中国
农业出版社，2019.8
ISBN 978-7-109-25684-2

Ⅰ.①中… Ⅱ.①万… Ⅲ.①扶贫－理论研究－中国
－文集 Ⅳ.①F126-53

中国版本图书馆 CIP 数据核字（2019）第 136915 号

中国农业出版社

地址：北京市朝阳区麦子店街 18 号楼
邮编：100125
责任编辑：姚 红
版式设计：张 宇 责任校对：刘丽香
印刷：北京中兴印刷有限公司
版次：2019 年 8 月第 1 版
印次：2019 年 8 月北京第 1 次印刷
发行：新华书店北京发行所
开本：720mm×960mm 1/16
印张：18.75
字数：285 千字
定价：58.00 元
